INTO THE STORM

危机领导力

领导团队解决危机的十种方法

[美] 丹尼斯·N·T· 珀金斯
吉莉安·B·墨菲 ◎著
邓峰◎译

中信出版社 · CHINA CITIC PRESS · 北京 ·

图书在版编目（CIP）数据

危机领导力：领导团队解决危机的十种方法 /（美）珀金斯，（美）墨菲著；邓峰译.—北京：中信出版社，2014.1（2023.9重印）
书名原文：Into the Storm：Lessons in Teamwork from the Treacherous Sydney to Hobart Ocean Race
ISBN 978-7-5086-4294-9
I. ①危… II. ①珀… ②墨… ③邓… III. ①企业管理－组织管理学 IV. ①F272.9
中国版本图书馆CIP数据核字（2013）第247354号

危机领导力：领导团队解决危机的十种方法

著　　者：[美] 丹尼斯 · N · T · 珀金斯　吉莉安 · B · 墨菲
译　　者：邓　峰
策划推广：中信出版社（China CITIC Press）
出版发行：中信出版集团股份有限公司（北京市朝阳区东三环北路27号嘉铭中心　邮编　100020）
（CITIC Publishing Group）
承 印 者：嘉业印刷（天津）有限公司

开　　本：787mm × 1092mm　1/16
印　　张：20
字　　数：185 千字
版　　次：2014 年 1 月第 1 版
印　　次：2023 年 9 月第 15次印刷
京权图字：01-2013-2871
广告经营许可证：京朝工商广字第 8087 号
书　　号：ISBN 978-7-5086-4294-9 / F · 3040
定　　价：42.00 元

向霍巴特帆船赛中的英雄致敬

悉尼至霍巴特帆船赛航线图

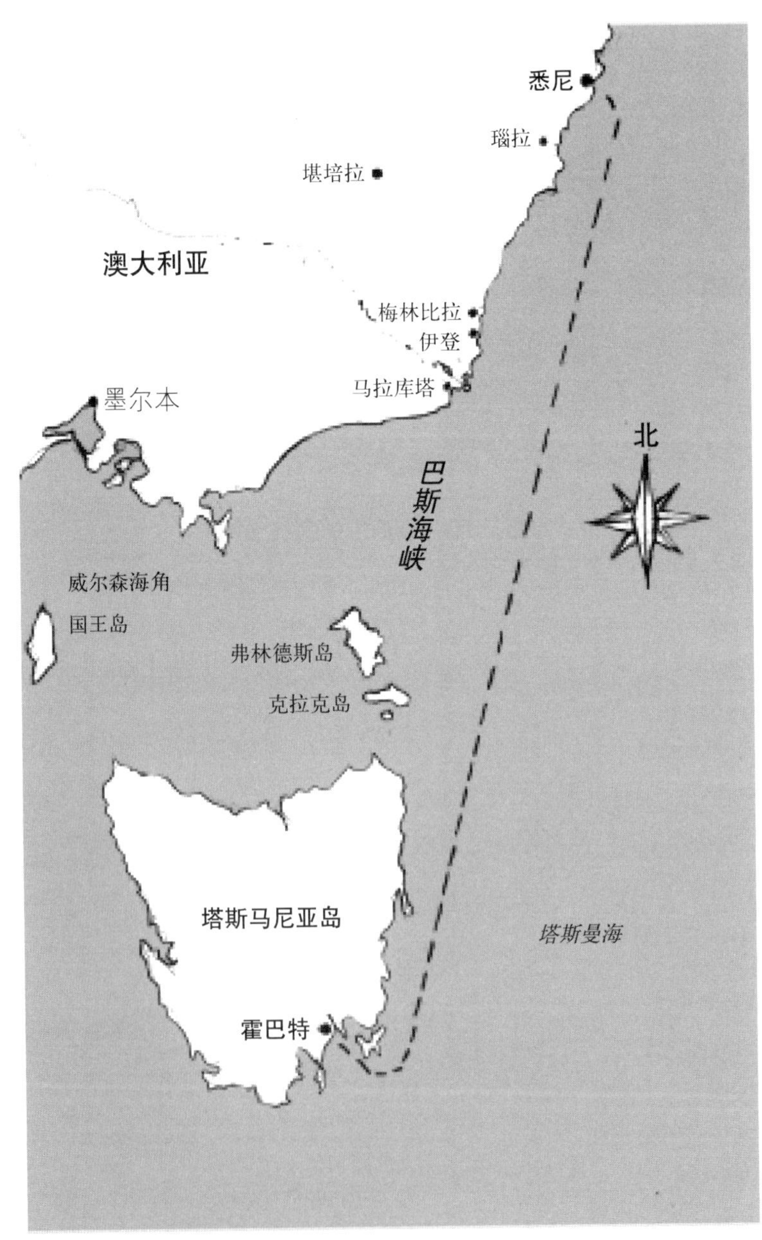

目 录

风口浪尖

> 黄昏来临，我在救生系缆一端暗想：“要再这样下去，我就挺不住了，别人还不能开这条该死的船，我们真是有大麻烦了。”

——爱德 · 普萨提斯，
“AFR 午夜漫步者” 号船长

很多人没听过悉尼至霍巴特帆船赛（The Sydney to Hobart Race），不过对澳大利亚人来说，这可是一项标志性赛事。该赛事每年举办一次，在节礼日（圣诞节后的第二天）正式开赛。比赛航程长达 628 海里（约合 723 英里,1 164 千米），且在深水海域进行，常被人们誉为离岸帆船赛中的“巅峰”。由于多变的天气与海况，悉尼至霍巴特帆船赛被视作全球最艰难的航海比赛之一。虽然这项比赛历来充满挑战，但 1998 年的情形格外恶劣，格外危险。

在 1998 年之前的 53 年里，总共有 4 465 艘船、35 000 多名船员参与了“霍巴特帆船赛”。其中因参赛受伤而去世的仅有两人，且从未有人落水失踪。在第

54 年，一切都不一样了。

在 1998 年的比赛中，一共有 115 艘船、1 135 名船员冲出起点线，但最后只有 44 艘船到达了终点。5 艘参赛船沉没，7 艘被遗弃在海上，25 名船员被大浪冲下甲板，55 名船员获救。救援出动了 25 架飞机、6 艘船，参与者约有 1 000 人，成为澳大利亚史上最大规模的搜救行动。

这场悲剧掩盖了一个不为人知的故事：赛事总冠军“AFR 午夜漫步者”号取得的惊人成就。本书讲述的是他们的经历，以及悉尼至霍巴特帆船赛的故事。一个在风口浪尖上依靠团队合作获得胜利的事迹。

是什么让领导者与团队可以在极度恶劣的环境下获得成功？在艰难险阻中要具备什么样的品质、采取什么样的行动才可取得胜利？多年来我一直在思考这些问题，而在如今得出答案显得尤为重要。企业团队总会面临挑战，但在当今的世界中，人们面对诸多干扰、混乱，以及不确定的情况，其严重程度可谓前所未有。

对领导者与团队的研究让我相信，在面临极端挑战的情况下，存在一些核心原则，它们被证明有助于组织生存发展。那些努力存活、期望改进、打算在竞争中胜出的企业和团队完全可以使用这些策略。

当我还是一名年轻的海军陆战队队员的时候，我就曾面临过战场上的生死抉择。我曾以领导者与团队成员的身份，经历了那些需要无间合作才可幸存下来的情形。之后，作为一名学者，我尝试以一种不同的角度来理解团队合作——一个管理心理学家的角度。在离开学术界之后，我在咨询行业找到了一份工作，接触了诸多身处逆境的企业高管——这些领导者通常会担当“消防队员”的角色。为了让自己的研究更有成效，我需要同那些日常工作与生活异常繁忙的人士交流，但他们却没有多少空闲来进行学术讨论。

鉴于此种情况，我开始研究那些有关探险和幸存的故事，并将对这些事迹的研究作为讨论领导力与团队合作策略的一种工具。我发现，通过了解那些在生命岌岌可危时发生的感人事迹，人们可以更好地理解需要怎样合作才能克服困难。

我研究了数百个个人与团队的案例。在这些案例中，人类的忍耐能力被推至极点——我将当事人所处的境遇称为“危机”。我查阅了人类的极地探险历史，如阿蒙森–斯科特的南极点探险竞赛。我研究了阿波罗 13 号的登月故事，以及乔恩 · 克拉考尔（Jon Krakauer）在其畅销书《进入空气稀薄地带》(*Into Thin Air*）中记载的 1996 年攀登珠峰的事迹。

由此诞生了《沙克尔顿的领导艺术》(*Leading at The Edge*）一书——我的这本书讲述了欧内斯特 · 沙克尔顿（Ernest Shackleton）的生平以及他在南极洲的探险史诗。通过沙克尔顿以及其他人的例子，我总结出了领导者应对挑战所需的十大策略。

在同领导者和团队继续合作时，我又发现了一个新问题：若是没有沙克尔顿这样杰出的领袖，团队是否还能在危机中胜出呢？有没有这样一种案例，领导力可以在团队成员间以更明显的方式分享？为了寻找答案，我发现了“AFR 午夜漫步者”号的故事。

“AFR 午夜漫步者”号

在悉尼至霍巴特帆船赛 67 年的历史中，1998 年的比赛算是最为危险的一次。参赛船队在沿澳大利亚海岸向南航行的途中，遭遇了意想不到的“天气炸弹”——一场掀起了 80 英尺（24.4 米）高的大浪，吹出 92 节狂风（相当于时速 105 英里或时速 169 千米）的风暴。大批船员选择绕过风暴，但船的长度仅为 35 英尺（10.7 米）的“AFR 午夜漫步者” 号决定迎头直上。在巴斯海峡上迎击过山峰般的浪头，与飓风级别的狂风搏斗后，这艘小船安全抵达了霍巴特港，总计用时 3 天 16 个小时。

驶向暴风中心的决定——连同超凡的坚韧、乐观、勇气以及团队合作精神——让这组业余水手击败了那些资金充裕、船坚艇快的专业人士。船长爱德 · 普萨提斯（Ed Psaltis）和他的 6 名船员获得了赛事总冠军，以及他们梦寐以求的塔特萨尔杯（Tattersall's Cup）。“AFR 午夜漫步者” 号是 10 年来赢得该比赛的最小的一艘船。

许多书籍记述了 1998 年的悉尼至霍巴特帆船赛，但多数着墨在赛事本身的悲剧和逝去的生命上。死亡与破坏固然吸引眼球，但通过进一步探索，我发现了 “AFR 午夜漫步者” 号这个长久以来几乎被忽略的传奇。

由于深深地被漫步者号以及悉尼至霍巴特帆船赛的传奇经历所吸引，我联系了爱德 · 普萨提斯。对他了解得越多——还有船员们共事的方式——我就愈发感兴趣。在我看来，“AFR 午夜漫步者” 号的成功显然不单单是侥幸或幸运。它的成功完全体现了 “危机下团队合作” 一章中的概念。

在与爱德接触的几年中，我用大量时间研究了 “AFR 午夜漫步者” 号的船员，以及悉尼至霍巴特帆船赛。我多次前往澳大利亚采访船员，还同其他赢得过此项荣耀的船员进行了交流。最后，带着一丝恐惧，我亲自参加了该赛事，以保证自己的确能理解这项被誉为航海运动巅峰的比赛。

需要明确的是，“AFR 午夜漫步者” 号的故事不仅仅是要讲述悉尼至霍巴特帆船赛中的团队合作。本书还囊括了许多优秀船员的心得。“野玫瑰” 号的船长罗杰 · 希克曼（Roger Hickman），是澳大利亚最有经验的离岸赛船员之一，曾赢得 1993 年的比赛，还获得过其他多项大奖。他毫无保留地同我分享了自己对有效团队合作的看法。

艾德莉安 · 柯海蓝（Adrienne Cahalan）是 “野燕麦” 号的领航员，她是世界极速帆船挑战赛 5 项记录的保持者，参加过 19 次悉尼至霍巴特帆船赛。她与我分享了多年来在各种赛船上与不同队员共事的心得。内维尔 · 克莱顿（Neville

Crichton），大船“阿尔法 · 罗密欧” 号的船主兼船长也忙里偷闲，与我沟通。另外，尽管交流的对象大多是澳大利亚船员，我还是努力从“妙龄少女”号处获得了一些“美国人的想法”——其中包括吉姆 · 斯拉特（Jim Slaughter）和马尔科姆 · 帕克（Malcolm Park）。“妙龄少女”号是30年来首次赢得悉尼至霍巴特帆船赛的美国船只。

本书集结了所有这些船员对团队合作的见解。不过，就像《沙克尔顿的领导艺术》一样，我觉得谈论策略最好的方式是重点关注一个案例。在前一本书中，我采用了欧内斯特 · 沙克尔顿和“坚忍”号船员的故事。这里我选择的是“AFR午夜漫步者”号。

有充分的理由可以说明，从航海比赛中汲取的经验可以帮助各种团队应对今时今日的艰难挑战。有关这项运动的一些核心特征如下：

- 航海比赛是一项复杂的团队挑战。
- 它可以测试人在未知领域中的忍耐力。
- 正如今天的商业环境一样，航海比赛也以情况不断变化著称。前一分钟可能还阳光明媚，片刻之后就可能狂风大作。
- 航海比赛竞争激烈、充满压力，容易引发焦虑感。
- 虽然由船长负责掌舵，但领导力可以在其他船员中分配。
- 执行力不高会输掉比赛。这项运动中总有赢家，也有输家。
- 团队需要目标明确，团结紧密且意志坚定才能赢得比赛，还要具备学习和适应的能力。

这些摆在航海船员面前的要求，与任何要应对艰难挑战的团队应该具备的素质都非常相似。在我看来，只要能从中汲取经验，人们就可以为各种团队挑战做好准备。

仅靠一个杰出的团队无法保证成功，但凡挑战都会涉及机会因素。但我相信，体现在杰出的队伍身上的团队合作经验可以增加胜算。每种比赛都是在掷骰子，但骰子会青睐那些努力把事情做好的团队——那些在危机下团队合作表现出色的队伍。

在分享过“AFR午夜漫步者”号与1998年悉尼至霍巴特帆船赛的故事之后，本书将探讨他们以及其他船员成功的本源。之后我会就“危机下团队合作”的策略给出采纳建议，供读者借鉴。

领导者的角色

本书的主旨就是要强调面对困境时团队合作的重要性，以及领导力在团队成员中分配的方式。在如今充满挑战的环境中，领导力的负担会相当沉重——对个人来说通常无法承受。

本书的另一个目标就是要研究，从沙克尔顿探险的年代至今，人们对领导力和团队合作本质的期许发生了何种变化。如今，企业组织中团队成员受教育的程度要远远高于 1914 年，而且对等级制度的观念也发生了变化。人们获得信息的能力更强，并且希望在决策过程中扮演更重要的角色。哪怕只是和 10 年前相比，这种欲望如今也都更为强烈。

想要理解分布式领导力（distributed leadership）的新形式，“AFR 午夜漫步者”号的故事就是一个非常理想的、教科书般的案例。首先，“漫步者”号的团队文化天生就比“坚忍”号的年代更加平等。此外，由于同处一个时代，受类似文化熏陶，我可以更深入地研究团队成员的角色和个性。调查不用局限在阅读探险日记的层面上，而是可以亲自同团队中的每个成员交流。

在研究热情从领导力转向团队合作的过程中，一个意想不到的难题出现了。我的好友兼同事查克·拉本（Chuck Raben）提出了一个值得思考的问题，即我的新研究中缺少领导力的因素。他在电子邮件中写道：

> 卓越的团队绝不会凭空冒出来。一些人，尤其是此例中的领导者或船长，从很多方面定下了基调，推动事情发展。你怎么能从“全依仗沙克尔顿”一下变成“与普萨提斯完全无关”呢？我理解你要强调团队，但这里明显忽视了领导者所扮演的角色。

查克是对的，我过去一直在以非黑即白的方式看待世界。按照以前的看法，领导者的风格无非分成两种，一种是欧内斯特·沙克尔顿式的——一个拥有超凡魅力、传奇色彩的形象，另一种则落入平庸。按照另一种观点，领导者更多起到了引导协调的作用，而不是一个欧内斯特·沙克尔顿。

这些看法引发了一场激烈的讨论，因为有一位知名作家坚称“领导力”这个词在今天没有任何意义。在一次研讨会上，这位专家声称，今天的字典中不应该再出现“领导力”一词。组织不再需要领导者，因为自组织系统（Self-organizing system）就可以完成工作。这类系统会随着时间进化，团队实际上可以实现对自己的领导。

对那些在危机中经历过生死考验的人来说，这种观点似乎太幼稚。在我看来，要是海军陆战队中的步枪连在作战时采用一套自组织系统，那无疑是荒诞且可怕的。

这位反对领导力专家本身也存在言行不一的地方。号召个人表达、设定时限、带来突破、提供专业意见、发布声明，这些行为本身就是在领导团队。

考虑到查克的建议和我自己的经验，我决定不再死板地看待团队合作。“危机下团队合作”一章中的观点需要反映现实：领导者——包括赛船上的船长，确实是在扮演独一无二的角色。

这不是说领导者都要与欧内斯特·沙克尔顿一样出色。就这一点来说，我的上一本书也从未讲过所有领导者都要努力成为“老板”。但我确信，船长要扮演一个特别的角色。本书的第二部分会指出，领导者可以用哪些特殊方式确保团队可以在危机中获胜。

INTO THE STORM

第一部分

悉尼至霍巴特帆船赛与“AFR午夜漫步者”号的故事

1
航海赛事巅峰

它被称为全球最艰难的比赛，而且的确如此。它被视作航海赛事的巅峰。无论是对船只还是船员来说，没有比这再艰苦的比赛了。

——乔治·斯诺（George Show），

“布瑞德贝拉”号（Brindabella）船主兼船长

对不了解航海赛事的人来说，这项运动可能就像《洋葱报》（*The Onion*）上一篇讽刺文章中所描述的：这篇名为“富人赢得帆船比赛”的报道登载了一张照片，上面是一名微笑的、扬扬得意的船员。图片摘要写道：“周一的赛舟会上，一名富豪击败了另外 75 名富豪。”

有些比赛的确如此。一些赛事，如美洲杯帆船赛（America’s Cup），完全是富人的游乐园，因为参加这种比赛需要斥巨资建造帆船，还要花重金雇用合适的船员。

美洲杯帆船赛始于 1851 年，当时有帆船“美洲”号和 17 艘英国船只参加。该赛事如今的赛制与当年“美洲”号首捧冠军时几乎没有什么两样。冠军获得者挑选比赛场地，挑战者参与，激烈角逐后只有一艘船获胜。

虽然美洲杯是历史最为悠久的国际体育赛事，但只有一位富人有望获得冠军。比赛花费极高。营销、船员薪水、研发以及造船等各项费用总计可达数百万美元，突破千万也不是没有可能。

单单一次航程下来就可能耗资数十万美元，而对手间的竞争还不仅发生在水面上。2007 年的比赛就引发了拉里 · 埃里森（Larry Ellison）和欧内斯特 · 贝塔雷利（Ernesto Bertarelli）两名亿万富豪间的法律纠纷。生物科技大王贝塔雷利当时赢得了奖杯，但埃里森却对下次比赛规则的提议不满。这导致了两人之间爆发了一场近 3 年之久的官司，让许多热心于此项运动的人士纷纷摇头。

对很多人来说，美洲杯代表着帆船比赛，但并非所有航海赛事都是富人的运动。例如劳力士法斯特耐特帆船赛（The Rolex Fastnet Race）就是一种截然不同的竞赛。在英国举办的法斯特耐特帆船赛，航程达 608 海里（约合 1 126 千米），是一项对技术要求颇高的比赛。比赛航线始于英格兰南部海岸的考斯，绕经爱尔兰西南的法斯特耐特礁，终点设在英格兰南部的普利茅斯。

法斯特耐特帆船赛的赛制与美洲杯不同，参赛者也不需要具备美洲杯选手那样雄厚的财力。赛事最终大奖法斯特耐特挑战杯会按照修正时间，颁发给总冠军。在这种赛制下，每艘船都会根据自身的航速能力获得一定的让分，在修正时间上拥有最佳表现的船只才是胜者。

当然，总会有船第一个冲过终点。这种撞线荣耀也不是一文不值，各支队伍还是会争先恐后地冲过终点线。但这与获得总冠军不是一回事。

和美洲杯一样，率先完成比赛的队伍肯定拥有一艘配置了最新技术的昂贵船只。只要有足够的经费，任何人都能打造一艘无与伦比的赛船，并雇用一支世界一流的船员队伍，做到这些就有机会率先撞线。达到这一目标需要有充足的资金，可能还得带够乘晕宁[1]。好在法斯特耐特的让分系统会平衡比赛，让小船上的优秀船员也有机会捧得挑战杯。

法斯特耐特帆船赛是一项艰苦的比赛。1979 年，303 艘参赛船只遭遇了 60 节（时速 74 千米）的大风，让全世界见证了这项赛事的危险。意外袭来的风暴横扫船队，掀起了 40 英尺（12 米）高的大浪，船只掀翻船员落水，夺走了 15 人的生命。

法斯特耐特帆船赛还是一项标准颇高的赛事，绝非只为富人准备。赢得比赛需要技术，而且整个赛程可能风云突变。此外，还有一项不是有钱人专享的赛事，该比赛被众人誉为航海赛事的巅峰。它就是悉尼至霍巴特帆船赛。

悉尼至霍巴特帆船赛

悉尼至霍巴特帆船赛的知名度可能并不高，不过大多数澳大利亚人还是对“霍巴特帆船赛”了如指掌，大众至少也听说过该赛事的历史。1945 年，彼得 · 卢克（Peter Luke）与数名澳大利亚航海爱好者组建了澳大利亚游艇俱乐部，并邀请了当时驻扎在悉尼的到访英国军官、海军上校约翰 · 伊林沃斯（Captain John Illingworth）一道参加悉尼至霍巴特的巡游。伊林沃斯喜欢这个主意，并说服众人将巡游改成比赛。悉尼至霍巴特帆船赛由此诞生。

很快，这项比赛就变成了一场年度赛事。由于比赛本身激动人心，充满危险，悉尼至霍巴特帆船赛很快与英国的法斯特耐特帆船赛，以及美国的纽波特至百慕大帆船赛并称为全球三大离岸赛。这三大赛事都要求参赛者具备高超的技术，以及应对各种情况的忍耐力。在悉尼至霍巴特帆船赛发令枪响时，会有上万人前往悉尼港观战，全球的航海者也会抱着极大的热忱观看赛

① 乘晕宁（Dramamine），一种抗晕船药物。——译者注

事新闻。正如一家报纸描述的那样："这不是帆船赛，而是一种流行病。"

航海比赛是如何分类的

航海赛事会按照难度差异进行分类。最具挑战性的是第0类别的比赛。对该类赛事的定义如下：

> 跨海洋的赛事，包括那些航行区域气温或水温可能长期低于5℃的比赛。在这种环境中，赛船必须能够完全自行适应超长的比赛时间，可以经受恶劣的风暴，并能够在没有外部支援的条件下应对各种紧急情况。

沃尔沃环球帆船航海赛就是这种第0类别的赛事。虽然有多条航线可供选择，但参赛船只必须要航行差不多3.7万海里（6.8万千米），途经一些全世界海况最为复杂的水域。全程没有新鲜食品供给，船员只能带一套换洗衣物。胆小的人绝对承受不起。

悉尼至霍巴特帆船赛也是一样，这是第1类别的比赛。虽然没有跨海洋，温度也不会"长期"低于5℃，但航程却相当漫长，而且离岸很远。除此之外，对该赛事的其他描述与第0类别的比赛完全一样。对第1类别比赛的定义如下：

> 长距离的比赛，且离岸较远。赛船必须能够完全自行适应超长的比赛时间，可以经受恶劣的风暴，并且能够在没有外部支援的条件下应对各种紧急情况。

像法斯特耐特一样的帆船赛也是艰难的、要求苛刻的赛事，而且同样非常危险。有人认为该赛事是对技术要求最高的比赛。但它仅被归为第2类别的赛事，这些比赛“仅在沿着海岸线或离岸不远的地方进行，或者是在无保护的海湾或大湖中进行……”参赛船只需要高度的自给自足，但还是不及离岸赛事的标准。在离岸赛中，船只必须时刻准备在没有外部支援的情况下，应对严峻的事态。

赛程

悉尼至霍巴特帆船赛航程总长为628海里（1 163千米），参赛船只要从悉尼港的起点线出发，最终到达塔斯马尼亚岛霍巴特港的终点线。而据我的经验看，比赛真正结束的地方是霍巴特的一间酒吧——“造船工之臂”。

比赛的罗盘方位线[①]——也就是最直接的航程——沿着澳大利亚东海岸向南，穿过巴斯海峡。该海峡水域开阔，将澳大利亚大陆和塔斯马尼亚岛分割开来。

除了华纳兄弟旗下《乐一通》（*Looney Tunes*）动漫系列中的“塔斯马尼亚魔怪”（Tasmanian Devil）形象，大多数人对塔斯马尼亚岛基本是一无所知。不过，除了这个脾气火爆的卡通形象外，塔斯马尼亚岛还以美酒以及绮丽的游览风光闻名。霍巴特为该州首府，当地景色如画，民风淳朴。搭载飞机前往塔斯马尼亚旅游是一件很惬意的事情，但乘船航行就是另一回事了。

向南航行的海员们可以利用东澳大利亚暖流——这股来自热带水域的温暖洋流会沿着澳大利亚海岸流向南方。部分人可能在迪士尼与皮克斯联合打造的动画电影《海底总动员》中听说过这股洋流。在这部影片中，小鱼与海龟们把这股洋流当作高速公路，来拯救小丑鱼“尼莫”。帆船赛的参赛者借

① 罗盘方位线（rhumb line），或称为恒向线、斜航线，是指以同一角度穿过所有经线的航线，通过其可以保证船只在地球上的恒定运动路径。——译者注

助该洋流的方式和动画片中大同小异。虽然这股洋流本身的速度在7节左右，但对大多数船员来说，它只能在航行速度上提供额外2~3节的帮助。尽管如此，2~3节的速度优势在航海比赛中也不容小觑，到底是要向东航行赶上洋流，还是该直接沿岸南下，经验丰富的领航员会仔细计算其中的得失。

驶过澳大利亚大陆最南端的嘉博岛，船员们就进入了被冠以恶名的巴斯海峡。该地因英国探险家、外科医生乔治·巴斯（George Bass）而得名。来自大自然的三种力量造就了这处危险的海峡。首先，在切分澳大利亚大陆和塔斯马尼亚岛的塔斯曼海上，东澳大利亚暖流形成了旋涡。东澳大利亚暖流的海水在这里同西风漂流①碰撞交汇。

另外要考虑的是南冰洋洋流。南冰洋从南纬40度附近开始，这里刮起的强烈西风，驱动着这股全球最大的洋流。由于没有陆地的阻挠，咆哮西风带拥有强大的风力，并以旋涡闻名。

受这两股力量的影响，在跨度为130海里的巴斯海峡水域上，海况已经极其复杂。不过还有第三种因素让该海域的情况更加独特。巴斯海峡地形较浅，来自南冰洋的大浪会涌进海峡，就像浪头拍打海岸一样，这些大浪从3 280英尺深（约1 000米）快速冲到150英尺深（约45米）的海床上，加上海浪底部移动的速度大幅减慢，平顶浪彼此碰撞，仿佛鸡尾酒一般，给船员们带来了极为危险的乱流。船员们都知道，每当驶离澳大利亚大陆进入海峡，就从安全的庇护所来到了危险颠簸之境。

行至弗林德斯岛，沿塔斯马尼亚岛东岸向南，比赛便进入第三阶段。虽然这里靠近海岸，但大风可能引发任何意外状况。由于逐渐靠近南极洲，气温也开始下降。天气变得无法预测，海风变幻莫测。虽然有大陆庇护，但船只也可能受天气影响，几近停滞。要么就是另一番情形，像火箭一样被推得

① 西风漂流也称为南冰洋洋流。——译者注

飞跑。一切都掌握在澳大利亚天气之神休伊（Huey）的手中。

在最后一段赛程中，船员们会见到塔斯马尼亚的管风琴岩（Organ Pipes）——一簇簇巨大的白云石看起来的确像一部巨型的管风琴。接下来便是直接右转驶进风暴湾（Storm Bay），北上进入德文特河（Derwent River）。

来到安全的德文特河，意味着比赛也将结束。但离终点还有一段距离。这里的风更是喜怒无常，瞄准塔特萨尔杯的船员们知道，比赛的最后几小时将决定自己的命运。当驶过知名的“铁壶”灯塔后，就可以远眺霍巴特港的灯光了。不过看到这一步并不等于冲过了终点线。

船员都知道获胜需要的时间，对主要对手所处的位置也了如指掌。紧张的氛围充斥着赛场，船员们尽全力把握每一丝有利的风，将赛船驶过终点线。从理论上讲，在这样一种长距离的比赛中，每一海里都同样重要。但对一名决意夺取总冠军的船员来说绝非如此。在飞驰至巴特里角（Battery Point）附近的终点线时，每一分钟都像一小时那样漫长。

冲过终点的一瞬会带来巨大的成就感，但此时的船员已经精疲力竭，极度睡眠不足。虽说还得整理装备、停靠船只，不过这些琐事带来的烦恼，已经被朋友与家人带上船庆祝的啤酒冲淡了。

大奖

从第一届比赛起，悉尼至霍巴特帆船赛就设立了让分制的总冠军（Overall Handicap Winner）。和法斯特耐特帆船赛一样，每艘船的潜在性能会被考虑进来，从而确定出一定的让分系数。赛船完成比赛的实际时长，乘以让分系数，就得出修正时间。例如，一艘船要是用两天时间完成了比赛，而它的让分系数为 1.5，那么修正时间就是 3 天。修正时间最短的船只就是赛事总冠军。

马克 · 理查兹（Mark Richards）——“野燕麦”号的船长，该船曾经获得冲线冠军和总冠军双料大奖——讲出了许多船员的心声：“赢得让分制总冠军要比获得冲线冠军更令人激动。冲线冠军只会有四五艘船角逐，而总冠军则诞生在整个船队中……从船员的角度看，赢得塔特萨尔杯才是真正的奖赏。”

塔特萨尔杯（全称为“乔治 · 亚当斯塔特萨尔杯”）自 1946 年第二届比赛起，开始颁发给悉尼至霍巴特帆船赛的赛事总冠军。1945 年第一届比赛的冠军“王妃”号（Rani）的名字后被补刻在奖杯上。

塔特萨尔杯出自一位澳大利亚银匠之手。这是一尊华丽的奖杯，装饰着美人鱼和海马的小雕像。奖杯顶端有一只美人鱼在浪花之上，仿佛在呼唤胜利者。颁奖庆典过后，塔特萨尔杯会被收藏进澳大利亚游艇俱乐部（CYCA）的荣誉柜中。

除了可以将船只名号刻上奖杯之外，总冠军队船只的船体模型还会被陈列在俱乐部的会员吧中。由于年代不同，这些模型的船体、龙骨以及船舵的形状各有差异，展现了航海帆船的进化史。

撇开历史不谈，对个人来说，让自己的船只模型被众人铭记有更特殊的意义：每当悉尼至霍巴特帆船赛总冠军抬眼望去，就能在墙上看到自己在这场巅峰赛事中获胜的象征。

参赛船只

因为塔特萨尔杯根据让分制颁发，所以比赛非常民主。只要拥有一艘符合第 1 类别安全标准的赛船，任何人都可以参赛。在赛事举办的头几年，主要是专门设计用来巡游的船只参赛。随着该赛事逐渐流行，赛船变得越来越快，像使用凯夫拉加碳纤维材料的船帆，以及碳纤维制成的桅杆等诸多高科技装备也越来越普遍。

船员

和从悉尼出发的船只比起来，船员们的身份更是多种多样。一些是百万富翁，也有不少是蓝领工人。有的是热忱而严谨的爱好者，也有以帆船赛为生的专业人士。他们本身就是专业的运动员，十分擅长自己所从事的运动。

在专业选手中，有一些海员被誉为“明星船员”。这些参赛者在高知名度的赛事中树立了自己的声望——例如奥运会。也正是因为具备独特素质与能力，他们才被招募进队伍。

虽然这些人都是杰出的船员，但“明星船员”这个词通常带有一丝贬义。明星通常没什么兴趣与团队其他成员共事。正如这个词本身的含义，这些人希望引人注目，独一无二，大声地表达自己的见地，而且时不时可以享受被称为“宝座”的优待。这样一来，虽然明星船员会有特别的贡献，但他们的个性和特权却会干扰团队正常运转。

对许多参赛者来说，悉尼至霍巴特帆船赛与金钱或名望毫无关联。这些船员参加比赛只是因为他们对这项运动持有的激情，而且这种激情年复一年，从不消退。其中一位传奇人物特别值得一提。

我第一次来到澳大利亚时就听说了约翰 · 沃克（John Walker)。鉴于约翰的名望，我迫不及待地要与其会面，弄清楚到底是什么驱使他参加比赛。约翰的家位于悉尼北部的一座山上，那里风景宜人。透过一面玻璃墙，可以看到他的“完美”号静静地停泊在水中。他在客厅里与我分享了自己参赛的历史。

约翰是一名犹太人，出生在前捷克斯洛伐克的布拉格，也是一位有天赋的运动员。他在 1938 年获得了自己所在国家花样滑冰的冠军。在纳粹占领时期，他一度被投进奥斯威辛和布痕瓦尔德集中营。

约翰在集中营度过了差不多 4 年时光，学会了在常人难以想象的恐怖环境下生存。从集中营出来后，他完成了机械工程专业的学习，取得了学位，并协助重建家族生意。他家的生意一直很红火，直到捷克斯洛伐克政府将他家的公司国有化，抢走了家族资产。

急切希望逃离极权主义国度的约翰又碰上了新的挑战。在出逃途中，约翰被告知，只有缴清已被充公地产的所有贷款后，才可以获得护照。约翰和他的家人最终凑够了款项，他们在 1949 年移民澳大利亚。在那里，约翰成功地创办了自己的木材生意。

令我吃惊的是，直到 60 岁，约翰才开始自己的航海比赛生涯。他意识到自己对这项运动的热爱，最终集结了自己的航海家族，填补了自己自然家族和生意家族之外的空白。

曾三度获得年度航海杰出成就奖的约翰，包揽了澳大利亚主要航海比赛的几乎所有奖项，并在悉尼至霍巴特帆船赛中获得过第二和第三。

鉴于医生的嘱托，约翰在进行心脏搭桥手术的那一年没有参加悉尼至霍巴特帆船赛，但他还是参加了一项竞争没那么激烈的赛事。我本人参赛的那一年，他已经 84 岁高龄，但还是带领“完美”号参加了自己的第 23 次霍巴特帆船赛——平了最高龄船长的纪录。

约翰的妻子海伦对帆船比赛并没有她丈夫那样的热情。在一年后我询问他的打算时，我收到了这样一封回信：“给你个惊喜，我又要参加霍巴特帆船赛了。我得趁着年轻参赛。”

果然，约翰在 85 岁时又参加了比赛，86 岁时也是一样。这使其成为悉尼至霍巴特帆船赛历史上最为年长的一名船长。

经过了 4 天的海上航行，约翰抵达了霍巴特，没有丝毫倦怠的神情，他的手牢牢地握在舵柄上。澳大利亚游艇俱乐部主席亲自为他呈上一块蛋糕，记者纷至沓来。约翰用自己温和老练的方式总结了感想："正是那些与我共事多年的船员让比赛变得特殊。我从没打算创造什么纪录。我航海是因为对这项运动的热爱、我和船员间同志般的情谊以及这种经历本身。"

约翰 · 沃克是我接触过的最和蔼、最具魅力、最有思想的人物之一。我在自己的办公室保留了一张他身着红色防水衣，掌舵"完美"号的照片。对我以及许多其他人来说，他永远都是一种激励。

2 航海世家的元老

差不多在第一届悉尼至霍巴特帆船赛时，比尔 · 普萨提斯（Bill Psaltis）就开始了自己的航海生涯。那时的澳大利亚游艇俱乐部还只是一排舢板棚和简易渔屋。比尔有艘小船，就停在离俱乐部大约两个船篷距离的地方。

比尔是个好打听的人，具有会计背景，而且对俱乐部的财务情况很感兴趣。在一次年会上，他指出俱乐部资不抵债的问题。在这件没人愿意插手的事情曝光之后，一名船员说道："好吧，明白人，你怎么不来管账？"就这样，22 岁的比尔 · 普萨提斯就成了澳大利亚游艇俱乐部的出纳。

这个职位把比尔和离岸航海船赛拉得更近了。1956 年，他首次参加霍巴特帆船赛就获得了第二的成绩。比尔 · 普萨提斯由此对帆船赛更加着迷了。

> 我喜欢这项运动，它激励着我。除了能享受航海以及日出日落的美景之外，它还会带给你一种成就感。那些日子里结成的同志情

谊让人赞叹。

4年之后，比尔开上了一条54英尺的船——对30岁的人来说这已经是一艘非常大的船了。他对航海的激情从未减弱，并且瞄准了澳大利亚游艇俱乐部主席的职位。

按照传统，想担任主席就得自己把船开到霍巴特。比尔买了一艘名叫“少女鲁斯”号（Lasso’Luss）的有名赛船，并用它参加了多年的霍巴特帆船赛。比尔从水手开始锻炼自己的技术，他渴望成为领导者的愿望也逐渐被众人所了解：会计普萨提斯就这样变成了主席普萨提斯。

比尔对航海的热情影响了他的3个儿子也就不足为奇了。每周五下午5点半下班回家后，比尔和他的妻子玛格丽特，还有他们的3个儿子就会在船上度过大半个周末。

沿岸航行的船只中总有悉尼皇家游艇中队俱乐部成员的身影。普萨提斯一家属于高级别的三角形帆组，该组仅限那些在顺风航行时，可以使用船帆如大降落伞一般的船员参加。比尔的3个儿子都很小——分别只有10岁、8岁和6岁——但他们都很能干，而且学习东西很快。

3个孩子都会驾船，但爱德和亚瑟似乎特别钟情于这项运动。比尔回忆道：

> 在小时候的照片里，爱德总是抱着一艘船。他对船一直都很着迷，亚瑟也是如此。虽然事情过去很久了很难记起来，但看这些照片，爱德华总是和我一起坐在船上，无论在哪都一样。

尽管热爱航海，但比尔对这项运动的热情在1968年燃尽了。这次霍巴特帆船赛对他来说可能是最惨的一次。比赛时比尔突然落入水中，整艘船翻过来扣在头顶上，连喘气都非常困难。他想起自己当时曾向上帝祷告道：要是能活着出去，我再也不航海了。他一回到家就卖掉了“鲁斯少女”号。他受够了，再也不想出海了。

这种决心只持续了大约一年时间，比尔决定要找到一艘可以经受任何考验的船。他在美国知名的游艇设计公司“斯巴克曼史蒂芬斯”（Sparkman & Stephens）待了一周。通过与顶尖设计师的合作，比尔要打造一艘不沉的赛船——永不沉没。它必须可以自我修正，避免进水。而且必须要赢得霍巴特帆船赛。

虽然建造者非常出色，但他们毕竟不是魔法师。比尔现在还保留着当时收到的一封回信，上面写着令人沮丧的消息：“你既想让这艘船赢，又要让它不会沉没。两者只能选其一。你想要哪个？”

一想到自己在巴斯海峡的濒死体验，他不犹豫地给出了答案。比尔·普萨提斯想要一艘可以载着自己安全回家的不沉之船。建造公司满足了他的要求。

比尔拿到了一艘坚固且安全的船，名叫“美尔丹”号，出自希腊爱琴海上干燥北风的名字。根据传说，美尔丹风受北风之神波瑞阿斯操控。这股风自北向南，扫过整个希腊海域，时而倾覆小船并给沿岸带来极大破坏。“美尔丹”号是一艘出色的赛船，比尔也发挥出色。他在他的小组中排名第二，但从未赢得过霍巴特帆船赛。他收获的是比奖杯更重要的东西：

> 霍巴特帆船赛让我意识到，事情越发不利，就越要努力拼搏。事情变得容易，也不能掉以轻心。必须提前考虑好下一步要做什么，并在事故发生前就把它解决掉。

在参加了 23 次霍巴特帆船赛后，比尔·普萨提斯的航海生涯正式结束，但普萨提斯家族的故事并没有终结。事实上，才刚刚开始。

3
“纳祖拉”号与冠军队伍的组建

爱德 · 普萨提斯在两个月大时就开始航海了，他对这项运动的热情自然不逊于他的父亲。在 6 岁时，他将父亲视作“霍巴特帆船赛的英雄”，他完全被这项赛事迷住了，会通过广播和电视实时追踪比赛的情况。

从一开始，爱德就梦想着参加一场真正的悉尼至霍巴特帆船赛，但他的父亲严禁其在 18 岁前这样做。爱德的大哥查尔斯在 18 岁时被父亲带去参赛，然后是爱德，最后是他的弟弟亚瑟。比尔非常谨慎，从不会让 3 个儿子同时出海比赛。

按照比尔的会计思维，若让儿子们一起出海，他害怕一次事故会让他家破人亡。他对离岸帆船赛选手可能遭遇的风险太了解了。他可以碰运气，但要将风险降到最低：“情况好的时候什么都好，但你必须努力才能做到这一点，而且心怀希望。”就像一个好会计一样，比尔不会冒险。

1979 年，爱德终于能参加霍巴特帆船赛了，和他的父亲一起在不沉之船“美尔丹”号上航行。他的处女赛非常惊险。爱德以前就听说过巴斯海峡的恐怖故事，也知道比赛会非常艰辛。他的确非常激动，但也担心自己是否能胜任船员的职责。

在父亲这位“霍巴特帆船赛英雄”的帮助下，爱德接受了这次挑战。在比赛结束时，他得意扬扬地走进霍巴特海关。那里的墙壁上挂满了航海名人的照片——那些参加悉尼至霍巴特帆船赛并获胜的选手，他倍受激励。爱德已经从一名杰出的海员身上学到了经验，今后的路要靠自己走下去了。

等到再长大一些，爱德在很多有名的帆船上从事过船员工作，由此获得了经验和自信。他开始意识到，自己对这项运动的了解已经可以和很多船主不相上下了，是时候自己干了。

1988 年，爱德买下了自己的第一艘船“变色龙”号。这艘船太轻，不能参加离岸赛，不过可以参与悉尼港冬季举行的一系列赛事中。在这个过程中，爱德华开始磨炼自己的驾船风格。他疯狂地减少船的重量，甚至拿掉了船舱地板。他那斯巴达式的行事作风产生了效果：爱德和他的船员在自己的组别中实现了反超，取得了胜利。

爱德渴望获得一艘更有竞争实力的船，一艘能够参加重量级离岸赛事——霍巴特帆船赛的赛船。在精心挑选后，他寻获了 30 英尺长的“纳祖拉”号（Nuzulu），并与人称“米克斯”的迈克尔 · 贝恩思科（Michael Bencsik），以及另一名水手彼得 · 沃德（Peter Ward）一同买下了这艘船。“米克斯”擅长归整的长处正好适合理顺赛船驾驶舱里杂乱的绳索。他们离冠军队伍又近了一步。

漫步者的诞生

从外观上看，“纳祖拉”号就是一副蓄势待发的样子。船身的主色调为红色和黑色，船的侧面画的是醒目的南非长矛。颇具传奇色彩的祖鲁国王萨迦发明了这种矛，在南非部族战争中具有革命性的意义。这正是爱德·普萨提斯和他船员们的完美象征。加上倾斜的主桅，整艘船看上去速度就很快。在今后的5年中，它将证明自己的确不辱使命。

要参加霍巴特帆船赛，爱德还需要一名领航员。一位在游艇俱乐部公告板上贴出启事的求职者引起了他的注意。鲍勃·托马斯（Bob Thomas）曾担任商船船长，拥有船长执照。重要的是，他本人也参加过两次霍巴特帆船赛，此外，鲍勃还拥有另一项优势，使其能够从众多候选水手中脱颖而出。

当爱德获悉鲍勃39岁还能参加英式橄榄球比赛时，他就打定了主意。鲍勃在橄榄球比赛中打前排位置。前排的队员通常被看作行动迟缓、没有技巧、脾气糟糕的选手，时常会成为橄榄球比赛中的笑柄，但是没人能质疑前排队员的强壮。在爱德看来，头脑和强健的体魄同样重要。

鲍勃加入了这支队伍，并被爱德那种精心筹备的作风所折服。他们环绕悉尼港训练了两周，开始了往返伯德岛（Bird Island）的拉练。虽然到伯德岛往返只有90海里，但这段旅程给予团队宝贵的夜间航行经验。

在黑夜中航行与白天航行完全是两回事，而爱德希望这种差异能成为他们团队的优势。有限的视野、疲劳以及对船只的陌生让夜晚航行更加困难。一支在白天领先的队伍在夜晚则有可能踟蹰不前。爱德和他的队员不停训练，直到完全熟悉了“纳祖拉”号船上的每个部位。哪怕是漆黑一片，他们操纵起船帆、设备、索具和舱门来，也能和白天一样。

再加上对细节不断的关注，船员们适应各种情况的本事开始演变为团队的一种核心能力。此外，还有另外一种重要的特质将他们与别的队伍区分开来：拒绝明星船员。

虽然爱德有很多机会引进出色的船员，但他不会因为要迎合一个带着明星名头的水手，而抛弃其他队员。这种策略能让队员彼此间了解入微。他们知道别人的长处以及弱点。在8年之后，这种了解就发挥了作用。更重要的是，这一点对他们的幸存来说至关重要。

“纳祖拉”号团队的无间合作仰仗三大因素。首先，船员们具备团队体育项目的经验，尤其是英式橄榄球，这样队员们能快速熟络起来。船员中大部分人是前排队员——由强壮的运动员转型为水手——这是他们团队合作的一个基础。

其次，“拒绝明星船员”的政策强化了船员间的联系。只要竭尽全力，始终有所贡献，队员们在船上的位置就有保障。这里没有达尔文式的优胜劣汰，但前提是每个成员都能各司其职，对团队有所贡献。个人也许不是航海明星，但加在一起却可以形成一个明星船员团队。

第三，团队里有爱德·普萨提斯的存在。爱德是船长，是经验丰富的船员，同时也是团队的领导者。他会发脾气，可能在紧急情况下非常激动，以至于忘记了队员的名字，但爱德这位船长熟知团队的能力，他从一开始就努力打造一支团结的队伍。另外，虽然领导权归爱德，但他既是队员也是教练，会接受最困难的工作。他从不要求别人去做他自己做不到的事情。

1990年，团队首次出征霍巴特帆船赛。比赛时的天气与以往没有什么两样，但结果却出乎所有船员的意料。鲍勃没有想到的是，他们的队伍在小组中获得了第三，他开始只盼着自己能在排行前20的船上做个临时队员。“纳祖拉”号在整个比赛队伍中排行第15，击败了许多更具优势的对手。鲍勃非常激动。他现在还不知道，这支队伍未来将获得的成就会远远超过他最大胆的梦想。

3个月后，“纳祖拉”号再次参赛，这次是澳大利亚另一项经典的赛事，穆卢拉巴帆船赛（Mooloolaba Race）。比赛同样在悉尼开始，赛船会沿着澳大利亚东海岸航行，终点是穆卢拉巴。穆卢拉巴在土语中是“黑水蛇”的意思。虽然这不是霍巴特帆船赛，但不管怎么说，长达469海里（868千米）的赛程还是具有一定挑战的。

“纳祖拉”号遭遇了同型船“彭伯顿三世”号的全力挑战。在度过了难熬的比赛的第一夜后，两艘船间的差距还不到1海里。不过“纳祖拉”号率先冲过终点，获得了总冠军。这是一场巨大的胜利。

要不是和“彭伯顿三世”号的船长及船员们喝得太晚，爱德本可以和彼得·沃德一同领取奖杯。人们最终在俱乐部门口的一棵椰子树下找到了熟睡的爱德。由于他缺席了颁奖典礼，团员们感到很遗憾。大家本来都期盼爱德发表一番妙趣横生的获奖感言的。

1994年，“纳祖拉”号又一次在穆卢拉巴帆船赛中获胜。虽然这个团队不是每次都能拿第一，不过一般排名都比较靠前。爱德和他的队员开始有了些许名气，这种接连的成功也给他们带来了自信。

事实证明，这支队伍不是只能在一类比赛中或某些固定赛况下取胜。他们开始接连参加所有主要的离岸赛事。其中一些比赛——像“远洋积分赛”（Blue Water Pointscore）和“短程海洋积分赛”（Short Ocean Pointscore）都是一些只有圈内人才知道的赛事，对其他人来说几乎闻所未闻。在帆船圈中，越来越多的人知道爱德是个有天赋的船长，而且他有一支天才队伍。

在1991年的悉尼至霍巴特帆船赛上，这个团队迎来了荣耀的一刻。船员们做对了所有事情，在让分赛上遥遥领先。在离终点还有100海里时，船员们似乎就可以品尝胜利的滋味了。他们只需要天气之神休伊的眷顾，哪怕速度非常慢也可以获胜，就算风停下来也无所谓。

在距离终点还有大约60海里处，风暴湾上的风渐渐停了。队员们首次尝到了冲线时被媒体和采访直升机包围的滋味。其他赛船上的船员向他们大声喝彩，队员们高兴极了。他们获得了自己小组的第一名，在总排行榜中位列第八。

接连的胜利让队伍感到不可战胜。不过等到第 50 届霍巴特帆船赛时，他们将迎来真正的考验。这场比赛会给他们带来最美妙的时刻，同时也将成为他们最大的灾难。

疯狗浪：挑战塑造团队

“纳祖拉”号在 1994 年迎来了自己的本色一刻。第 50 届霍巴特帆船赛的参赛船只数创下了纪录——总共有 371 艘赛船现身赛场。全球各地的船只都聚集到此地。为了这样一支数目庞大的船队能够顺利比赛，举办方不得不设立了两道起点线。

“纳祖拉”号属于参赛船只中身形最小的那一批，在庞大的船队中毫不起眼。这次比赛还有另外一个不利的地方，让分制在那一年进行了大幅修改，赛船的设计都需要按照新规格进行调整。这对“纳祖拉”号来说是颇具挑战的一次尝试。船员们当时或许有机会好好表现，但这次比赛却成了他们在“纳祖拉”号上角逐塔特萨尔杯的最后一次机会。真是意义重大的一年。

另外，还有其他变化发生。爱德的弟弟亚瑟刚从英国的工作脱身，在间隔很长一段时间后再次加入团队。亚瑟已经离开了 4 年，他不在船上的时候，队友们已经斩获了许多战果，这不免让他感到自己有点儿像个外人。虽然亚瑟有点菜鸟的感觉，但终归没有和团队核心成员失去联系。

多年前，爱德、亚瑟和米克斯曾一同在家附近的帕拉马塔河（Parramatta River）上航行，每次会在船上度过数小时。爱德爱掌舵，喊出指令，而亚瑟和米克斯大多数时间都只能扮演压舱物的角色，因为害怕弄湿身上而在一旁小声啜泣。在年幼的他们看来，这就是精简版的悉尼至霍巴特帆船赛。虽然说正式比赛要残酷得多，但这毕竟是一种准备。

和普萨提斯两兄弟在一起的还有爱德的姐夫，人称“乔诺”的约翰·维特菲尔德（John Whitfeld）。他在船上担任头桨手，这个不怎么出彩的职位也被称作“前锋”（Forward Hand）。正像字面上描述的那样，头桨手的位置在船的最前方，那里拍过来的浪又高又急。乔诺的这个岗位要保证船只在平稳改变航向，并负责整理船体前部的设备，确保它们正常工作——在大部分时间里，这个地方的绝大部分都会淹没在水下。

在航海比赛中，人们普遍认为头桨手的工作最艰苦。对头桨手的要求就如同对体操运动员或攀岩运动员一样：他们要具备平衡能力、力量、速度以及在压力下冷静思考的素质。除了这项工作本身的难度之外，在“纳祖拉”号上担任头桨手比在大船上更为艰苦。在小船上，头桨手经常会被埋入水下，而且会因为船身的颠簸东倒西歪。

赛船的头桨手都经过了精挑细选，乔诺就是其中最好的一个。除了机敏之外，他还特别能忍受疼痛。不管怎样，乔诺都能应对前方发生的情况，毫无怨言地坚持下去。在坚强的人中，他可以算得上是数一数二了。

乔诺头桨手的价值不容小觑，但他最重要的一项工作往往在赛后才开始。他是官方的船员财务负责人，管理霍巴特帆船赛庆祝事宜相关的酒会基金。比起头桨手来，这份工作要轻松得多，也更有乐趣。

在一片白帆环绕的美景中，船员们非常激动，把船驶出了悉尼港。“纳祖拉”号开局不错，看起来沿着塔斯马尼亚海岸南下会非常轻松，像是会有一场愉快的比赛，但实际情况却事与愿违。

他们轻快地通过了巴斯海峡，这在船队中并不多见。“纳祖拉”号当时已驶过 2/3 赛程，处在小组中的领先位置。但在下午晚些时候，“纳祖拉”号遭遇了一条雪茄状的飑线。

入夜时分，为了适应不定的风向，船员们仍然需要经常调整船帆。风速加大时，他们就把船帆缩起来。船员可以通过船帆上的缩帆点往下拉主帆——主桅后面的大帆——从而有效地减小船帆的受风面积。若风力减弱，就得取出缩帆绳。一次又一次解开再系上，船员们不断地调整着风中摇曳的船帆。

"纳祖拉"号在靠近塔斯马尼亚岛北部时渐入佳境，处在一个非常有利的位置排名。当行至巴斯海峡最南端时，他们来到了一个叫作班克斯海峡的水域。该海峡以英国早期植物学家约瑟夫 · 班克斯（Joseph Banks）的名字命名，向来以危险著称，水手们有时会将该处的海况称为"混乱无比"。就在这时，形势急转直下。

"纳祖拉"号几乎是在浪尖上航行，主帆收起来两处。风刮得很猛——风速有 40 节，阵风速度更高。虽然风力惊人，但对霍巴特帆船赛来说，这种情况并不罕见。不过为保险起见，船员们还是决定收起主帆，换上风暴用的三角帆。

风暴用的三角帆面积较小，适用于恶劣的天气环境下。虽然面积小，但在狂风中操纵它并不是件轻松的事。这项麻烦的任务需要搭上所有的人手才能完成。船舱里的亚瑟和米克斯也被叫出来帮忙。

就在他们换上雨天的装备前，亚瑟和米克斯听到爱德大叫了一声："恶浪！"的确如此，潮水逆着西南风涌来，形成了一条"疯狗浪"[①]。这种浪体型巨大，但尺寸还不是唯一的麻烦，它的形状才是最致命的地方。浪头直直升起 20 英尺高，上面泛着白花花的水沫。

在浪头还未拍到船身之前，船员们就感到船只被巨大的水流推动。在浪

① 疯狗浪（Rogue Wave）又称异常巨浪，指比有效波高高出一倍的大浪。——译者注

头压下来时，船舱里的亚瑟和米克斯听到了一阵撞击声。大浪从"纳祖拉"号侧面袭来，整条船倾向水面，就要倾覆——几乎完全反转过来。海水涌进舱门。主桅没入水中，设计用来保证船体直立的龙骨也指向了空中。

由于天气原因，正在掌舵的爱德还绑着安全索。但此时的安全索却缠在舵柄上，将船长拖向死亡。就要溺毙的爱德还在想，"纳祖拉"号是不是能自己翻过来。亚瑟和米克斯也被困在水中，跪在已经成为地板的船舱天花板上。亚瑟的脑子转个不停：接下来又会怎样？主桅要折了么？会不会再翻一圈？拜托一定要翻过来。他默默地祈祷着。

在甲板上，鲍勃和其他人一样陷在水中，但他像往常一样镇定。漂在水上的他估计，"纳祖拉"号大概倾斜了130度。他记起救生筏是放在驾驶舱里的，以防船只倾覆后拿不出来。然后鲍勃便开始梳理接下来可能发生的情况。

事情可能朝三个方向发展。第一，他们可能被翻转360度，船会进水沉没。第二，主桅可能被海水折断，然后出现同样的结果。第三，船帆有可能承压太大被撕破。要是这样，船只就可以自行恢复，直立起来。

几分钟后，"纳祖拉"号就像打了个寒站一样，选择了第三种情形，从水中站立起来。对船员们来说，这短短的几分钟就如同几个小时一般。虽然进了不少水，这艘船还是自己正了过来。海水顺着主桅哗哗地流向船舱，给所有人洗了个澡。

好在此前不断地缩帆、张帆减弱了凯夫拉材料的强度，大浪轻松地扯碎了船帆。要不是这样，主桅就会从根部折断。虽然理论上讲这样船只最终也能自行矫正，但需要花更长的时间。到那时船员就必须潜水寻找驾驶位上的救生筏，在海上等待救援。对比来看，失去船帆的代价要小得多。

船员们开始评估状况。亚瑟说倾覆时船舱内部看上去很有意思，这番冷笑话没有太大效果。鲍勃检查了驾驶舱里的救生筏，确保它们都在原地。之后他发现，用来砍断控帆索的刀子不见了。

那把刀一定是在“纳祖拉”号倾覆时，滑出了鞘，掉进了巴斯海峡深处。要是还得砍断各种系缆，就得用牙齿了——固定救生筏的绳结可是系得非常牢。痛定思痛，鲍勃决定以后一定要把刀子放在救生筏箱子里面。

鲍勃发现船舱中一片狼藉。袋子散落得到处都是，导航台上的东西也都不见了。他那宝贵的六分仪（靠太阳和星星确定位置的仪器）也从盒子里跑了出来，无助地漂在甲板上。

赢取塔特萨尔杯的梦想俨然成了泡影。深深的失落感涌向每个船员的心头。他们知道，没有备用的主帆，根本没有希望赢得比赛。现实就是这么残酷，不过好在他们没有被沮丧困扰太长时间，而是慢慢从失望中走了出来。

亚瑟肯定感受到了这种心理上的转变。他此前曾两次退出霍巴特帆船赛，他不想再出现第三次这样的情况了。失去主帆现在成了一种挑战。他们怎么才能完成比赛？如果不想退出，要怎样做才能完成这第 50 届赛事？

没人想退出比赛，但必须有船帆才能为船只提供前进的动力。天气之神休伊向他们展露了笑脸，风向改变，可以使用球形帆了——这种帆可以在船前面像降落伞一样展开，拉着后面的“纳祖拉”号前进。那些在正常情况下绝无可能超越他们的船只一艘艘地驶过去，但不管怎么说，“纳祖拉”号仍在前行。

这之后风向再次发生了变化，迎面刮来——直接吹在脸上。现在他们距离塔斯曼岛（Tasman Island）40 海里，还剩 110 海里的航程。失去主帆的“纳祖拉”号显得格外无助，只能逆风呈“之”字形移动，但是收效甚微。船几乎没有移动；他们只能侧着船身向两边来回开。优势和积分都在丧失，队伍实际上是在向后航行。

完成比赛变得愈发困难。船员们必须想出一个办法，让船获得从后面来的推力。这在没有主帆的情况下几乎不可能实现。尽管如此，他们还是尝试了各种应急的手段，但是达不到动力学的要求，船前进的速度还不到半节。以这种速度，幸运的话可以在 1 月 3 号完成比赛，而现在是 12 月 29 号。队员们虽拥有决心和毅力，但要说能撑到那个时候肯定是天方夜谭。

船员们努力了数个小时，试验了他们能想到的各种方法，但没有一种起作用。亚瑟的固执惹恼了所有人。他提出一个接一个的想法，爱德挨个否定了。“不行，这行不通。不行，这不好。不，不，不。别想了。我们完蛋了。”在试验了无数次后他想到一个点子。此前从未有人想到，不过这个简单的方法居然真的奏效了。

船上有一面小帆，正下方有一排小眼。这些小孔是用来应对极端天气情况的。如果船帆被从帆轨中刮出来，船员们可以及时将其收紧，使其回归原位。亚瑟想到，这些小孔可以有另外一种用途：用穿过小孔的绳子和上面的绳结做填料，这面帆就可以塞进主桅上的帆轨里。虽然不怎么美观，但的确奏效。船又开始航行了，而且速度也加快了。虽然不足以赢得比赛，但也不至于中途退出比赛。

听起来容易做起来难。每当航向改变时，风向也会发生变化。风总是从他们的正面吹来，就好像休伊在考验他们。亚瑟想，休伊一定在说，我要把你们塑造成典型。

亚瑟不会放弃，他没打算在这种考验中败下阵来。现在只要再坚持大概 24 小时就能完成比赛，他决心坚持到最后。“好吧，”他想，“是有船超过我们，但别管这些了。不要紧。只要能完成比赛就好。我们可以说我们完成了第 50 届霍巴特帆船赛。”

只是天公仍然不作美。风向不断变化，队员们的心情变得更加沮丧。队伍里开始出现放弃的苗头。船员们都在想："要放弃比赛的话，12 个小时之内就可以到酒吧灌啤酒了。按照这种速度，恐怕还要开上 3 天，而且没有奖杯。我们不需要这样做。我们已经完成过其他比赛了，而且还会完成将来的比赛。为什么要找不自在呢？"

即使是爱德也不耐烦起来。他知道一条前往霍巴特的捷径——穿过斯科顿海峡（Schouten Passage），然后进入丹尼森运河（Denison Canal）。但走小路就意味着退出比赛。爱德转向鲍勃说："你看，我已经受够了。我不能再忍受看着其他船超过我们了。我们马上就要掉到船队最后了，忘了比赛吧。"

站在一旁的米克斯听到了这番话。这是他第三次参加霍巴特帆船赛，前两次比赛都半途而废，他不打算再失败第三次。米克斯直勾勾地盯着前方说："别想退出比赛。那样我绝不原谅你。已经到了这个地步，我们一定要完成比赛。如果成功了，这就是我们最值得骄傲的一次航程。"

米克斯这种坚定的决心唤醒了犹豫中的爱德。虽然接下来的航程很艰辛，但他们的确还在坚持。比赛的困难程度已经超出了运动的范围，已然是一种巨大的心理挑战。这支队伍已经习惯了在比赛中领先，而且从未用临时帆赢过比赛。看到自己被别的船接连超越，对士气是一种极大的打击，在德文特河上的冲刺阶段更是如此。

穿越巴斯海峡是一回事，在那里他们还有操作的空间。在狭窄的水域上控制行动不便的赛船，努力撞线又是另一回事了。到他们完成比赛时，已经有 70 多艘船抢先冲过了终点。5 年来，"纳祖拉"号还是头一次在重大离岸赛事里被同型号的船击败。

尽管成绩不佳，霍巴特游艇俱乐部的主席还是携家人亲自迎接他们。其他的船员也为他们欢呼，因为他们知道"纳祖拉"号上的人取得了怎样一番成就。这本身就是胜利。虽然与赢得比赛无关，但这是一种确定了目标就不言弃的胜利。

对这支队伍来说，这是具有决定意义的一刻。虽然没能赢得比赛，但队员们收获了更重要的东西。他们齐心协力，解决了一个大难题。这种凭借技术和有限资源完成比赛的经验，赋予船员们一种别样的自豪感。由此迸发出来的精神会使这帮人在今后受益匪浅——尤其是在将来面临生死抉择的时候。

赛后，队员们聚在一起小酌，开始仔细回顾、审视过去数天来比赛中发生的所有事情。在这一切磨难之后，爱德开始感叹岁月不饶人。他半认真、半戏谑地说道：“对30多岁的人来说，干这一行有点老了。”鲍勃笑了。他比爱德大10岁，照这么说他已经老到不能和“纳祖拉”号一起参赛了。

没人和爱德争论——他们已经着手置备一艘更大、更有竞争力的赛船。不过，怎么样才能找到这种可以再度争夺塔特萨尔杯的船呢？他们的新挑战就是回答这个问题。

4
“午夜漫步者”号
——孤注一掷的选择

爱德和鲍勃花费了相当长的时间才找到这样一艘合适的船。他们一直看好一艘由墨尔本船员布鲁斯·泰勒（Bruce Taylor）租借来的赛船。这艘船名叫“大胆”号。正如它的名字一样，这艘赛船在定制时只有一个要求：赢得悉尼至霍巴特帆船赛。泰勒准备换一条更加现代化的赛船，“大胆”号正处在沽价待售的阶段。

这艘船配置了一些独特的功能，因此队员们非常想把它当作圣诞礼物收入囊中。这是一艘坚固、相当稳定的船，主桅相对较短但更结实。在之前的霍巴特帆船赛上，“大胆”号的桅杆曾折断过两次，泰勒决定再也不让这种事情发生了。

虽然塔斯马尼亚东部的微风可能不适合较短的主桅，但当天气变糟时，它却可以成为一项巨大的优势。这样的一艘船能够给予船员们信心，让他们有充足的自信面对巴斯海峡恶劣海况下发生的任何事情。“大胆”号比他们以前接触过的船只都更适合航海。这是孤注一掷的选择。

他们在12月6日买下了这艘船，霍巴特帆船赛将在26日举行。队伍要在不到3周的时间里把赛船准备妥当。许多老水手干脆说这根本就是天方夜谭，但爱德他们决心一试。

靠着一系列机缘巧合，加上一些财务手段，队伍很快把船弄到了悉尼。正好赶上准备工作开始。想要参加霍巴特帆船赛，有大量安全、测量、无线电以及船员资格相关的工作要完成。为了迎接挑战，他们必须在悉尼就马上熟悉这艘船。当然也可以在正式比赛中选择速成——很明显后者不是一个理想的选择。

在儿子爱德一通让人摸不着头脑的电话里，比尔·普萨提斯才第一次听说了这艘船。“爸，我买了艘新船。从墨尔本发货，我工作有点儿忙，你能帮我签收下吗？”

比尔答应帮忙，不过在看到这条船时却大吃一惊。这和他过去了解的船不一样，平滑的船底突兀地伸出来一块尾鳍，“就像是一块帆板”。他担心这艘船并不能参加霍巴特帆船赛，甚至没有足够时间把它准备就绪。

比尔打电话给爱德，用强硬的语气说道：“拿这个参赛简直是疯了。我参加霍巴特的经验足够告诉你，这艘船不可能在3周内准备就绪。太疯狂了——不要这样做。”比尔了解自己的孩子，他并不担心他们的能力。他担心的是赛船在海中的下场，这艘新船看起来太像一块帆板了。

不用猜就能想到，爱德的固执态度与他父亲一样。他就是相信队员们能完成这项任务。爱德告诉他的父亲，他有信心自己的队伍能在赛前把一切准备好。很明显，他的乐观具有感染力，所有人都开始为这次比赛进行准备。甚至爱德的妻子苏，也参与到新船的准备中来。当比尔认识到自己的儿子是动真格的了，他也像其他人一样，开始热心地张罗起来。

各种船帆都需要尽快更换。几乎所有种类的船帆都需要换新，这可不是一笔小钱。为了寻求支援，爱德联系了《澳大利亚财经评论报》（*Australian Financial Review*）——相当于澳大利亚的《华尔街日报》——寻求帮助。这家报纸同意提供赞助。靠着这笔钱，他们很快购置了一组新帆。

现在有了《澳大利亚财经评论报》这样的赞助商，爱德和鲍勃就获得了强大的财务支持，可以参加大型比赛了。不过除了船帆之外，他们还要担心索具的问题。

用来支撑主桅的索具叫作支桅索，尤其是当风从船后部吹来时，如果支桅索断掉，那么一切都会垮下来。没人知道原来的支桅索能经受多大张力。为了确保万无一失，爱德决定使用新的支桅索。这个源自经验的决定最终拯救了他们的性命。

除了船帆和索具之外，另一个需要更新的就是船的名字。“大胆”号是个不错的名字，但那是布鲁斯·泰勒的选择。现在轮到爱德来拿主意，这也非常容易决定。新船的名字就叫作“AFR午夜漫步者” 号（AFR Midnight Rambler），名字里的“AFR”是赞助商的名称缩写，“午夜漫步者”则源自队员们自己的故事。

这些船员能在夜间航行得非常棒。在大多数比赛中，夜间也是他们超越对手、取得领先的时刻，勤奋的操练造就了他们出色的夜间航行本领。他们是优秀的午夜水手，这个名字非常贴切。

“午夜漫步者”这个名字不仅对应了现实情况，而且还包含着一丝情感因素。爱德·普萨提斯曾是滚石乐队的狂热粉丝——他非常喜欢这支乐队，船员们甚至猜测，他会用乐手基斯·理查德斯的名字给自己的大儿子起名。虽然最后爱德和妻子苏决定给大儿子起名叫本，而不是基斯，但他对滚石的痴恋从未消失。他仍然希望以各种方式向这支乐队致敬，当然也有另外一个因素。将新船命名为“午夜漫步者”，这样就可以整晚用最大音量在船上播放滚石的歌曲了，即便停靠在游艇俱乐部也无所谓。

并不是所有船员都像爱德 · 普萨提斯那样痴迷于滚石乐队。不过他们对驾驶“AFR午夜漫步者” 号参加下一届霍巴特帆船赛都兴致很高。新船帆、新索具、加上一个新名字，“午夜漫步者”号已经准备好了。

5
“漫步者”号团队——准备启程

1998年队伍迎来了两名新船员——克里斯·洛克尔（Chris Rockell）和戈登·利文斯顿（Gordon Livingstone）。克里斯来自新西兰，没有太多经验。不过习惯被称作“几维”[①]的新西兰人向来被认为是老道的水手。

这是克里斯第二次参加霍巴特帆船赛。他的船在前一年的比赛里中途损毁，被迫退出。除了海员的身份之外，他还在新西兰一家省级橄榄球队里打前排位置。克里斯看上去就是一副橄榄球运动员的样子——要不人们也会把他当作征兵海报上的海军陆战队队员。

在粗犷英俊的外表下，克里斯内心极为坚强。他很强壮，值得信赖，而且会不加质疑地执行命令。虽然没有丰富的经验，但技巧上的缺乏是可以用毅力、体能和信任来弥补的。

克里斯在酒吧里非常友善，但他硬朗的行事作风绝不是装出来的。几杯

① 几维（Kiwi）是新西兰的国鸟及象征，口语中也指新西兰人。——编者注

酒下肚后，克里斯细致地讲述了自己学生时代的一个故事。当时他被一名高年级的学生欺负了。多年之后，在新西兰的一场橄榄球赛中，已长大成人的克里斯遇到了旧时的“仇家”。两人势均力敌，互不相让。在回忆起那次比赛时，他默不作声地低头看着自己指关节上的一处伤疤，然后微微一笑：“当时我一拳打在他的牙齿上，结果留下了现在这道疤。”

被大家叫作“戈多”的戈登 · 利文斯顿是另外一名新队员。他曾是亚瑟在永道会计师事务所（Coopers & Lybrand）的同事，而且非常想加入这支队伍。不过在“午夜漫步者”的首航中，他却被爱德的专注和激情吓到了。

戈多几年前才初尝比赛的滋味。他的处女赛是一次从悉尼岬（Sydney Heads）出发的短途赛事——那里高耸的峭壁是悉尼港入口的标志。作为一名新手，戈多当时被安排在船后部挨着爱德，任务也相对简单。不幸的是，这些非常明确的工作在他手上也是错误百出。爱德会对着戈多不停地大喊大叫好几个小时，他把这种态度归咎于自己在比赛中过于兴奋。

万事开头难，爱德看到了戈多学习的欲望，他邀请他重新加入队伍。其他人或许对这个邀请有所顾虑，但戈多不是个轻易放弃的人。他想要再试一次，爱德的激情深深地吸引着他。而队伍的团结一心，以及努力把事情做好的态度对他来说也显得很有魅力。戈多喜欢眼前发生的事情，愿意尽一切所能成为“AFR 午夜漫步者” 号的一分子。

虽然戈多和克里斯都是新手，但队伍中没有亲疏之分。用爱德的话说，这里没有“好莱坞明星”。每个人都受到尊重，所有 7 名队员都受到平等的对待。

大家都有一套独特的本事。戈多是个幽默的家伙，开个玩笑就能打破僵局。有时候他是在取笑别人，但的确可以舒缓紧张的气氛。克里斯有的是体力和决心，他和戈多都相信这是一番事业——精诚团结、追求卓越就是队伍的目标。

由于米克斯的存在，两人得以更快地被团队接受。米克斯有自己的一套办事风格，固定待在驾驶舱里的他负责调整升降索——这些绳子被用来在桅杆上升降船帆。要是绳子没整理好，升降索和支撑桅杆的后支索就会纠缠成一团。这不仅会影响队伍的表现，在恶劣天气下，这团乱麻还可能变成危及船员生命的陷阱。

米克斯是一名合格的“钳工”①，不过他的非正式工作也很重要。对队伍的新成员来说，爱德的指令有时会让人摸不着头脑，这时就轮到米克斯来为双方耐心地进行翻译。因为要做的事情太多，爱德会大骂脏话。而急于表现的新手却常常不知道自己应该做什么，米克斯就是这两者之间的缓冲。

有米克斯做中间人，克里斯和戈多就渐渐明白，知道爱德的坏脾气并不是针对某个人。这只不过是他过于专注，而且对航海抱有极大热情。一旦明白了这一点，爱德的脾气也发挥了作用。这不是压力，而是动力。这就是大家为什么愿意在爱德当船长的时候航行。

准备妥当

船员们也渐渐赞赏起爱德对霍巴特帆船赛系统性的准备。这套流程已经确定下来。在每次比赛前，爱德会列出一个很多页的清单，事无巨细地记录几乎所有事项。每个任务都会安排到具体人头，比赛开始前，必须确认检查了所有事项。

爱德的妻子苏描述了她的丈夫那近乎强迫症的准备习惯。他必须确认清单上所有的事项都已准备就绪。苏负责收集急救用品、防火设施以及其他装

① 钳工（Pitman），在帆船上负责调整升降索并更换船帆。——译者注

备。与爱德一样，她也全心全意地投入准备工作中。如果有东西缺失了，就必须补充好。如果有东西过期了，那就必须更换。决不能有一丝马虎。

队员们把“AFR午夜漫步者”号上的设施全部梳理了一遍。他们得熟悉这艘船里里外外所有地方。而且和往常一样，他们要尽可能地减少船体重量。爱德甚至要求鲍勃统计所有螺栓的数目。哪怕是在工具箱中多放一把螺丝刀，也必须经过他的允许。

鲍勃可以理解爱德对减重的狂热，他也觉得这样做很好笑。万无一失的准备工作的确有效果，不过这只能算作这位船长的一项个人爱好。

鲍勃很乐意回忆爱德自己违反规定的一个场景。在之前的一次航行中，爱德因为一台2盎司（57克）重的塑料六分仪被带上船而大发脾气。鲍勃认为这件设备能在电子仪器失效时发挥作用，爱德却认为这是多余的负重。在船长的坚持下，鲍勃最终做出了让步。

六分仪事件后，鲍勃在爱德的航海物品中发现了一本男性杂志。鲍勃努力说明，这本杂志的重量相当于六分仪的3倍。不过爱德却说杂志不是他的，而是赠送给每艘船的“礼品”。不管事实到底如何，这件事成了两人不断相互嘲讽的素材。

准备工作还包括清洁手头上的所有物品。戈多的任务之一就是要把船上的煤油炉弄干净。他得先把煤油炉从船舱存储间搬出来，再把这个不锈钢炉子清理得闪闪发亮。

再也没有比这更简单的工作了，戈多对任务要求也没有什么疑问：炉子必须得像刚买来时一样新。他非常仔细地进行这项工作，但总感觉有些古怪。戈多的航行经验告诉他，在爱德看来，比赛中食物的准备工作是低优先级的，是否会用到煤油炉都得两说。

戈多对此一直疑惑不解，不过最终他明白过来，清洁炉子只是一项象征性的工作。这只是思想准备工作的一部分，是爱德拓展项目中的一个环节。

不仅是船员，船上的设备也要准备好应对霍巴特帆船赛恶劣的环境，爱德准备工作的目的就是给大家灌输信心。在一场大赛前，他们必须确保船只准备妥当，确保船上的每个犄角旮旯都没有纰漏。不能忽视任何小事，清洁煤油炉这种小事就是细心准备的标志。现在的他们，还不知道自己的性命就与这些细节息息相关。

把装备准备妥当是一方面，不过准备工作可不仅限于船只和上面的设备。队员自身也必须在体力和心理上做好准备。每名船员都要参加一项有针对性的体能训练项目。长跑、游泳、举重都会涉及。参与这些运动，可以进一步增强队员的体力与耐力。

合作无间

在进行个人准备工作的同时，队员间的团队合作能力也需要培养。这种训练有时会在相对安全的悉尼港中进行，但大多数开展于悉尼岬外，甚至远海。

这都是一些非常基础的训练科目。例如，他们会练习缩紧主帆。缩帆就是要用绳子拉拢收紧船帆的底部，减少船帆在大风中的受力面积。这项工作并没有太多技术可言，而且在微风或晴天的情况下没有必要进行。不过在天气发生变化、海况变差时，缩帆就变得至关重要了。

以旁观者的角度，观看船员们在风和日丽的晴天中操纵帆船是一种享受。许多人可能会想，这种训练简直是多此一举。事实上，船员们每完成一遍流程，就会更加熟悉需要进行的步骤。"漫步者"号上的人就是这样不断重复练习，直到精疲力竭。休息过后他们还会继续练习，确保工作程序成为头脑中固定的模式。

准备工作的确累人，但成果之一就是这让船员们学会了在各种条件下都可以做到无间地合作。这种准备耗时长，既不舒服又令人乏味。不过他们最终会庆幸自己曾付出过这些努力。

6
当地的竞争者

“漫步者”号并不是唯一一艘为1998年霍巴特帆船赛做准备的赛船。和以往一样，有大量船只参赛——其中还包括一艘曾经参加过1945年首次比赛的老船艇。

“温斯顿·丘吉尔”号是一艘坚固的木质赛船。其中一名船员吉姆·劳勒（Jim Lawler）是比尔·普萨提斯的老朋友。在比尔看来，吉姆是他见过的最优秀的船员之一，而且“温斯顿·丘吉尔”号也是他喜欢的帆船类型。要是能用这艘船参赛，那他肯定不会有片刻犹豫。

这艘船的船主理查德·温宁（Richard Winning），为重修这条船已经花费了25万美元。从第一次参赛起，“温斯顿·丘吉尔”号已经参加了15次霍巴特帆船赛，还进行了两次环球航行。这艘船于1942年在霍巴特港建成下水，堪称航海比赛历史的见证者。

整艘船的甲板用柚木打造，加上黄铜配件和白色的船体，“温斯顿·丘吉尔”号与帆板似的“漫步者”号形成了鲜明的对比。对这艘船的最新改造加上了结实的原木桅杆，其中的一段采用轻巧的铝质材料，并更换了一组全新的船帆。这艘船是历史与现代元素的最佳结合。按照比尔·普萨提斯的看法，他的儿子们要是能驾驶这样一艘船参赛，他会更有信心。

“温斯顿·丘吉尔”号的外观能让人过目不忘，而其真正的实力则来自出类拔萃的船员。除了吉姆·劳勒之外，船上还有被叫作“汽船”的约翰·斯坦利（John Stanley）。斯坦利参加过 15 次霍巴特帆船赛，成绩优秀。他从 11 岁起便开始航海，多次参加长程比赛，还参加过美洲杯。他花费了 6 个月时间拾掇这艘老船，并招募了些拥有一流水准的船员。其中两人是理查德·温宁的儿时好友，约翰·迪恩（John Dean）和迈克尔·班尼斯特（Michael Bannister），他们更早些时候就加入了队伍。

虽然投入了大量时间和金钱，但该船的返修工作似乎并未做到十全十美。格雷格·巴斯康（Greg Bascombe），一名退役海军水手在进行船底清洗工作时就发现，“温斯顿·丘吉尔”号的吃水线处有一些奇怪的地方。大块头巴斯康游到该船旁边进行细致检查，结果发现用来填补船体木板缝隙的一小块嵌缝材料不见了。

“丘吉尔”号在水密性上的瑕疵引起了巴斯康的警觉。虽然这处缝隙很小，可能只有 0.25 英寸长（5 毫米多一点），但却可能因恶劣的天气而扩大。他游出水面，来到“丘吉尔”号的甲板上。与船上数个他认为是船员的人进行沟通，他警告道：“有块填料没了。你们得让船主知道这件事情。”说完后他便离开了，他以为该船的船员们已经了解了这一隐患。然而，理查德·温宁根本就没有得知这一消息。很快，这艘船上的人就都忘了这番警告。

罗伯·科特（Rob Kothe）的“猎户之剑”号拥有相当独特的设计。它没有“温斯顿·丘吉尔”号那样古典的船型，但实力不容小觑。和理查

德 · 温宁一样，罗伯 · 科特也是位成功的企业家。与温宁不同的是，科特在航海比赛中还是个新手。

科特在 1997 年买下了自己的第一艘船，在当年的霍巴特帆船赛上获得了小组第二的成绩。这个成绩重新激发了他儿时加入航海名人堂的梦想。科特买下了“猎户之剑”号，希望将塔特萨尔杯收入囊中。

从外表看,“猎户之剑”号与“AFR 午夜漫步者”号有许多相似的地方。“剑”号更长——船长 43 英尺（13 米），而“漫步者”号是 35 英尺（10.6 米）——两艘船都采用巴尔杉木[1]为芯材的玻璃钢材料建造，配置了凯夫拉船帆。两艘赛船都采用了典型的现代船只设计理念，这正是让比尔 · 普萨提斯担心的地方。

和“AFR 午夜漫步者” 号的情况一样，“剑”号上只有部分船员拥有丰富的航海经验。罗伯 · 科特也和爱德 · 普萨提斯一样，对训练和准备有很高的纪律要求。“剑”号每周至少要进行两次比赛和一次航行练习。每名船员必须按时到场，而且要减轻体重。科特同样对每件可能给船只增加负重的物品非常在意。他将“剑”号上的铜质气压计换成了塑料的，并随时准备调整船上的所有设备。科特也是名完美主义者，不过他与爱德 · 普萨提斯的相似之处就到此为止了。

科特不仅缺少航海经验，也很少参加团队运动。他以前参加过滑翔机比赛。在他眼中，帆船与滑翔机运动没有什么两样，因为两者都具有竞争性质，且滑翔机也靠风力驱动。事实上，滑翔机是一项个人运动。飞行员就能控制一切操作，航空器会不加疑问地执行主人的指令。航海则是截然不同的一项运动，这项运动对队伍中不同角色间的配合有很高要求。

虽然科特可能并未完全理解团队合作的重要性，但他也明白航海是一项

① 巴尔杉木（Balsa），这种木料有较高的强度且重量较轻。通常用于风力发电机叶片、船只和运输甲板上。——译者注

要求天赋的运动。科特招募了达伦 · “戴格斯” · 塞诺苟斯（Darren Dags Senogles）来负责“剑”号，他的运动才能非常适合头桨手的岗位。

除了拥有天分的头桨手外，“剑”号还需要一名老道的舵手。9 月下旬，就在离比赛还有几个月的时候，一个朋友向科特介绍了史蒂夫 · 库尔玛（Steve Kulmar）。

库尔玛拥有科特梦寐以求的航海经验。他从孩童时就开始航海，并在澳大利亚以及世界级的赛事中取得过冠军。他参加过 7 次法斯特耐特帆船赛和 17 次霍巴特帆船赛——其中 3 次他掌舵的船都赢得了塔特萨尔杯。两人一拍即合，库尔玛决定加入“剑”号，担任主舵手。

库尔玛取胜的欲望与科特一样强烈，他也参与到寻找人才的过程中。库尔玛想起自己 1997 年曾与一名奥运会选手一起，参加过英国的“海军上将杯”（Admiral’s Cup）帆船赛。这位运动员叫格林 · 查尔斯（Glyn Charles）。

查尔斯成就卓著。他曾代表英国参加悉尼奥运会，并最终获得了一块奥运奖牌。他的个性与航海技术都让库尔玛折服。虽然查尔斯的技术体现在小型船只上，但他也完成过 4 次“海军上将杯”比赛，各种大小不一的赛船他都有所涉猎。

1998 年，查尔斯作为英国奥运代表团的帆船项目教练前往澳大利亚。当库尔玛发现查尔斯将抵达悉尼时，他立刻发出了邀请电邮。查尔斯开始的反应并不热烈，不过在悉尼两人详谈之后，便把事情敲定了。

12 月 10 日，离比赛正式开始还有两周多一点的时间，格林 · 查尔斯从伦敦飞抵澳大利亚。他在降落后便与库尔玛和科特在悉尼游艇俱乐部会面。在多番商议后，这位英国航海者表示他会考虑这件事，并在两天后同意加入队伍。不过双方事先商定，查尔斯只有到 12 月 22 号才会参加集体训练——而那时离比赛开始仅剩 4 天。这还是他第一次参加霍巴特帆船赛。

让查尔斯加入队伍的决定并没有获得所有人的认可。一名年轻的海员，特蕾西·罗斯（Tracy Roth），曾计划与“剑”号一同参赛。她也是一名出色的水手，曾参加过 5 次跨大西洋航行，不过经验没有格林·查尔斯丰富。就这样，特蕾西被从候选名单中去掉了，完全是因为科特想要找到明星级的海员。

队伍中的其他人也对这项决定感到很沮丧。这些人已经为比赛进行了认真训练，按照科特严格的规则行事，可是到现在还没见过这位新入伙的明星。

“剑”号上紧张的气氛现在已经升级，船员们对所做过的各种决定产生了分歧。是要带两面主帆，还是把赌注压在一面帆上？是要按两班倒排班，腾出一半人休息，还是要三班倒，让 1/3 的人休息？

“剑”号的船员不可避免要在这种分歧中开始比赛，意见冲突激烈。最要命的是，他们还不知道到底是由谁真正负责这艘船。是科特，名义上的船长和船主？还是史蒂夫·库尔玛，这位航海明星？格林·查尔斯到底要在决策层中扮演什么角色？

在 26 日开赛前，有 115 艘船报名参加了悉尼至霍巴特帆船赛。这些赛船的名字五花八门，无奇不有：“皇冠”号、“商业邮报水之精灵” 号、“黾廷塔”号、“皮聘”号、“忤逆”号、“锡耶纳”号、“索罗全球挑战者”号、“捷豹英菲尼迪组三世”号、“T42 金杯藤”号、“VC 离岸旁观者”号以及“神秘人的勾当”号。其中一艘名为“午夜特快”的船将和“AFR 午夜漫步者”号一同比赛，这个重复的名字在后来不免会搞出乌龙。

受当地人追捧的是“布瑞德贝拉”号，这艘由澳大利亚财经人士乔治·斯诺（George Snow）驾驶的赛船。斯诺在堪培拉的一个人工湖里开始了自己的航海生涯，后来为了能更靠近大海把家搬到了悉尼。他被视作是一个真正欣赏团队运动合作的有力竞争者。身兼船长及教练双重职责，他对航海运动充满热情，遭遇挫折也决不退缩。

在1996年的比赛中，“布瑞德贝拉”号表现十分出色，人人都以为它能连续夺冠：首先冲过终点赢得撞线冠军，在让分制中获得总冠军，并打破霍巴特帆船赛最短用时纪录。就在一切看似水到渠成之时，帆船的桅杆折断了，“布瑞德贝拉”号被迫退出比赛。尽管遭遇了这种挫折，乔治·斯诺第二年仍然继续参赛，并且在1997年的比赛中实现了他毕生的梦想。“布瑞德贝拉”号第一个冲过终点。

“布瑞德贝拉”号船长75英尺（22.8米），是“AFR午夜漫步者”号的两倍还多。与“漫步者”号一样，斯诺的队伍由21名爱好者组成。他们不能算是新手，大部分参加过霍巴特帆船赛。这名船长对其他船雇佣专业队伍的行为不屑一顾。对斯诺来说，“买一支队伍”可不是个好办法。

其他参赛者并不在意斯诺的看法。他们中不少人就使用金钱雇用好手或明星海员。虽然由爱好者组成的队伍不能阻止“布瑞德贝拉”号再次捧杯，但这艘船面临的竞争威胁还有很多。“莎扬娜拉”号上就有20名全球最棒的专业海员。

7
“莎扬娜拉”号——美国大车

拉里·埃里森[①]重拾帆船运动的时间比较晚。1994年，埃里森在健身器材上锻炼时听到朋友的建议，一拍脑门萌发了这个念头。这位朋友名叫戴维·汤普森（David Thompson），他偶然问到埃里森是否要航海。这个问题重新燃起了埃里森的热情。他以前一直是一名狂热的海员，但早就放弃了这项运动。

20世纪60年代中期，埃里森刚到加州，那时他才第一次听说帆船航海运动。在了解这项运动后他立刻下水尝试。他对这项运动激情满满，甚至称自己在加州大学修的是“帆船运动专业”。埃里森的第一条船是一条14英尺（4.3米）的“塑料船”，之后升级换代为一艘24英尺（7.3米）的船，最后是一艘34英尺（10.3米）的比赛用单桅帆船。

埃里森也读过关于帆船航海的报道，对罗宾·李·格雷厄姆（Robin

① 拉里·埃里森（Larry Ellison），甲骨文公司（Oracle）的创始人和CEO。——编者注

Lee Graham）这样的航海人物非常着迷。格雷厄姆曾驾驶着自己24英尺长的船“鸽子”号环游世界。由于对这项运动的痴迷，埃里森贷款2.5万美元，买下了34英尺的“加利里搭车人”号。不过，他的第一任妻子艾达在加州一次比赛中差点儿掉下船，这直接导致埃里森的航海生涯戛然而止。

这一事故并非埃里森放弃帆船运动的全部原因。艾达对埃里森在帆船爱好上的花费一直很在意，这种担心演化而成的焦虑非常严重，以至于她需要通过心理咨询来缓解焦虑症状。埃里森最终被迫卖掉了这艘船，结论是“在马斯洛的需求层次理论中，吃饭要比帆船重要得多”。

然而，甲骨文公司在1986年上市，埃里森这下可以把过往的一切不快都抛之脑后了。低层次的安全需求在他看来已经不可同日而语。埃里森现在发财了，有钱买下所有他喜欢的玩具。他自豪地宣称：“我的购物经验是世界一流的。劳力士已经换成了百达翡丽。我还有一辆奔驰，实际上是一对。还有新的宝马Z8，一辆麦克拉伦F1，一辆宾利。花钱的确需要时间来学习，不过一旦入门，我发现自己真的拥有这方面的天分。”

埃里森的确积累了不少购物的经验，不过直到汤普森提出建议，他才开始考虑再买一艘船。当两人谈到比赛时——他的朋友提出驾驶一艘超快的大船参加比赛的可能[①]——埃里森原来的担心一扫而空。赚钱已经不是人生目标，参加世界级的帆船比赛重新成为他的追求。

当然，这也可能是出于其他理由。埃里森此前曾打算买下纽约扬基棒球队，但最终放弃了这一念头，因为他没法上场比赛。而帆船航海则还有机会。他可以成为船主，并雇用船员。如果拉里·埃里森想要开船，没人会对他说这不符合规则，或是说他不合格。

---

① 国际离岸航行竞赛准则规定，参赛帆船的长度，一般是指水线长度，需在16英尺到70英尺之间。按最大长度70英尺设计的船只被称作大船（Maxi）。——译者注

埃里森是个说到做到的人，他开始着手按最高标准置备航海需要的一切。他在马里兰州的安纳波利斯市找到了世界知名的游艇设计师布鲁斯·法尔（Bruce Farr）。他签下了新西兰的麦克·库克森（Mike Cookson）和史蒂夫·威尔逊（Steve Wilson），这两人以高超的船帆和索具设计技巧而闻名。埃里森寻找一切他认为最适合帆船比赛的东西，让团队按照他的想法打造世上最快的大帆船。他的新船"莎扬娜拉"号[①]，就是"用来参赛的船只，设计目的只有一个，就是获胜"。

埃里森招募了一位有经验的海员比尔·厄克伦斯（Bill Erkelens）。他同意在新西兰暂住6个月，因为这段时间要用来建造这艘独一无二的大船。当"莎扬娜拉"号下水时，厄克伦斯成为埃里森的竞赛负责人——陪伴埃里森熟悉这条长度为80英尺（24.3米）的赛船，同他参加各种比赛。

埃里森马上把目标定为"赢得"1995年的悉尼至霍巴特帆船赛。他并不在意获得赛事总冠军，夺得塔特萨尔杯，或是将"莎扬娜拉"号的模型挂在游艇俱乐部的墙上——只有小船上那些斗志昂扬的海员才在意这个。对埃里森来说，他希望第一个冲过终点线。在他看来，撞线冠军和总冠军之间的区别并不大。如果"莎扬娜拉"号能够第一个到达霍巴特，埃里森永远都可以说（不需要任何繁文缛节的证明）是他赢得了悉尼至霍巴特帆船赛。

"莎扬娜拉"号在1995年的比赛中的确获得了撞线冠军。埃里森尝到了胜利的滋味，再度获胜的欲望更加强烈。当年的总冠军是一艘来自澳大利亚维多利亚州的小船"大陆"号（大小只有"莎扬娜拉"号的一半）船员斯科特·卡莱利（Scott Carlile）和迪恩·威尔逊（Dean Wilson）捧走了塔特萨尔杯。第一个冲过终点的拉里·埃里森并不在乎这些，他赢了悉尼至霍巴特帆船赛，准备在1998年再现辉煌。

---

① "莎扬娜拉"号（Sayonara），日语指"再会"。——译者注

1995年的时候，埃里森还只是个新手，远算不上一名合格的舵手。要是能再次赢得撞线冠军，就可以证明他的确是位帆船航海的行家，还可以显示出他驾船的技术提升了不少。这会是他充分证明自己的绝佳机会。

此外，还有另一项回报。再次获胜可以让埃里森打破1996年撞线冠军"牵牛花"号创下的纪录。"牵牛花"号的船长哈索·普拉特纳（Hasso Plattner）和埃里森一样，也是一名软件巨子。在这两人间，谈不上有什么友好的竞争，有一个例子就能很好地说明问题。据说在一次比赛中，普拉特纳曾脱掉裤子，向"莎扬娜拉"号露出自己的屁股。普拉特纳随后否认曾做出这种行为，但这无疑为两名竞争者间的不合添油加醋地描上了一笔。

从上面一系列事件不难看出，为何埃里森非常在意1998年的比赛。对于想要显摆自己的航海技巧、创下新纪录、反击普拉特纳的埃里森来说，这次比赛真的是机不可失。这是一次多赢的机会，没有什么风险。

只不过，霍巴特帆船赛那"离岸航海赛事巅峰"的名声不是白白得来的，但埃里森不担心任何天气风险。虽然霍巴特帆船赛的要求很高，但在埃里森看来，它"只是因为危险而被所有人认为很酷，与其他比赛没有什么不同。但它实际上并不太危险。当然你必须有能力应对巴斯海峡中的颠簸，不过不太可能伤到自己"。

就这样，1998年大赛的舞台已经为埃里森搭好了，不过他夺冠的算盘还未打完。虽然自认为技术已显著提高，但埃里森不想有任何纰漏。他有全球第一的船施展自己的本领，可"莎扬娜拉"号只靠他一个人开不走。除了比尔·厄克伦斯和技术，他还需要别的东西。他需要一支用钱可以买到的世界级团队，他在新西兰找到了这支队伍。

凭借花钱的天分，埃里森雇用了一支队伍，里面有10个人参加过美洲杯帆船赛——这些人曾在1995年驾驶"黑魔法"号，从美国人手中抢过了这尊奖杯。埃里森愿意为人才出高价，他已经准备好了数十万美元，让这只航海队伍和纽约扬基队一样，听从他的号令。

埃里森现在拥有了最棒的船只，而且在他眼中，船员们也是全球最优秀的。他要做的只是在 12 月 26 日前将“莎扬娜拉”号运到悉尼。和 1995 年时一样，埃里森用一艘集装箱船把自己的帆船运过太平洋。一位澳大利亚水手由此戏称“莎扬娜拉”号是“美国大车”。

开赛前一周，决意夺冠的埃里森到达了悉尼，陪同的还有他当时的女友梅勒尼 · 克劳夫特（Melanie Craft）。克劳夫特可没有埃里森那样自信，能把其他人视作有危险的赛事仅仅当成一项普通但要求稍高的比赛。有传言称，一场大风暴可能正在酝酿之中。正像她以往不断尝试的那样，克劳夫特再次要求埃里森取消比赛。

拉里 · 埃里森并不在意她的担心。这位大亨相信，悉尼至霍巴特帆船赛的危险只是被传得神乎其神，事实上没有什么值得担心。他会参加比赛，因为比赛会很酷，非常酷。

8
风云莫测——小打小闹还是事态严峻？

普萨提斯一家也非常忙碌。苏·普萨提斯，还有其他船员的家人们忙得不可开交。其中一项最费力的工作就是为比赛准备食物。所有东西都必须冷藏，菜单也要提前准备好，以备食物能在12月26日按时供应。准备好这些后，苏还得整理出船员亲友的联系方式，以便及时将消息告知他们的家人。

爱德和鲍勃全身心地投入新船的准备工作中，好让其以最佳状态出赛，还要处理赛前的一些细节。和往年一样，鲍勃把苏的电脑准备好，方便她在游艇俱乐部官网上查看“漫步者”号的动态。

12月23日上午9点钟，爱德和鲍勃在俱乐部参加了必须到场的天气情况吹风会。一位气象局的代表谈到了各种天气计算机模型，并表示在未来4天里，到临近比赛开始时，可能会有坏天气出现。

吹风会上的预报是说会有风快速沿岸南下，但等级是大风，至少在巴斯海峡会出现大风。鲍勃想：“要是修正系数为50%——这其实非常有可能，我们也许会遭遇烈风或狂风。”爱德则回忆道，当时有一个模型预测会出现“东岸气旋”——向北移动的冷锋与向南移动的暖锋相遇。如果真是如此，澳大利亚东南海岸就会刮起小旋风。不管怎样，爱德和鲍勃在吹风会结束后都在想，可能会遭遇到烈风或狂风。这会是一场艰苦的比赛——不过他们之前已经经历过很多次了。

对小孩子来说，圣诞节总是充满欢快，但对他们的家长来说，却不是放松的好时候。这个圣诞节，家长们享受了拆礼品的愉悦，同时也要费心阅读报表，还要完成最后一刻的准备工作。

苏很紧张。像穆卢拉巴这样的比赛还好，它们通常比较靠近海岸，要是出了什么差错，船员还能逃生。不会像巴斯海峡那样离岸太远。但豪勋爵岛(Lord Howe)和霍巴特这种地方就不一样了。因为比赛船只在这里离岸较远，也就更吓人一些。

苏还以为自己在开赛后心情会放松一些，可实际上她越来越紧张，甚至超过参赛的任何选手，这种情况一直持续到船员们开出悉尼岬。正如她母亲玩笑般的描述那样，一旦船员们驶出悉尼港，“她自己那紧绷的‘后支索’才松弛下来，长出一口气，说他们出发了”。

圣诞节后的第二天是节礼日，船员们开始把行李和食物转移到船上。作为一名领航员，鲍勃必须同气象局的代表会面，听取第一手的天气报告详情。以往，该部门都会在游艇俱乐部支张桌子，放上打印好的报告和预测的天气情况分析摘要。可这一次鲍勃却在桌子旁发现，事情有些不对劲。他眼见这名“碰头官员”拾起桌子上的全部文件，一股脑儿地扔到了身后的垃圾箱中。

这位气象工作人员不停地摇头，说道：“现在我们所有的预测都作废。有大变化，你们会遭遇非常恶劣的天气。”之前的强风预报已经升级为大风预报，很有可能会演变为狂风。现在还不清楚到底会发生什么，而且也没有关于海浪的预报。

鲍勃回到“漫步者”号上，向爱德通报了消息。鲍勃说：“不要再想什么轻松的比赛了，这次会非常艰苦，会有糟糕的烂事出现在航线上。”

两人谈论了一番，最后爱德说道：“好吧，反正我们已经到这儿了，再发生什么也没办法，我们必须得克服它。”两人达成了默契。按以往的经验看，船员们能够从容应对恶劣的条件。他们之前也预料到会有坏天气的出现，并让船只做好了准备。他们从最初的预报中就知道，这会是一次“艰难”的霍巴特之旅，但两人都有信心能完成比赛，即使是情况进一步恶化。

选A、B还是C？

毫无疑问，拉里·埃里森对天气情况知道得更多。他此前就从一名天气专家那里购买了服务，这名私人天气预报服务提供者叫罗杰·巴德姆（Roger Badham），人称“克劳兹”①。克劳兹从1977年开始为帆船选手提供天气预报服务，拥有一长串客户名单。这次他主要帮助“莎扬娜拉”号和另外一艘大船“野小子”号，以及一些买得起他的服务的船只。

距离比赛还有一周，克劳兹开始研究大量计算机模型，预测可能会发生的情况。其中的美国模型预测会有最糟糕的情形出现，澳大利亚模型预测的结果则没有那么危险。而以往最为准确的欧洲模型则认为不用太担心。

一般来说，克劳兹会把模型按照发生概率的大小分为A、B、C这3种。今年的情况格外不明朗，就像是赌博。但在赛前的最后12个小时里，克劳兹决定使用地域性的澳大利亚模型。该模型预测巴斯海峡南部会有低气压出现。虽然不十分肯定，但他在周六上午最后一次吹风会上向自己的客户说明

① 克劳兹（Clouds），英文是“云”的意思。——译者注

了这一点。

不是人人都有足够的钱享受克劳兹的服务，不过有关最糟天气情况的传言很快在船队中传播开来。“阿万蒂”号的船长约翰 · 穆尼（John Mooney）看见克劳兹在与自己的一位客户攀谈，于是这艘船 38 英尺长（约合 11.6 米）的船长就躲起来偷听两人的谈话。他听到有一个模型预测的比强南风严重得多，是南方的强烈气旋[①]，风速也会高得多。虽然克劳兹马上补充道，这不是最有可能发生的情况，而在他看来，船队可能遭遇的风只有 40~50 节，但出现“天气炸弹”的可能还是引起了穆尼的警觉。

暂时不去管未来可能发生的事情，“AFR午夜漫步者”号上的船员开始准备供应品。饮用水都被冷冻起来，这样就省去了带冰的麻烦。打包好的食物按照开饭顺序一一排列好，大多是些三明治和事先烧好的冷饭菜。如果他们能知道未来的天气情况，就不会再费心考虑食物了。在未来 30 个小时里，饮食只是需求优先度非常低的一件事。

① 强烈气旋，也称为天气炸弹。——译者注

9
“AFR 午夜漫步者”号——他们出发了！

开赛当天早晨，爱德和鲍勃很早就上了船。其他“漫步者”号的船员也一个接一个地出现了。和往常一样，首先是克里斯，然后是米克斯，戈登，笑呵呵的乔诺。到 11 点，所有人都按时到场，除了亚瑟。

亚瑟一家在新南威尔士州中部的达博过的圣诞节，那里距离悉尼 300 英里远，他原计划搭乘飞机赶回来。这原本就是一次很紧张的行程，而从澳大利亚内地飞回来难免会出现各种晚点的情况。亚瑟迟到了，所有人都很着急。爱德尤其不高兴。正当鲍勃提醒爱德小心别急出心脏病的时候，亚瑟出现了。他两三步走到船上，一脸认真地问道：“你们急什么呢？”

这个小风波结束后，船员们开始向船上装行李，这是项相对轻松的工作。为了达到爱德“轻装上阵”的要求，每人只能携带一件备用的衬衫。在应对恶劣天气的装备装船后，才轮到队员们那几乎全空的行李箱。这些行李箱只能放在规定好的位置，起到压舱物的作用。

在所有物品都装船后，船员们开始向他们的亲戚和好友第一次道别，再到游艇俱乐部喝下最后一杯热咖啡，这是他们未来几天内唯一能享受到的热饮了。

在体味过最后一丝文明后，队员们走向自己的船，“漫步者”号正安稳地泊在俱乐部前面。这时通常会再一次道别，爱德的父亲比尔，按惯例讲一番话鼓舞大家的士气。然后，“漫步者”号就松开缆绳，开始航行，在船只停靠区里小心翼翼地玩上一番“碰碰船”游戏，进入海港。

和其他人一起，苏 · 普萨提斯在码头挥手告别船员。她不停地挥手，直到船开出悉尼港为止。她目送着自己的丈夫、兄弟、姐夫和朋友从视线中消失，这才稍稍松了一口气，但心里不免仍有一丝担忧。

在以往，苏会直接开车到悉尼岬，观看开赛的过程。船只出发，向右急转再向南挺进，鸟瞰这一切是她喜欢做的事情。但今年她已经有了两个孩子，一个一岁，一个两岁，要照顾孩子就没法亲自前去观看比赛。而且再去看的感觉就像说两次再见一样，而一次分别就够难受了。

苏来到米克斯和他妻子的家中。米克斯的妻子名叫安娜贝尔——大家都管她叫“廷克”。两位妻子就在电视上收看开赛的盛况。和以前一样，这是一个有点令人失望的节目。摄像机只盯着那些大船，尤其是“莎扬娜拉”号。小一些的船只没有什么特点，不会引起太多关注。

在摄像机之外，“AFR午夜漫步者”号已经穿过了观众船只。这些船数量众多，一直挤到禁止非比赛船只进入的禁航区前面。虽然警方尽力维持秩序，总有一些漏网之鱼想要挑战一下自己并不怎么样的技术。

比赛现在还没有开始，但这时的操作就已经需要全神贯注了。要是还没到海岬就被一些疯子毁掉了比赛那就太糟了，数月的辛劳、付出和金钱可不能在这时付之一炬。

终于，"漫步者"号突出重围，来到了开放水域，有足够的空间升起新的主帆。船帆直直地升起来，没有丝毫阻碍。这面帆上用粗体印着《澳大利亚财经评论报》的标识，看上去漂亮极了。在比赛后，鲍勃揶揄道："要是船帆知道前面有什么等着它，或许它更愿意藏在袋子里。"

虽然摄像机的镜头大部分时间都瞄着别处，不过还是有幸运的一瞬出现。当他们升起球形帆时，电视台的直升机从上空飞过，黑色的船帆张开来——向所有人露出《澳大利亚财经评论报》的标识。这让"漫步者"号上的船员非常得意，他们的报社赞助商自然也很高兴。

离比赛正式开始还有 10 分钟，起点线附近的情况活跃到了极点。领航员和战术师全神贯注地看着秒表，心跳加速。全部 115 艘船都在争抢最有利的出发位置，在鲍勃看来，所有人都想抢占"AFR午夜漫步者"号现在的位置。

即便占据有利的出发点，"莎扬娜拉"号或其他大船还是可以凭借更快的速度超越他们。小船对此是没有什么办法的，这只是小型船只在比赛时必须忍受的诸多不利因素之一。他们能做的就是抢到一个好的出发位置，要竭尽全力做到这一点。

5 分钟倒计时枪响，这意味着大混乱的场面就要开始。帆船赛的开赛是这项运动最好看、竞争最激烈的部分，绝对不逊色于其他任何运动带来的兴奋和刺激，"漫步者"号的船员感到全身的血液都沸腾了。

似乎南半球所有的船都朝"漫步者"号冲过来，它正在起点线右手边同对手对抗。体型小也是他们的一项优势，因为这样操作更灵活。他们能在两艘大船间挤出一条路，更靠近起点线。大船就很难在颠簸晃动的情况下做到这一点。

完美的开局意味着要在比赛发令枪响起的时候，正好赶到起点线。这正是“漫步者”号希望做到的，不过他们的这项工作开始得太早了。另外，太多船出现在他们的上风了——也就是风吹过来的方位——这样就陷进了其他船帆造成的乱流中。这种不均匀的风会产生麻烦，让船帆更加难以调整。

每艘船都面临同样的挑战，都要全神贯注地找到一个完美的位置，还不能提前冲出起跑线。抢跑的船只会被处以严厉的惩罚，会大幅下调其让分分数。这是所有人都不希望发生的。

“诺基亚”号和“猎户之剑”号玩起了猫捉老鼠的游戏，“剑”号扮演着老鼠的角色。在离开赛还不到一分钟时，“诺基亚”号开到了撞向“剑”号的碰撞航向上。按照帆船航道规则,“剑”号拥有“优先通行权”。但“诺基亚”号这艘大船直到最后一刻才开始转向，想靠急转弯避免碰撞。

这个弯转得太晚了，“诺基亚”号的船头撞到了这艘小船的尾部。“诺基亚”号狠狠地刮过“剑”号一侧，钢铁与玻璃钢摩擦，发出了令人难受的声音。“剑”号的船员发怒了，一人拔出刀，威胁要砍下“诺基亚”号的船帆。科特升起了红色抗议旗。“剑”号支撑救生索的支柱出现了破损，戴格斯试图修补好。

“诺基亚”号的急转弯迫使起点线右方的所有船只进行避让。他们躲开了碰撞，但情形看上去就像高速公路的连环事故一样。场地上到处是尖叫声和咒骂声，每艘船都进行了紧急制动，避免撞向另一只船。

“诺基亚”号也在责怪“剑”号，称碰撞是因为这艘小船开得太近，大船没法操控。当时的争论很激烈，罗伯特 · 科特向澳大利亚游艇俱乐部发了一封邮件，称“猎户之剑”号遭受了“严重的损伤”，桅杆上出现了一处“挤压造成的折痕”。

下午晚些时候，科特意识到，所谓桅杆上出现的严重损伤，只是一处擦痕。在比赛结束后，这艘船也没有提交任何抗议。未来数天发生的事情会让这起碰撞事故变得不值一提。

"剑"号出现了损伤，其他船只也跟着遭殃，不过这对"漫步者"号来说无疑是一份大礼。场地上的混乱为他们提供了一条通往起点线的干净的道路。作为这场混战的旁观者，鲍勃想："我得在霍巴特给这家伙买杯啤酒。不过我可能见不到他，因为他得在抗议室中熬上4天。"

下午1点，发令枪响起，第54届悉尼至霍巴特帆船赛就此开始。115艘船载着激动的船员，开始争先冲向起点线。

"AFR午夜漫步者"号处在一个绝佳的位置——起点线右边最远端，附近并不拥挤。"漫步者"号船员制定了一个方案，他们要右转驶出悉尼岬，然后笔直开向塔斯马尼亚岛——只需要行驶628海里（1 163千米）。

他们要在观众船队的边缘航行，但这样还不够完全把握自己的命运。当开到屈臣湾（Watsons Bay）时，航线会变宽，就有足够的距离避让较大的船只。他们要绕过第一个标志点，加速开向知名的地标"Z字形"海域。

方案就是这样，但计划总赶不上变化。在"AFR午夜漫步者"号穿过"Z字形"海域后，一艘50英尺长的游轮突然冒了出来，扰乱了风向，带来了乱流。他们能够看到游轮船长因为有小帆船挡路而恼羞成怒，不过这艘船很快就消失了。鲍勃想："他可能是向东北航行去新喀里多尼亚的。"对比起"漫步者"号船员向南航行将遭遇的天气，与这艘游轮的相遇算是相当幸运了。

10
“莎扬娜拉”号——地球上最专业的水手

发令枪响之前，“AFR午夜漫步者”号一直忙着调整航线，而拉里·埃里森则有自己要关心的东西。这是属于他的时刻。他骄傲地站在“莎扬娜拉”号最显眼的地方——舵盘后面，成为上万观众和电视摄像头的焦点。这是他证明自己是世界级航海赛手的机会。埃里森得一直用“逆风换舷”的方式驾驶船——这种操作方式需要不停改换船只的前进方向，让风从船舷的一侧前方吹过来，把帆刮向相反的方向——这对时机和协调有很高的要求。在数百艘船组成的船队中做“Z字形”航行是很冒险的，万一发生碰撞就意味着比赛的结束。

尽管埃里森四周大多是全球最好的水手，“莎扬娜拉”号上还是有两名爱好者——菲尔·凯利（Phil Kiely）和拉克兰·默多克（Lachlan Murdoch）。凯利是甲骨文澳大利亚分公司的主管，在悉尼长大，参加过两次霍巴特帆船赛。他拥有驾驶小船的经验，不是一无所知的新手。

拉克兰·默多克是传媒大亨鲁伯特·默多克的儿子。老默多克在1995年就加入了“莎扬娜拉”号，在一次练习赛中失去了自己的一节手指，不过这也凸显了他的勇气。在接上断指后，默多克表示自己没有问题，他可以在比赛中给船员递咖啡，再分享埃里森冲线的胜利。最后，他在霍巴特请船员喝了一顿酒，就这样完成了比赛。

现在轮到拉克兰了，对这位年轻的继承人来说，霍巴特帆船赛是一种全新的体验。他本来就是一个愿意冒险的人，爱好攀岩运动，不过从没当过职业海员。虽然在1997年，他驾驶自己的船参加了霍巴特帆船赛，但还是比不上埃里森那帮雇佣军。他在一个朋友举办的国庆日聚会上碰见了埃里森，这给了他一个加入“莎扬娜拉”号航行的机会。当时鲁伯特·默多克也在场，埃里森邀请他继续参赛。鲁伯特拒绝了，但推荐了他的儿子。埃里森表示同意，拉克兰欣然接受。

除了拉克兰和另一名客人之外，埃里森身边都是相当出色的专业水手。他们中间有奥运会奖牌的获得者，以及新西兰国家赛艇队的队员。在水上，埃里森还是能意识到自己的局限：“我喜欢同‘莎扬娜拉’号的船员共事……因为我不是明星。我只是个相当出色的爱好者。其他船员都是这个星球上最专业的选手。这些人对自己的专业非常擅长。他们是最棒的。”

带领这些专业海员的是克里斯·迪克森（Chris Dickson）。他和埃里森一样好斗，对胜利志在必得。他曾赢得3届国际帆船联合会青少年帆船世界锦标赛，还是驾驶着新西兰帆船完成美洲杯比赛的第一人。他参加了许多届美洲杯比赛，并在1993年完成了怀特布莱德环球帆船赛。埃里森“寻找全球最好水手”的愿望，让他找到了迪克森。他将负责驾驶“莎扬娜拉”号，并管理队员。

迪克森向来被认为是一位从不妥协的负责人，"莎杨娜拉"号练习的频次与"AFR午夜漫步者"号几乎相同。和爱德·普萨提斯一样，迪克森也是个完美主义者。除了埃里森之外，他会对船上所有未达到他要求的人大声叫嚷。与普萨提斯不同的是，迪克森在激烈的言语过后不会平抚队员。人人都把他视作狂热的完美主义者，无论是别人还是自己，他都不会放松要求。

站在舵盘之后的是埃里森，不过他身后还有发号施令的迪克森。埃里森只是按照指令驾驶，到目前为止，一切还都在按计划进行。天气晴好，暖洋洋的，空中没有一丝风暴云。微风徐来，四周都是一片奇异的景色。不过之后事态的发展可以说是急转直下。

尽管埃里森为"莎扬娜拉"号倾注了巨资，但并不是所有高科技设备都能工作得尽善尽美。在一次拐弯时，其中一个主绞盘里的特制碳纤维齿轮坏掉了。绞盘是帆船中的关键部分。帆旁边牵下来的绳索就绕在滚筒上，便于船员快速调整帆的角度，获得最大速度。没有绞盘，这项任务就不可能完成，像"莎扬娜拉"号这样的大船更是如此。

迪克森发怒了。"该死的，怎么能在比赛开始前就搞坏一个主绞盘？"埃里森很庆幸，自己不用为这一切负责。赛前是没时间修好这个绞盘了。在努力获得优势开局的同时，操作还必须小心缓慢地进行。

迪克森说得很清楚，他们要远离爱闯祸的"诺基亚"号。"莎扬娜拉"号上的所有人都想获得一个优势位置，他们也做到了这一点。埃里森非常高兴：

> 开局不错。我们领先其他船，率先绕过了第一个标志点……总算能如愿航行。不知道今后3天会发生什么。要是在平常的日子里，我们会左转

北上去往大堡礁。那是所有正常人在圣诞节都该去的地方。但是我们要右转，沿澳大利亚海岸南下，开往塔斯马尼亚岛。

“莎扬娜拉”号第一个驶出港口，乔治·斯诺和他的“布瑞德贝拉”号紧随其后。上万观众和众多摄像机镜头都把注意力集中在这艘美国大船上，埃里森真是得意极了。

11
“AFR午夜漫步者”号——帅呆了

“漫步者”号驶出了拥挤的船队，不过按鲍勃的话来讲，海面的情况在比赛开始的头几个小时里，就是一片“混乱”。海浪从四面八方涌过来。混乱的海况对参赛船只没有任何好处，只是障碍。这种障碍源自海岸地貌。陡峭的岩壁产生的逆流让航行格外困难，对小船来说更是如此。

尽管海面称不上风平浪静，“AFR午夜漫步者”号还是绕过了“Z字形”标记，一个急转弯向南开去。罗盘方位线——到达塔斯马尼亚最直接的航程——在指南针上指向185°。除了需要稍微根据风向进行一些微调之外，不需要对船进行更多操作。“再过几天，”鲍勃想，“我们就能在霍巴特喝上几杯卡斯科特啤酒了。”他还不知道塔斯马尼亚的景色有多么美妙——心里只想着开到那里。

由于预报下午会出现东北大风，船员们知道船在整个白天都会加速航行，尤其是当他们升起“风筝帆”时——这是一种面积很大的球形帆，可以让船充分借助风力航行。同时，他们逐渐驶离近海，全速航行。在下午3点左右，他们的新球形帆飘了起来，“漫步者”号快速沿岸南下。再一次，又有一艘游船突然冒了出来。情况更加危险，这艘船正在前进，上面都是一些穿着比基尼享受阳光的游客。

航行规则中对这种情况有明确的规定：不管穿着比基尼的都是些什么人，帆船总有优先行驶权。这艘游轮根本就忘记了规定，几乎撞上“漫步者”号。游轮上的人对船员泼下马丁尼酒，船员们则大声挖苦，双方都在气愤地大喊。亚瑟怒不可遏，几乎要翻过栏杆登上这艘船，嘴里喊道：“搞什么？你们智商比得上水母不？”好在冲突很快就过去了，就和发生时一样迅速。

船员们的情绪都很高涨，没人睡得着。乔诺和米克斯下舱稍作休息，直接躺在坚硬的塑料铺位上，避开日光。鲍勃的工作刚刚开始。他在海图上标出了一段航线，终点是悉尼南方 100 海里（185 千米）远的杰尔维斯湾附近。事情总是有利有弊，如果想进入深水区赶上东澳大利亚暖流，利用这个“海洋运输带”，就得浪费一些时间。鲍勃的航线正好是个折中的方案。

只有那么一次，大船的出现对他们有所帮助，而没像以往一样成为累赘。有一艘大船的速度更快，上面的领航员也想找到一条更好的航线。这艘船在航线上摇曳着超过了他们，最终消失在远方，不过它巨大的帆给爱德提供了目标，直到它在地平线上完全消失不见。

随着航行时间一点一滴地过去，“漫步者”号的船员们才开始意识到这艘船的实力。虽然他们的上一艘船要长出 5 英尺（1.5 米），但现在这一艘比往年要快很多。他们简直不敢相信，自己居然能赶上那些以往会把他们落下很远的对手。即使是布鲁斯 · 泰勒全新的“大胆”号（体型更大也更为先进）也近在咫尺。自己的船达到了他们所期望的，队员们士气高涨。

在全体船员渐入正轨后，让爱德能够休息就成了当务之急。自从比赛开始时他就一直掌舵——别忘了还有悉尼港内紧张的避让，现在已经沿岸开了很长一段距离了。亚瑟接管了船的操控，开了3个小时的样子。然后是米克斯，直到日落。他们平稳地航行着，仍然挂着那面巨大的黑色球形帆，一切都在向好的方向发展。

在帆船航行中，风速是至关重要的一个条件，风向则没有那么要紧。船只没法直直地顶着风前进，但是一艘优秀的船是可以以20°~30°的角度逆风前进的。当风与船舷的角度接近90°时——直着从左侧或右侧吹过来——操作会变得更简单，速度会极大增加。当风直接从后面吹过来时，大多数船并不能开得很好，顺风航行理想的角度——从后面刮过来的风应该与船舷成45°。随着时间一分一秒过去，这个角度的风终于出现了。

“AFR午夜漫步者”号现在正开足马力沿着新南威尔士州的海岸向南航行。考虑到现在的速度以及预报的天气情况，鲍勃觉得他们可以在明天下午进入巴斯海峡。对一条35英尺长的船来说，这是一项非常了不起的成就——一天就航行了260海里（481.5千米）。

黄昏时分，东北大风逐渐形成，风力开始加大。最终风从船的正后方吹来，这让“AFR午夜漫步者”号愈加难以操控。让船保持在航线上需要一丝不苟的注意力，要不停地对船舵做出调整。掌舵两小时对任何人来说都是个极限。按照之前的办法，船员们继续轮班倒，让开船的人能得到适当休息。

他们航行的速度还在加快，身后的风加上东澳大利亚暖流的作用，让船飞一般地沿岸南下。一切都非常顺利。4节的洋流加上北方吹来的风，还带来了其他的优势。在两者的共同作用下，海面变得更为平和，到塔斯马尼亚岛的航程可以说是一帆风顺。

顺风顺水，“AFR午夜漫步者”号就像摩托艇一样穿过水面。船头分开海水，白色的水花溅在船舷两侧，后方摇曳出了一片巨大的尾迹，所有人的脸上都展露出笑容。这真是多年比赛中最惬意的一次了。

新船的速度令人咂舌，现在的航速超过 22 节。入夜时分，海上呈现出一种超现实的景色。四周都是电光闪闪的雷暴云。这番情形加上船速让乔诺心醉沉迷。“我们真是帅呆了。”他自言自语道。

他们从未在像这样的天气中开过这艘新船。此外，对事态发展的未知，也让船员们非常激动。后面吹来的风让球形帆鼓向前方，“漫步者”号的船头开始没入水中，他们意识到后方需要增重，保证让船舵浸入水中，船头挺出水面。6 名船员列队站在船后部，所有人都笑个不停。克里斯不禁大声喊了出来：“太棒了！”

阿勒达拉和贝特曼海湾沿岸的灯火从船边掠过，船非常好操纵。在不到 24 个小时的时间里，在一通“欢乐的球形帆旅程”后，他们已经到了嘉博岛的南方。船员们就像刚开赛时一般激动，再没有什么比在平稳的海面上快速航行，并且完全掌控船只更能令人感到惬意了。至少在大多数时间里，他们都能完全掌控这艘船。

有那么几次爱德感到控制不力。凭借着出色的掌舵经验，他几乎总能做出小小的修正，让船稳定下来。不过还是有两次，帆船发生了横甩，即便是他的技术也不起作用。

当帆船横甩时，就会发生剧烈转向逆风向，并冲一侧倾斜。就像汽车急刹车时，会把乘客向前猛甩一样。甲板上的所有人都需要挥动手臂、抓住东西避免掉下船去。船舱中的人则会被扔出铺位，或是被紧紧压在身边的船舱壁上。

横甩可以造成相当大的混乱，非常吓人，尤其是对毫无防备的船员来说。但“漫步者”号上的人知道什么时候可能会发生横甩，他们也相信船可以恢复正常。爱德一晃舵柄——一根可以控制船舵的棍子，在船员们冷静地注视下，他又把“AFR 午夜漫步者”号正回来了。

所有人又各就各位，横甩数分钟后，“AFR 午夜漫步者”号又航行起来了。

不仅恢复得很快，而且整晚都可以如常应对。“所有夜间的练习都值了，”戈登想，“前进！前进！”

虽然没有什么严重的损坏出现，但爱德意识到，风速在逐渐加大，他们应当换上一面更小的帆。球形帆仍然能用，但是需要换一面专门为风暴环境设计的小一点的帆。在听到爱德喊出熟悉的指令“紧急集合”后，亚瑟赶忙从船舱中起身，想赶到甲板上。

正是由于太着急了，亚瑟顾不上穿上自己的防水衣。他正往上爬的时候，船正好颠簸进一个海浪的波谷中，又直直地撞在下一个浪头上。“漫步者”号没入水中，亚瑟从头到脚都被浇透了。由于没带多余的衣服，他就这样裹着湿淋淋的、满是盐水的衣物，一直坚持到霍巴特。

风暴球形帆升起来了，“AFR午夜漫步者”号呼啸着驶进波涛。风声、海浪声振聋发聩，但这艘新船展现出了自己的实力。又一次横甩，不过这艘船再次挺过来了，好像在说：“我还有看家本领没使出来呢！”所有船员都明白，他们拥有的是一艘坚强的小船。无论是船，还是团队，他们的承受能力都被推至极限，而且都通过了考验。

12
“莎扬娜拉”号——暂时落后

“AFR午夜漫步者”号疾驰南下，但“莎扬娜拉”号走得更远。在埃里森的操控下，这艘美国大船表现惊人，印着日文片假名的球形帆迎风飘扬，格外醒目。乔治·斯诺的“布瑞德贝拉”号紧随其后。毋庸置疑，它是船队的领先者，114艘船都在“莎扬娜拉”号的尾波中。

大股的风吹在帆上，抬起了“莎扬娜拉”号，推着它掠过水面。所有人都兴奋极了，埃里森格外激动。就在这时，一股突如其来的强风撕裂了船帆。帆布被扯得七零八落，刮得四处飘散，跟着带走了“莎扬娜拉”号的领先位置。

虽然埃里森那些世界一流的海员迅速升起了一面新的球形帆，但“布瑞德贝拉”号赶了上来，抢走了第一的位置。埃里森眼见他的胜利突然变成泡影，不禁怀疑是不是自己的失误使得帆被吹坏。他意识到，是自己一直让船以一个较高的角度前进，给球形帆的压力太大。他觉得自己可能是过于疲劳，所以把舵盘交给了一名专业选手。现在是布莱德·巴特沃斯（Brad

Butterworth），这位新西兰的冠军战术师，坐上了操纵的位置。

“莎扬娜拉”号再次领先，这艘大船的速度接近20节。埃里森回头看去，查看“布瑞德贝拉”号与他们的差距，就在这时他听到了又一声爆裂的声音，又一面帆被扯破了。“这是搞什么？”现在的风速已达到30节，而且还在增加。他们决定用上最后一面备用帆——最小的、最结实的、迷你球形帆。这面帆是不可摧毁的，异常厚实。在埃里森看来，即便是桅杆被拉断它也不会被扯破。

埃里森重回到舵盘后面，与巴特沃斯轮流掌舵。“莎扬娜拉”号达到了不可思议的速度。22节、24节，然后是26节。此前从没有这么大的船能开出这种速度，看起来它就要创下新的比赛纪录了。在12个小时里，他们的速度比埃里森1996年时的对手哈索·普拉特纳快了两倍。这是好事，但糟糕的是，埃里森想道：“该死的怎么会开到26节？”

就在这个念头刚冒出来不久，空中刮过一阵特别大的风，以极大的力量撞向“莎扬娜拉”号。这股力量过于巨大，几乎要扯碎那面坚不可摧的球形帆。埃里森目瞪口呆。“这不可能，”他想，“这面帆不可能损坏。”绝不可能发生这种事。

埃里森是对的。这面帆没有被撕破，但连接它和主桅的帆轨没能禁住风力，它分崩离析，剩余的部分在空中晃动不停。这股风实在太强大，以致这支高科技的碳素球形帆帆轨的金属连接件坏掉了。在巨大的拉力下，0.75英寸长的金属合金螺帽从杆子上脱落了下来。埃里森猜测风力一定有10万磅(45吨)。现在该怎么办？

情况瞬息万变。原本从后面吹来的风现在又从侧面袭来，他们放弃了球形帆。凭借极快的速度，“莎扬娜拉”号几乎已经到达了巴斯海峡。他们现在得处理强南风了，这种气候活动在向南驶向塔斯马尼亚岛的途中会经常出现。风向从东北转向东南，“莎扬娜拉”号开始迎航，也就是逆风行驶，它先进的设计保证了这样做的可行性。

当进入海峡的浅水区时，情况变得更为恶劣。平顶浪不断撞向船头，埃里森开始操作不灵了。雨水和咸咸的海水打在他的脸上，感觉就像被冰锥捅了一样。

在埃里森看来，25 英尺（7.6 米）高的浪头正面看上去就像玻璃幕墙办公楼，而且有 3 层之高。和 1995 年的比赛不同，这次霍巴特比赛开始没有那么酷了。“这比上一回糟糕多了，”埃里森想，“不过我能应付。”

风力继续增大，四周漆黑一片。天空是黑的，大海是黑的，根本看不到地平线。很多浪头被雨水和水花盖住看不见了，但那些能被埃里森看见的都非常巨大。当他开上水墙的时候，风就在船到达最高点时瞬间增大。

而在埃里森迎风调整船的时候，“莎扬娜拉”号就滑向浪间的波谷。在浪谷中，风速又会下降，就又得再次调整角度。这真是舵手的噩梦，对一名爱好者来说尤其如此。

埃里森几乎什么也看不见，仪器也不起什么作用。巴特沃斯想用喊指令的方式帮忙，但没有用。在尝试数次之后，埃里森退下阵来。他大叫道：“我干不了！布莱德！你来！你来！你来开！”巴特沃斯抓过了舵盘。埃里森心生败意。开赛还不到一天，他就觉得受不了了，被南大洋击溃了。他之前还想挖掘自己的极限，结果发现自己的极限就在巴斯海峡。

就在埃里森痛惜自己身为一个海员的作为时，骇人的情况瞬间又好转了。风速很快降到 10 节，船好操作多了。巴斯海峡中的海浪仍在咆哮，但天空、星星、地平线又都出现了。放松下来的埃里森想，现在总算是安全了。大海残酷的一面让他无所适从，好在如今事情又是另一番情景。

信心又回来了，埃里森又要开船了。船上挂的还是小风暴帆，船前进的速度很慢。埃里森想要换上大帆继续前进，而巴特沃斯则谨慎得多。两人最后想出了一个折中的方案：升起大号的三角帆——挂在桅杆前的三角形船帆——但不动小一些的主帆。就这样，在周日凌晨3点，埃里森下舱查看天气状况。

和许多大型的海洋赛船一样，“莎扬娜拉”号导航台在船的后面。埃里森挤到领航员马克·拉迪格（Mark Rudiger）所在的窄小工作台旁。拉迪格正在专心地研究电脑屏幕上慢慢显现的卫星图片。这些图片需要一行行显示，从澳大利亚海岸开始，最后到“莎扬娜拉”号的位置。

埃里森又一次惊呆了。他在屏幕上看到一团巨大的云团正在形成，顺时针旋转着，看起来就像一块标靶，而“莎扬娜拉”号就正好处在靶心位置。埃里森问拉迪格是否见过这种情形。没有回话。拉迪格只是盯着屏幕，不停地摇头。埃里森滔滔不绝起来：“好吧，我看过。是在天气频道上。当时是飓风海伦！我们就在该死的飓风中间！”

埃里森听到甲板上的巴特沃斯在疯狂叫喊，让船员们立刻卸下大号三角帆。在不到一分钟的时间，风速就从悠然的10节猛增到50节。此前埃里森还以为闯过了风暴，实际他们只是正好处在暴风眼位置。

13
不祥之兆——狂风警报

气象局预报员会使用多种天气计算机模型，它们的名字可以称得上是一个字母大杂烩。有欧洲中期天气预报中心打造的ECMWF模型，来自日本气象局的JMA模型，以及澳大利亚有限区域预报系统的LAPS模型，该局还有一套更高分辨率的MESO–LAPS模型。英国的全球模型叫作UKMO，美国的模型就直接叫作US。最后，还有全球同步与预测模型叫作GASP。

即使有这么多先进的系统，专家们在赛前也没能就未来的天气情况得出统一意见。对大气环境进行计算机建模，这一学科从首次推出可行的模型到现在已有40多年的时间，这期间不断完善，但至今仍是不精确的。12月23日，离比赛开始还有3天，不同的计算机模型预测出了不同的天气模式。欧洲模型预测巴斯海峡入口处的嘉博岛附近有和风（风力4级）到“劲风”（风力5级），风向东北。另一个模型则预测会有风速在25~40节的南风。

隔天，欧洲模型改为会出现30节左右的西南风，而不再是东北吹来的“劲风”。包括GASP在内的其他模型则预测会有风向不定的轻风（风力2级）。

到周五圣诞节时，各种模型开始趋于一致，预测在塔斯曼海域会有低气压形成，但确切的位置并不确定。

这意味着各种模型均认为会有刮自正南或西南，风速15~30节的风出现，但分歧仍然存在。在周六早晨，对风速的最高预测大约为35~40节，最细致的LAPS模型预测的风速较低，有25节。

周六上午8点左右，一位叫作彼得·敦达（Peter Dunda）的气象学家查看了前夜拍摄的最新卫星图片，并将其和气象中心超级计算机生成的模型进行了比对。

让他吃惊的并不是会出现强南风，这种天气情况在霍巴特非常常见。他担心的是巴斯海峡东部似乎出现了一个低气压区域。虽然大部分参赛船只不在该区域的移动路线上，但船队外围可能有个别船会遭遇非常猛烈的大风。

大概一个小时之后，敦达向赛会组织者发布了紧急的大风警报。他还在气象局网站和其他公众查询系统中贴出了这一警告，同时预报周日晚间将会有30~40节的大风（风力8级）袭击澳大利亚东南沿海。在比赛开始前（许多海员根本不知道）预测又变了。

午间时分，所有模型预测达成一致意见。它们预测一个强烈的低气压正在形成，会带来45节左右的西南风——这接近大风级别的最高风速。在下午1点，就在比赛开始的时候，高分辨率的MESO–LAPS预测会出现55节的西风。而这股风暴将在船队进入巴斯海峡时袭击他们。按照最新的电脑数据，似乎美国模型（被克劳兹·巴德姆称为“最牛”的模型）是正确的。出现的绝不只是大风。

在电视上看到比赛开始的气象局预报员十分担心。在12月26日下午2点14分，也就是比赛开始后大约1小时，悉尼气象局办公室将大风警报升级为狂风警报（风力10级）。这意味着平均风速会在45~55节。115艘船正在驶进风暴，如果这支船队在毫无预警的情况下被风暴逮个正着，气象局的面子会相当过不去。

一份警报传真被发往澳大利亚海上广播台、商用无线电台和电视台，还有澳大利亚皇家海军，以及游艇俱乐部。除了通过正式途径发布警报外，预报员也开始自行向外发布消息。

气象学家肯·巴特（Kenn Batt）就有朋友参加比赛，他直接急病了。巴特知道这种预告意味着什么。他曾参加过 1993 年的霍巴特帆船赛，遭遇了该赛事历史上比较糟糕的天气。那一年，在 104 艘参赛船只中仅有 38 艘抵达了霍巴特。和 1993 年糟糕的天气比起来，这次的风暴看起来更为严重。

由于担心比赛可能演变为一场“大惨案”，巴特和他的同事布莱特·盖奇（Brett Gage）在下班后继续发布警报，并联系了澳大利亚搜救队。盖奇想：“最糟糕的情况也就是发布了假警报，打扰搜救人员休假。”这要比没能预测出糟糕天气，而受到广泛抨击好得多。

预报员发布了紧急的狂风警报，但对普通人来说，气象学家的专业术语就是一头雾水。按照澳大利亚气象局的标准，大风警报意味着平均风速在 34~47 节之间。狂风警报则表明风速会超过 48 节。

飓风警报针对的是那些风速超过 63 节的情况。不过在 1998 年，飓风这个词还未被用在澳大利亚东南海域上。狂风警报就是当时最高的警报级别，而且这种警报没有风速上限。在该警报级别中，最低风速会超过 48 节，但最高风速则是任何大于这一标准的数字。

气象局的专家自然熟悉这些警报间的区别，但很多海员则不见得。此前参加过霍巴特帆船赛的人知道风暴会带来大浪——还有阵阵疾风，但这些名词在他们看来都一样。

事实上，许多船员以为此前发布的大风警报比开赛后发布的狂风警报更严重。只有极少数人意识到他们会遭遇的最大风速会比预测的平均风速高出40%，70节的风——也就是时速超过80英里（128.7千米）——会有可能出现。虽说大部分参赛者不了解其中的危险，但海上的狂风警报其实是非常可怕的。

由于缺少对天气情况的了解，复杂的海况预测对船员们来说就更难以理解。这里又要涉及更晦涩的专业术语。“风浪”这一词代表一个地区盛行风[①]产生的波浪，“涌浪”则代表由较远天气系统的风形成的海浪。“海况”则包含这两种情况。

对海浪的预报还会因为地点不同而出现各种差异。近海海浪预报用米做单位，用“有效波高”（在所有波浪中，选取其中波高最大的1/3的波浪，按这些波浪高度的平均值计算）来描述。远海海浪预测则使用轻浪、中浪、大浪这种描述性的词汇。海员们则需要使用单独的一套表格，将这些描述性的词语与其所代表的海浪高度对应起来。要想确切地理解预告内容，他们就得知道（在开放水域）平均1 000个浪头中，会有一个海浪的高度是有效波高的1.86倍。

比赛中，近海的狂风警告预测浪高在13英尺（3.9米）到23英尺（7米）之间。远海的狂风警报则提到大浪，以及“中浪到大浪”级别的涌浪，由此则可产生有效波高为23英尺的海浪。这意味着个别浪头可能会比预测的结果高出近两倍。这还不是最糟的情况。

持续吹过开放水域的风还会形成不可预测的、叠加的海浪模式。当风浪、涌浪，或者两者联合起来，就会形成一面巨大的水墙。这种巨浪被称作“皇帝浪”、“异常浪”或“疯狗浪”。这种巨大海浪的高度会远超过预测浪高的1.86倍。要是被这种浪头击中，一艘船很容易就会倾覆或被折断桅杆。

要是能把这些零碎的信息拼成一张完整的天气拼图，海员就会看到一幅

① 指一个地区在某一时段中出现最频繁的风或风向。——译者注

凶险的景象。整个船队可能会遭遇高达70多节的大风，一并袭来的还有接近43英尺（13米）高的大浪。有的浪高可能超过43英尺，而这些恶浪的到来毫无预兆。面对这种情形，赛手可能决定折返海岸。但想要真正理解这一切，海员必须能够接收到更新后的天气预报，知晓狂风警报的含义，还得能把散乱的信息组合在一起。

“莎扬娜拉”号配备了传真机、电脑以及各种高科技装置。埃里森和他的队员不仅能接收到风暴警告，也可以直接从屏幕上看到气旋的形成。并且他们还有一个秘密武器：克劳兹·巴德姆。他看到了大气正在形成旋涡，警告了埃里森和其他客户。

“AFR午夜漫步者”号没能获得这种警告。鲍勃·托马斯在赛前的吹风会上只是知道天气会非常恶劣，这对霍巴特帆船赛来说并不是什么新鲜事。下午和黄昏时分，“漫步者”号只是遇到了大型的雷暴，无非是些电闪雷鸣。他们还在继续向南开，对天气并没有太多担心。

晚上8点，鲍勃首先在第一次规定通信中听到了天气变坏的消息。这种通信联系是设计用来确定船只位置的。按照要求，赛船必须按字母顺序报告自己的位置，汇报经度和纬度。

通信中的狂风警报让鲍勃确定了自己的看法：第二天不会顺利。低压槽[①]前锋会在晚间通过，第二天午后他们将遭遇风暴的主体。

在规定通信中，船只只允许报告自己的位置，但鲍勃还是听到了各式各样的评论。很明显，除了“AFR午夜漫步者”号之外，还有其他的船也明白，这将是一趟令人揪心的航程。

几乎所有的船都在抢时间，但也有一些退出了比赛。“荷兰银行”号，一艘有望夺冠的帆船，因为船舵损坏已经撤出比赛，驶向贝特曼海湾。一个

① 低压槽是气象术语，指低压区延伸出来的下场区域。——译者注

小时后,“大锤”号报告有一条操控缆断裂，也退出了比赛。这之后一小时,“再次挑战”号上一人落水——这是澳大利亚最出色的一条帆船，上面有两届霍巴特帆船赛的获胜者卢 · 亚伯拉罕斯（Lou Abrahams）。在 15 分钟紧张的救援后，船员们终于救起了落水的船员。就在“再次挑战”号的营救还在继续时，“悉尼”号报告船舵故障，离开了比赛。

这只是比赛的头一天，天气就开始找船的麻烦了。1 100 多名海员驶向霍巴特，这时已经开始有船只退出比赛，而这只是更大麻烦的开始。

14
“AFR午夜漫步者”号——是软还是硬？

在南面，一股高空急流和冷气团正在向北移动。同时，巴斯海峡上的低气压系统正在形成，而且在不断加强，位置刚好在威尔森海角（Wilsons Promontory）南边——威尔森海角位于澳大利亚大陆的最南端。锋面位置的气温极低，在前进的途上飘起了雪花，给澳大利亚阿尔卑斯山脉染上了不合时节的白色。低气压仍未完全形成，但发展得很快。随着它的进一步加强，不断向北扩张，这股低气压很快就会扩展到东面，在第二天撞上开往霍巴特的船队。

“漫步者”号绝不后退

“午夜漫步者”号在27日凌晨3点遭遇了第一次暴风袭击。大约40节的风密集地刮来，给人的感觉也有所不同。“连气味都不一样。”乔诺想。他们离岸太近，甚至都可以嗅到岸上的气味。

之前顺风沿岸南下的快乐时光已经一去不复返了，“漫步者”号现在正艰难地顶着风前进。船员们知道比赛会很艰苦，不过风向的改变并不是要担心的。事实上，在亚瑟看来，遭遇锋面系统是一件好事。这可以让队员做好准备，并可以对这艘新船做一番彻底的检验。的确有一些设备运转不灵，第一轮大风就可以让这些处在“萌芽阶段”的问题显现出来。

大家紧张地忙碌了起来。亚瑟看到乔诺上到船头，费力地想要解开一堆纠缠在一起的缆绳，于是他跑过去帮忙。这项工作并不容易，他们得一边承受着海浪的冲击，一边费力地对付这堆绳索。他们大半个身子浸在水中，一只胳膊还得抓住船，只能用空出来的一只手解开这堆乱麻。情形十分窘迫。

浪头一个接一个不断地拍过来，船员们只能靠团队精神与彼此的友情相互支撑。看着亚瑟，乔诺觉得他们的处境有一番讽刺的意味。他带着一丝苦笑，在风里大喊：“亚瑟，昨天你还在干旱的澳大利亚内陆，而现在我们都要泡死在塔斯曼海里了，这真是个奇怪的世界。”

风向逐渐转向西南，现在“AFR午夜漫步者”号正用一切办法正对着风航行。这不是前往塔斯马尼亚岛的航线，但现在来说只能这样了。毕竟这条路还能通向霍巴特。

周日上午9点，威尔森海角灯塔监测到的平均风速已达到79节，阵风风速则超过92节。由于灯塔监测站的海拔高度超过300英尺（91.4米），所以海面上的风速可能会低一些。但79节的风实属罕见，即便出现也只在冬天。仪器上的读数已经相当高，克劳兹·巴德姆开始对比以往的记录。结果发现，在20多年的天气预报生涯中，从未出现过超过92节的阵风。

上午11点，“漫步者”号的船员惊奇地看到，巴斯海峡入口的嘉博岛就在眼前。这只花了他们22个小时，对这种大小的船来说，这样的速度非常不可思议。船员们对创下新纪录非常激动，天气也开始好转了。

爱德松了一口气说："就这样了，气象局错了。坏天气都过去了。"气象局经常会出错。现在阳光普照，一丝风也没有。海面上的一切看起来都很祥和，但鲍勃依旧有些担心。

他不喜欢这种样子的风。鲍勃遇到两次导致伤亡的风暴事故，而且两次几乎都在同一地点。那两次的风都一样，和现在这种情况很像。鲍勃不可能知道接下来会发生什么，但第六感告诉他，这次的风有点邪乎，似乎是某种惨剧的预兆。

在同40节的风斗争了一晚上之后，"AFR午夜漫步者"号现在却几乎要静止不动了。亚瑟带着一丝解脱看着自己的兄弟。"我觉得我们熬过了锋面里最糟的部分。就要好起来了。"现在的轻风令爱德感到惊讶，他让人升起一面大的前桅帆。但就在10分钟后，风力开始加大了，新的帆甚至还没完全升起来。

坏天气出现得非常突然，没有任何明显的预兆。本来还在遥远地平线上的乌云瞬间涌到他们头顶。瓢泼大雨浇下来，狂风猛烈地呼号。面对新袭来的锋面，爱德非常庆幸他们还没来得及升起帆，不然它就被扯成碎片了。从没有人见过这种情形。

驾驶位上的亚瑟大喊着风速计屏幕上的数字："25节、30节、35节、40节、45节、50节。"在船突然倾向一侧的时候，亚瑟看到屏幕变黑了。他很诧异。这个仪器可以测出高出100节以上的风速，不应该黑屏啊。

当亚瑟向主桅上面看去时，他顿时明白发生了什么事情。风已经扯断了风速计和桅杆的连接部分，把风速计刮了下来。按理说风力仪器不会被吹掉，何况他10分钟前还以为已经挺过了最难熬的部分。"AFR午夜漫步者"号在风中艰难地行驶着，亚瑟暗自思忖道："再也不会有人问我天气了！"

“AFR午夜漫步者”号已经倾斜了起来，而且看上去无法自行恢复。就像风速计被刮掉一样，这也是根本不可能发生的事情。参与霍巴特帆船赛的船只，最小复原角度必须达到115°。这是指，只要主桅入水范围在25°之内，船只仍能翻转过来，复原到正常行驶的角度。

“AFR午夜漫步者”号的复原角度为122°，非常稳定。但现在帆还在桅杆上，压住了整艘船。船员们需要马上把船帆降下来，卸下它带来的重量，而且船员还得统一移动。之前的反复练习现在派上了用场，他们坐到船的另一边，平静地卷起了主帆。

“AFR午夜漫步者”号又站直了。眼下的问题虽然解决了，但船员们还有工作要做。他们得换下主帆，用风暴三角帆（一种设计在恶劣天气条件下使用的小型帆）来替换。这种三角帆比主帆小得多，但稳定性更高，而且可以给船带来一些前进的动力，以及操控能力。

升起风暴三角帆并不是件容易的事情，即使在大风中也不轻松。何况现在的风力已经超过了大风等级，而且迅速刮来的狂风不给队员们片刻准备的时间。“没关系，”爱德想，“在这种情况下，风暴三角帆也是多余的。”无奈之下，他们升起了船首三角帆。这是船上最小的一面帆了，再没有别的办法了。

“剑”号的警告

第三次规定通信在下午2点5分开始。船只开始按名称一个个地汇报自己的位置，但没有“猎户之剑”号的消息。“剑”号领先“AFR午夜漫步者”号大约20海里，它遭遇了50节左右的狂风，阵风风速超过70节。

"剑"号的船主罗伯 · 科特，正趴在船舱里的导航台上，想要弄明白天气到底是怎么了。科特一直在同史蒂夫 · 库尔玛争论，后者认为应该退出比赛。库尔玛参加过 17 次霍巴特帆船赛，从没见过这种情况。即使 1993 年的比赛也没像这样。当时的确是有 75~80 节的阵风，但天气会时而好转，海浪也不像现在这样大。

科特仍保留自己的意见，船员们分成两派。戴格斯 · 塞诺苟斯想要继续比赛，并力劝科特否决库尔玛的想法。库尔玛则异常愤怒，是否要退出比赛的决定由一个只参加过一次霍巴特帆船赛的船主，以及一个没有经验的船员做出，他不能接受。

在规定通信开始时，科特曾希望它可以从气象局获得更明确的天气信息。有些大船已经进入了巴斯海峡，他也想听听它们的情况。

他的希望落空了。船只通报了各自的位置，但广播中没有什么与天气相关的实质内容。轮到科特报告的时候，他做出了一个决定。他与信号中继船"青年奋进者"号上的协调员卢 · 卡特（Lew Carter）通话，表示自己要违反通信协议。除了表明自己的位置，科特还想获准汇报天气情况。

卡特批准了这种违背通常通信规则的做法。"'猎户之剑'号，我代表我们自己和整个船队感谢你这样做，完毕。"

科特的回应令人惊呆了："我们遭遇到了 50~65 节的大风，阵风风速有 78 节，完毕。"

震惊之余，卡特要科特再次确认："阵风 78 节？"

"78 节。"科特答道。

卡特向船队的其他船只通告了这则消息，然后发布了一条罕见的要求："我要求所有船长，在继续前往巴斯海峡之前或是在开往任何地方之前，务必要慎重考虑，并与船员充分探讨。"

“漫步者”号——有人受伤了

在“剑”号的警告向整个船队广播的时候，克里斯·洛克尔和米克斯·贝恩思科正待在“午夜漫步者”号的甲板下面。轮到他俩上去值班，米克斯正坐着穿裤子。船舱太狭小，克里斯只能站着穿。

就在克里斯用一条腿支撑身体的时候，船从一个大浪上滑下来。由于手头没有抓牢任何东西，克里斯笔直地蹿到了空中，脑袋撞在固定甲板配件的螺钉上。由于相撞的力量太大，整条船上都可以听到有东西破裂的声响。

克里斯不知道，这声响到底来自船还是自己的颅骨。他着急去摸自己的头，想要弄清楚到底是什么破了。他也不知道自己要摸到的东西“是软还是硬”。

血流得到处都是，顺着克里斯的脑袋往下淌，甲板和舱底也都溅上了血。他看看自己的手，上面有一些灰白色的东西。克里斯不知道那是什么，但他的第一个念头是：“真该死，我撞破了自己的头骨，脑浆都出来了。”

克里斯不停地打晃，转向米克斯，问道：“伤口有多糟？”因为血流得到处都是，情况看起来很严重，不过让所有人感到庆幸的是，那些灰白色的物质可能只是船上的喷漆或是玻璃纤维。不管怎么说，都和克里斯的脑浆没关系。

米克斯一面检查伤口，一面平静地说道：“听着，要是血流得这么严重，你得按住伤口，至少可以止血。”缓过神来的克里斯觉得这是条合理的建议。他们找到了一个急救箱，找东西按住了伤口。克里斯开始检查伤势，看颅骨上是不是有撞出了窟窿或者凹陷。还好没有这种伤口，他长舒一口气，感觉比几分钟前好多了。

在听过“猎户之剑”号的天气报告之后，爱德现在又要担心克里斯的伤势了。他认真地考虑了是否要退出比赛。克里斯完全知道爱德的脑子里在想些什么，但他绝不同意。这是克里斯的第二次霍巴特帆船赛，他没能完成第一次，这次他决心要坚持到底。

他向爱德恳求，称“漫步者”号不应该因为顾忌他的伤势而退出比赛。“我检查了自己的脑袋，”他解释道，“我确定没撞出洞来。”和克里斯想的一样，伤口只是出血，并不会致命。他的情况不应该成为船只退出比赛的原因。就像鲍勃经常嘲笑的那样，他归根到底只是一名橄榄球前排队员，脑袋破了不可能影响到橄榄球前排队员。

克里斯最终说服了爱德，“AFR午夜漫步者”号应当继续前进。但有一个条件，他必须待在船舱里，确认没有出现脑震荡症状，而且他的活动必须时刻在船员们的监视之下。在这种天气下，他们最不需要的就是一个脑震荡患者在甲板上到处游逛。

克里斯同意待在甲板下自己的铺位上，不过要待在船上风向上面的铺位上。虽然有伤在身，但克里斯仍然认为自己能胜任压舱物的工作——抵消让船后部摆动的风力。他要待在最能发挥他体重价值的地方。

铺位一侧的栏杆和船壳间有些许空隙。看到这个缝隙，克里斯就把手臂和大腿伸过栏杆，绕在上面。接下来的7个小时，他一直保持着这个姿势。

受伤的克里斯还在努力为团队获胜贡献自己的力量。作为压舱物挂在栏杆上，对克里斯来说，这是一种心理安慰。这样他就不会感到自己完全没用，也可以抵抗由自己的失误带来的挫败感。

15
“VC离岸旁观”号——命运的捉弄

“VC离岸旁观”号的船长詹姆斯·哈里恩（James Hallion）召集的一队人马，既有老手也有菜鸟。安迪·马略特（Andy Mariette）是船上12名水手中最有经验的一名。他一生都在进行帆船运动，参见过两次霍巴特帆船赛。就像马略特自己说的那样：“自从抬腿够得着船的时候，就开始航行了。”

西蒙·克拉克也是在孩提时期就开始了帆船生涯。大部分都是远洋航行，其中一些还远至南极洲。其他人的资历则较浅。虽然哈里恩参加过一次霍巴特帆船赛，但那是他第一次开这条船。迈克·马士曼（Mike Marshman）和哈里恩一样，只参加过一次霍巴特帆船赛。约翰·卡利（John Culley）是首次参加该比赛。

12月27日下午2点，到了规定通信时间，马略特在舱中的导航台边仔细听着其他船只的报告。到了“离岸旁观”号汇报的时候，马略特正想准备好汇报自己的位置。和其他人一样，他也渴望知道天气情况，这样就能更好地决策。

41英尺（12.5米）长的“旁观”号在新西兰打造完成，尤其擅长顺风航行。和“AFR午夜漫步者”号一样,“旁观”号也选择沿岸边航行，非常顺利。当天气在27日上午变差时，他们改用了小型的风暴船首三角帆。

即便换上了小帆，驶上浪头的时候他们还是会遇到70节的狂风。他们降下了船帆，尝试仅凭空桅和索具继续开动船只。

由于失去了船帆，操控船只变得极为困难。掌舵的哈里恩最终放弃了，让“旁观”号听天由命，在大海上随便飘曳。这艘船时而被海浪推向东面的新西兰，时而又被推向塔斯马尼亚岛。

“旁观”号的航线太不确定，为了重新控制这条船，船员决定再次升起风暴船首三角帆。这次帆被刮出了帆轨。到了下午2点的规定通信时,“旁观”号上船员遭受到的打击实在太大了，居然没人对“猎户之剑”号发送的警报感到吃惊。

在“青年奋进者”号上，卢 · 卡特继续着他的通信标准流程：念出船名；等待船只重复名字，汇报经纬度；记录各船最近一次通信时的位置。

到了最后，卡特念到了哈里恩的船：“VC离岸旁观”号。没有反应。“没有汇报。”他说道，然后便转向名单中的下一条船。在念完所有船只的名字后，卡特重复提醒了那些没有反应的船。“旁观”号还是杳无音讯。

就在“猎户之剑”号发布警报到卢 · 卡特开始向“旁观”号发送信号的间隙，马略特听到甲板上一声大喊。“当心！大浪！”

马士曼看见大浪袭来，他觉得应该有60多英尺（18米）高。这是一股巨大的浪，并且开始分散。“旁观”号先被拉进浪底，然后又被弹到浪尖。在船到达浪头最高处时,“旁观”号被狂风全力一击。所有的东西都翻了个个。

大概在嘉博岛西南35海里（64.8千米）处，这艘船整个翻了一圈，转了360°。当“旁观”号最后正过来时，马略特居然还端坐在导航台前面——旋转的力道太大，把马略特死死地钉在座位上。他头上的舱顶塌了下来，但马略特就坐在大浪打来之前的位置上——手里还握着他的麦克风。

船是正了过来，但马士曼却被绳索困在了水下。他之前一直把自己绑在船上，现在则被安全装备死死缠住。虽然马士曼眼看就要被淹死了，他仍然想到自己最好脱离船只，而不能跟着它漂进旋涡。他奋力挣脱，游出水面，大口呼吸着空气，意识到死神是多么的接近。

大浪打来时甲板上有 8 名船员，除了一人之外，其他 7 人都用绳索把自己系在了船上。在从倾覆中恢复过来后，人们大声呼喊着彼此的名字，焦急地想要知道谁还在甲板上，而谁又落水了。

没系安全带的约翰·卡利掉下了船，在离船 100 多英尺（30.5 米）的海面上漂浮着。"旁观"号离得太远，毫无施救的希望。他回头看着船，在想接下来会发生什么事情。就如同奇迹一般，强风和大浪又把他推回到船边。他爬上甲板，反复无常的命运这次救了他。

翻滚时被困住的 4 名船员现在回到了甲板上，将他们的队友拉回到受损的船上。"旁观"号一片狼藉。船舱全部被水浸透，主桅断掉了，船壳有几处破损，船底也变了形。

马士曼无名指的指尖被切掉了，全身是血。其他人也有不同程度的挫伤、划伤、割伤以及软骨损伤。食品、衣物和各种碎片在船舱中漂得到处都是，柴油也从发动机里冒了出来。一个靠无线电操作的绞盘手柄也变得毫无用处。船员们精疲力竭，遍体鳞伤，"旁观"号的沉没几乎已成定局。

船上有两只救生筏，一只在船舱中，另一只在甲板上。船员们迅速地给第一支救生筏充气，把它绑在了船尾。第二只一直充不起来。慌乱中一条缆绳断掉了，这只救生筏就掉下了船。现在只剩下一只 6 人用的救生筏，残破的"旁观"号就成了船员的最后一根救命稻草。

船员们砍倒了桅杆，割断了缆绳，用水桶和手动泵排水。为了减轻船的重量，同时给救援人员留下标记，他们把和生存无关的东西都扔下了船。在检查救生艇上小袋中的物品时，他们发现了一个手持式的无线电，于是开始用它发送求救信号。一部防水摄像机从水中漂了起来，一组船员们遭受风雨折磨的影像因此得以记录下来，其中的内容令人难以置信。

船员们利用了一切保留下来的安全设备。“旁观”号搭载了一台应急无线电示位标设备（EPIRB），它可以用来向国家海洋与大气管理局（NOAA）负责的卫星系统发送求救信号。船员们开启了这台设备，铺开了一张红色的降落伞，发射了橙色的烟雾信号弹。就这样，他们开始在恐惧和焦急中等待着他人的回应。

手持无线电的范围非常有限，但一架澳大利亚广播公司（ABC）的直升机收到了他们的求救信号，它一直在跟踪拍摄这次比赛。机上的加里·泰斯赫斯特（Gary Ticehurst）是澳大利亚飞行经验最丰富的直升机驾驶员之一。他曾在越南战争中驾驶飞机参战，这磨炼了他的技术。他曾在喝酒时对朋友说：“当坏蛋朝你开枪时，你的飞行技术就会越来越好。”在“旁观”号发出求救信号 15 分钟后，泰斯赫斯特就飞到了他们的头顶上方，将信号发送出去，并开始协调营救工作。

船长伊恩·莫瑞（Iain Moray）和他的“锡耶纳”号正在附近的海浪中苦苦挣扎，这条 38 英尺（11.6 米）长的船相对较小，虽然开得非常困难，但还在继续向南前进，未退出比赛。莫瑞和领航员蒂姆·伊万斯（Tim Evans）——负责监听无线电——听到了“旁观”号的紧急呼救。当时没有其他人对求救信号做出反应，莫瑞觉得自己不能推辞。“锡耶纳”号改变了航向，想要锁定“旁观”号的位置，给予协助。

由于浪头太大，“锡耶纳”号上没人看到“旁观”号。不过莫瑞看见了盘旋在头顶上的澳大利亚广播公司直升机。他们朝着直升机的方向开去，最终发现了这艘桅杆折断的帆船。

莫瑞向直升机上的泰斯赫斯特发报，想知道“锡耶纳”号该做些什么。双方的交流非常简洁，直奔要点。

“ABC直升机，这里是‘锡耶纳’号，完毕。”

“‘锡耶纳’号，这是ABC直升机。我有一条海事安全局的信息发给你，完毕。”

“ABC直升机，这里是‘锡耶纳’号。好的，具体内容，完毕。”

“收到，海事安全局表示。他们想知道你们能否待在‘旁观’号附近水域，以备人员需要登上救生筏或在营救前弃船，完毕。”

莫瑞同意留守，“锡耶纳”号的船员尽了自己最大的努力来协助营救。他们绕着遇难的船只航行，保持自己的位置。尽管配置了20马力的发动机，这仍然是一项非常艰巨的任务。就在这时，坏运气又来了。

一股巨大的恶浪击中了“锡耶纳”号。莫瑞差点被甩下船，伊万斯被从船舱一头甩到另一头。船桅的顶部倾斜到了海面。伊万斯3根肋骨断了，出现了肺塌陷症状。其他船员也都受伤了，莫瑞意识到“锡耶纳”号的安全无法保证。他向ABC直升机发报，要求离开。

泰斯赫斯特告知莫瑞，一艘营救直升机会马上来到现场，“锡耶纳”号掉转船头向北驶去。差不多24小时后，这艘船到达了一个小渔港，伊万斯被紧急送往医院接受手术。这时他已经丧失了60%的肺功能，患上了肺炎。恢复要花上数月时间。

16
高空援救——绞盘上的天使

正像加里·泰斯赫斯特承诺的那样，在“锡耶纳”号离开不久，救援直升机“海利麦德一号”抵达了现场。机上坐着彼得·戴维森（Peter Davidson），一名维多利亚空中救护队的急救人员。戴维森已经在“海利麦德”上工作了8年，是一名优秀的救护员。他拥有丰富的救援经验，并在湖水上、山峦间，甚至就在巴斯海峡模拟训练过多次。这次的任务需要戴维森用尽全部经验与体力来完成。

看着脚下的“旁观”号，戴维森很清楚自己要做些什么。想要拯救落水者，救援人员不能直接降落到船上，尤其是在恶劣的天气中。船体无规律的运动会给施救者和被救者造成严重的伤害。更严重的情况下，直升机的滑降缆绳可能和船上的索具缠在一起，从而把直升机拖进水中。为了避免这种灾难发生，船员们被告知要把其中的两人放入救生筏中，他们的伤势最为严重，是优先营救的对象。

这时的浪高超过50英尺（15米），救生筏已经被水淹没，在海里翻来覆去。戴维森顺着缆绳降到海中，游到吓坏了的船员旁边。他就像“活饵”一样在海中浮浮沉沉了10分钟，耗费了大量体力，救上了第一个人。令人难以置信的是，这一过程被戴维森重复了整整7次，最终将8名“旁观”号的船员拉到了直升机“海利麦德”上。

在最后一趟下水救援后，戴维森精疲力竭，甚至无法抬手示意机上的队员将其拉回去。当最终被拉进直升机时，他几乎一动不动。他一个下午反复施救的次数和以往他在“海利麦德”上进行援救的次数相当。这是一项超人般的壮举。

“旁观”号总共有12名船员，现在被救上来8名，还有4名在海中焦急地等待着救援。第二架直升机，来自ACT救护队的“南方医护”盘旋而至，准备在“海利麦德”撤离后继续救援。“南方医护”上坐着的是驾驶员雷·斯通（Ray Stone）、机组成员马克·戴尔夫(Mark Delf)，以及另外两名急救人员。

和戴维森不一样，“南方医护”上的救护人员没有受过太多海洋救援的训练。虽然米歇尔·布鲁伊特（Michelle Blewitt）和克里斯蒂·麦克阿利斯特（Kristy McAlister）都是有经验的救护人员，但她们在“南方医护”上仅工作了几个月。

克里斯蒂·麦克阿利斯特曾是澳大利亚划艇比赛冠军，她的兄弟曾在一次严重的农场事故中受伤，这之后麦克阿利斯特就加入了急救队。前来拯救她兄弟的急救人员给她留下了深刻印象。就这样，在看到急救队招募的时候，她提交了申请，并成功入选。

想要成为一位重症监护急救队员，需要经过3年的培训，在直升机上工作则需要接受更多的训练。在堪培拉的格里芬湖（Lake Burley Griffin）上，克里斯蒂完成了她的水上训练。那里的湖水非常平静，她有3~4次滑降经验，都是在平静的水面上完成的，而且天气情况良好。另外，克里斯蒂此前从未有过紧急水上救援的实地经验。

布鲁伊特和麦克阿利斯特当天8点上班，飞往杰尔维斯湾救治一位脊柱受伤的病人。在悉尼放下病人后，这架直升机开始飞回堪培拉。就在返回途中，队员们收到消息，准备处理一起严重的交通事故。

这项任务被取消了，队员们开始打趣称可能会被调配至霍巴特帆船赛施救。10分钟后，他们又收到一条消息，告诉他们前往堪培拉基地加油，然后带上防水装备。这次真有一艘船在悉尼至霍巴特帆船赛中出事了，玩笑一语成谶。

在飞往堪培拉的途中，风不断地猛烈冲击“南方医护”直升机。到降落时，米歇尔和克里斯蒂都晕机了。她们各打了一针胃复安（一种抗晕药），拾起装备，就开始飞往梅里比拉（Merimbula）。在那里，队员们又临时加油一次。

顾不得摄像师和补给员的注视，米歇尔和克里斯蒂在螺旋桨的轰鸣声中换上了防水衣。她们一度还担心自己穿着内衣的形象会被电视曝光，不过很快，两人的注意力都转移到更重要的救援事务上。在“南方医护”起飞时，任务已经明确了：她们要进行一项海上援救，拯救帆船“旁观”号上的船员，这艘船离岸大约有55海里（101千米）。

直升机“海利麦德”救援时的风向要有利得多，在米歇尔和克里斯蒂到达现场时，他们已经在回收滑降缆绳了。“南方医护”的驾驶员雷·斯通绕着“旁观”号做小半径盘旋。他想要给“海利麦德”争取更多的救援时间。

翻腾的乱流让米歇尔和克里斯蒂又晕了起来。两人站在一边不停呕吐，负责协调救援工作的机组成员马克·戴尔夫打开舱门，审视下方的情况。

瓢泼大雨下了起来，天空变成了黑色，浪头愈发高了。在看到彼得·戴维森吃力地吊上幸存者时，戴尔夫被这项任务的难度惊呆了。出于对克里斯蒂和米歇尔的担心，戴尔夫不禁说道："哦，上帝……不。"

米歇尔和克里斯蒂不知道他为什么要这样说，但她们知道他正看着救援工作，说着泄气的话。克里斯蒂忍不住说道："戴尔夫，闭嘴吧，你知道不？我是说，我就要到外面去了，最不想听见的就是你说外面怎么怎么样了。我准备好了。"戴尔夫明白过来，不再作声。

戴尔夫不再汇报下面混乱的情况，不过他们又发现一件更令人着急的事情。在慌乱的加油和准备工作中，她们落下了主要的安全设备，没拿脚蹼，也没带专用头盔和浮力背心。

一般来说，急救人员可以选择是否要展开营救，现在布鲁伊特和麦克阿利斯特开始考虑自己可能遭遇的危险。她俩都没带至关重要的安全设备。但那艘船即将沉没，上面的船员面临着死亡的威胁。如果营救人员放弃"旁观"号上的 4 个人，他们肯定会葬身大海。克里斯蒂和米歇尔在权衡了各种因素后做出了决定：即使危险她们也要展开营救。

克里斯蒂头一个降了下去。在下降的途中，她目睹了可怕的景象。一名幸存者仍在"旁观"号上，两人被甩在救生筏外面，吊在筏子旁边。还有一人落水，在风浪中时隐时现。这个人十分无助，无疑是最先需要营救的对象。

滑降前还惊得目瞪口呆的克里斯蒂现在专注起来。她忘记了晕机和自己的害怕，全神贯注在营救工作上。在这种环境下进行营救，真是个令人望而却步的挑战。

克里斯蒂在海中苦苦挣扎，一分钟前她还被埋在巨大的波浪下面，紧接着又好像以时速 100 公里的速度被抛向空中。由于没有脚蹼，游到幸存者旁边非常困难。她的体力一点点被耗尽。

高度接近 100 英尺（30.5 米）的巨浪不仅对克里斯蒂是一种挑战，对戴尔夫来说也是一样。他必须适当地放长绳子，让克里斯蒂进入海中——但还不能太长，否则就会打结。

海浪间的波谷实在太深，必须放出相当长的绳子才能将人降至水中，但这也让绞盘操作员十分难以控制。海水在不停移动，克里斯蒂一分钟前可能还在水下，下一分钟就悬在空中。这种混乱的涌动让直升机很难保持稳定。悬停在这种大风中根本没法实现，直升机只能在空中上上下下蹿动。

除了游到幸存者旁边消耗了大量的体能，第一次营救进行得还算顺利。克里斯蒂来到漂浮的船员身旁，告诉他接下来要怎么做。为了盖过狂风暴雨和直升机的噪声，她只能尽力大嚷，“把手举起来！”她喊道。这名船员抬起了胳膊，克里斯蒂给他戴上了救生套——由一只泡沫塑料环组成的套子，把这件救生装备绕过这名船员的头部，戴在他腋下。

她的指令非常明确。“你不要把胳膊抬得太高，不然你就会从套子里掉出来。要是这样，你可能就会没命。我会把着你不让你这样做，但是千万别挣扎。让我做我该做的事情。千万不要抬起胳膊！”

这番话说完后，克里斯蒂示意收回缆绳，两人一同上升。戴尔夫把海员拉进直升机，克里斯蒂捆住他以免其掉出机舱，第一回救援完成了。戴尔夫看着克里斯蒂问道：“你还能下去不？”

“能，别担心。我没问题。”她答道。意识到自己可以做此前从未做过的事，让克里斯蒂从紧张中解脱出来，而且提振了信心。她又下去了，这次游向救生筏上的两名幸存者。

第二回营救并不顺利。一股大风吹向救生筏，把它高高抛起，缠在了滑降缆绳上。就在克里斯蒂想“天哪，我该怎么办”的时候，又一股大风把筏子从缆绳上吹开。真是幸运。

她游向最近的一个人，把救生套套向他。旁边另一名惊恐的船员开始喊起来：“不，别救他！别救他！救我！我坚持不住了！这次救我！”

克里斯蒂照实直说："我们不会把你扔在这儿，不过我得先救这个人，我先够着他的。"她再次重复了一遍救援指令，向戴尔夫竖起了大拇指。缆绳开始收紧，但打中了克里斯蒂，刮伤了她的脖子。虽然精疲力竭又受了伤，她还是成功地执行了一次水上营救。这是她人生中第二次这样做。

在目睹了"海利麦德"的营救人员被海浪抛来抛去之后，米歇尔知道自己的经历不会比前两人好到哪儿去。戴尔夫盯着米歇尔，想知道她是否愿意下去。米歇尔竖起了大拇指。他们之前要商量好，现在该轮到她营救最后两名幸存者了。

米歇尔一下到水中，克里斯蒂就趴到舱门边吐了起来。让她吃惊的是，自己在向下看时居然看到了戴尔夫的脸。这根本不可能，她趴在机舱中，戴尔夫应该站着，指挥飞行并操作绞盘。

片刻之后，克里斯蒂明白过来。狂风暴雨，加上湿滑的舱板，戴尔夫从直升机上掉了出去，靠安全带吊在空中。即便是悬在空中，他还是只专注一件事情：照看米歇尔。戴尔夫负责指挥直升机的移动，并控制挂着米歇尔的绞盘，这是他最重要的工作。

营救时灌下的海水和空中的乱流让克里斯蒂剧烈反胃，不过她知道自己必须做些什么，而且要马上就做。舱板太滑了，戴尔夫没法靠自己回到直升机上。一切都靠她了。

在最后一丝毅力的支撑下，克里斯蒂奋力在机舱中站了起来，抓住戴尔夫的安全带，把他拖回机舱。在这一切完成后，克里斯蒂疲倦地倒下了，心里还在想，这个人怎么能在被甩到空中的时候，还能完美无误地完成自己的工作呢？

在戴尔夫上演空中惊险一幕的时候，米歇尔游到了第三名海员旁边，那位挂在救生筏外面的幸存者。由于他身上的救生设备非常笨重，米歇尔费尽力气也没法给他戴上救生套。米歇尔告诉他平躺在水面上，抬起腿。这个人照做了，然后米歇尔就从下面给他戴上了救生套。

好容易戴上了救生套，但麻烦还没完。这个人大喊自己恐高，而且担心飞机上的绞盘。米歇尔意识到，要想把这名海员救上直升机，就必须先宽慰他，让他平静下来——这一切还必须在恶浪和巨大的噪声中完成。在一通简短的交流后，这名海员的情绪稳定了，米歇尔向戴尔夫发出了拉升的信号。

戴尔夫开动绞盘，就在两人上升时，有什么东西砸中了米歇尔的头部。用她自己的话来说，她眼前一黑，“直冒金星”，然后就恢复了过来，并问那名吓坏了的海员：“该死的这是怎么了？”

“你的脑袋撞到了救生筏上的金属气筒。”他解释道。

米歇尔遭遇了先前克里斯蒂碰到的问题，风浪又让救生筏和滑降缆绳缠在了一起。只是这一次，风没把筏子再刮下来。

米歇尔看到滑降缆绳和救生筏上的绳索缠在一起。她向戴尔夫发出了“松缆”的信号，绳子放下来一大截，她和那名海员又掉回海中。

米歇尔知道，要是缠在一起的绳子威胁到直升机的安全，戴尔夫就会割断缆绳，他们就会被抛弃在海上。“要是割断缆绳怎么办？”她心想。米歇尔很快决定，要是那样，她就会抓住救生筏，把它扣在两人头上。然后再把这名海员弄到筏子里，这样既遮蔽了风雨，又给其他营救人员留下了标记。

数秒钟后，米歇尔从她的安全带中抽出一把塑料刀，开始锯救生筏上的绳子，并祈祷这把刀能切断这条一英寸（2.5 厘米）粗的绳索。这把刀不负使命，绳索被切断了，救生筏从滑降缆绳上掉了下去，米歇尔松了一口气。

米歇尔回头看向这名海员。他之前被吓得不轻，这次干脆吓瘫了。她努力让他平静下来，告诉他绞盘会再次把他们拉上去。她再次示意戴尔夫开动绞盘。两人合力将这名惊恐万分的幸存者搬上直升机。这名海员吓呆了，但毫发无伤。

米歇尔坐在直升机边上，戴尔夫问道："你还好吧？"米歇尔看着下面唯一一名幸存者，那名靠在即将沉没的船上，没有救生筏的海员。她担心滑降缆绳会出问题，它已经扭曲了，可能是因为纠缠的原因受到了损害。她问戴尔夫缆绳能否坚持得住。"在这种环境下，"他答道，"我觉得它能承受得住。"米歇尔点点头。"我必须再来一次。"她说道，戴尔夫又把她降到水中。

最后这名幸存者在被遗弃的"旁观"号上等待着。当米歇尔靠近时，他跳到了海中。第二回缆绳收回得比较轻松。她没有尝试把救生套套过这人的脑袋；直接从脚往上，把救生套套到此人身上。戴尔夫开始收绳子，这回没有意外出现。"旁观"号最后一名船员也被安全地救了上来。

在返回陆地的途中，克里斯蒂和米歇尔都在回想刚刚发生了什么。她们面临的是真正的死亡威胁。如果割断缆绳，她们就会被遗弃在海上，根本没有获救的希望。两人都曾直面自己的命运，但她们战胜了恐惧，拯救了 4 个人的性命。

直升机终于抵达马拉库塔（Mallacoota），得救的海员踏出舱外、站在柏油路上，警员们迅速带着毯子跑上前来，想给克里斯蒂和米歇尔披上。克里斯蒂看着一名警员说："你最好把毯子给那些刚刚获救的人。"这位警员不敢相信地看着她。"你说你不是被救上来的人？"

"不是，"她回答，"被救上来的是那边的先生们。"在晚些时候聊起这场事故时，克里斯蒂笑着说："我觉得很多人都难以置信，因为他们认为……好吧，我猜他们是想因为我们是女生，我们才应该是被营救的人，而不是施救者。"

17

“AFR午夜漫步者”号——白浪地狱

在风速计被从桅杆顶部刮掉后，“漫步者”号必须马上考虑接下来的选择。这时“猎户之剑”号还没有通报警告，但每个人都知道，情况危急，而且还在进一步恶化。

就在爱德、鲍勃和亚瑟紧张讨论是否要退出比赛时，他们看到有一艘船向相反的方向开去。这艘船比“AFR午夜漫步者”号大。从远处看好像是一艘BH41型——一艘41英尺（12.5米）长的旅游比赛两用船，情况并不乐观。

在大浪环境下驾驶船只并不是一件轻松的事情，尤其是当风从背后刮过来的时候。因为船会顺着海浪的坡度向下滑，这时舵的反应就没那么灵敏，不利于舵手控制。这艘BH41开得非常古怪，鲍勃仔细地观察着它的移动。爱德喊道：“它走得非常艰难，左右晃动得太厉害了！”鲍勃点头表示同意。

爱德、亚瑟和鲍勃继续着他们的讨论。伊登港在他们身后40海里（74千米）处，但开向那里就意味着要掉转船头，风就会从背面吹来。那艘

BH41 的情形已经说明了这样做的麻烦。而前往塔斯马尼亚岛最近的安全港还要在风暴中开上 200 海里（370 千米）。掉头寻找避风港的做法非常有诱惑力——只有 40 海里远。他们都希望能这样做，但他们也了解这样做的风险。

船员们经历过 1994 年的大浪，所以他们明白大海会对这样一艘 35 英尺（10.6 米）的小船造成什么样的影响。掉转航向也是赌博。改变航向将增加船被浪从侧面推翻的风险。被这种尺寸的浪打中，船很有可能会翻转 360° 。

“漫步者”号船员无法知晓“旁观”号和“锡耶纳”号发生了什么事情。但他们知道，船体翻转可能折断桅杆。如果这样，人员就有可能伤亡。

无论是继续前进还是掉头后退都不安全。不过爱德相信船员有能力而且够坚强。虽然克里斯受伤了，但他能清晰明白地说话，还不停要求到甲板上来帮忙。在考虑了所有因素后，爱德和船员决定了到底该怎么办。

决定的过程没有投票，不用举手，也没有正式的会议。在爱德和所有人交代清楚之后，船员一致同意：“AFR 午夜漫步者”号会驶进风暴，继续航行 500 多海里（926 千米）前往霍巴特。他们仔细检查了安全带、紧急信号发送装置以及救生筏。他们要为可能发生的一切做好准备。这绝不是一次容易的航行。晚些时候的气象局官方记录显示，巴斯海峡内的最大平均风速达到了 60 节，并且经常出现接近 75 节的阵风。这些刮个不停的风会掀起超过 80 英尺（24 米）高的大浪。

用蒲福风级（Beaufort Scale）作为标准，就可以明白“漫步者”号将要遭遇的情形。蒲福风级设立之初是想用一种常见的语言，描述风浪对战船船帆的作用效果。它目前仍可以被用来理解恶劣的天气状况。

按照气象局的官方说法，“AFR 午夜漫步者”号前方的天气情况，按照蒲福风级来算的话，会被定义成 11 级的狂暴风。然而据可靠的报告称，该处的情况事实上远比气象局描述的严重。这些报告指出，巴斯海峡中的船只会遭遇12级的飓风。

在蒲福风级标准中，风力为12级的飓风风速超过64节，空中将全是水沫，浪高超过45英尺（13.7米），海面会因喷起的水雾完全变成白色，可见度严重下降。对一艘小船来说，12级的飓风就是白浪地狱。

能证实这种天气情况的其中一个证据来自达瑞尔·琼斯（Parryl Jones），警用直升机"极地一号"的飞行员。这架直升机最初被调去营救"旁观"号，但出发后不久又被澳大利亚搜救队（AusSAR）调拨去协助搜索另一艘船"商业邮报水之精灵"号。之后指令再度更改，将他派去营救"黑天鹅"号，这艘帆船上有一名船员落水。

在前往第一个搜索地点的途中，琼斯遭遇了85节的大风。这是他在警用航空队工作的12年中见过的最强的风。直升机通常会以120节的速度巡航，但后面吹来的风让他的航速增加到了205节。

在琼斯开始搜索失踪的"黑天鹅"号船员时，大海处在一种"狂乱且骇人的状态"中（按照他的说法）。到处是雨幕和不断飞溅的浪花，云底高度为600~2 000英尺（183~609米）。风以大约75节的速度呼啸而过，浪高有80~90英尺（24~27米）。

这名警员最终找到了失踪的船员约翰·坎贝尔（John Campbell），他漂到了离船大概300码（274米）开外的水上。警员戴维·基（David Key）滑降到水中，琼斯则把直升机悬停在上方100英尺（30.5米）的空中。突然，琼斯抬头看见了一面水墙冲着直升机直扑过来，他意识到自己必须马上拉升，避免被击中。琼斯爬升了50英尺（15米）。无线电高度计的读数显示，大浪就在距离直升机底部大约10英尺（3米）的地方通过，浪高一定远在100英尺（30.5米）之上。

没有完全一样的两股风暴，但这次的情况与1991年加拿大新斯科舍附近的极端天气状况极为类似。在塞巴斯蒂安·荣格（Sebastian Junger）所著的《完美风暴》（*The Perfect Storm*）一书中，万圣节东北大风在当地刮起了超过100英尺的大浪，持续风速达60节。这个“气象学上的地狱”导致12人死亡，其中包括渔船“安德里亚·盖尔”号上的6名渔民，并造成了高达数百万美元的损失。从很多方面看，1991年新斯科舍的风暴和1998年的天气炸弹有惊人的相似之处。

这两股风暴都具有破坏性，都掀起了极高的浪头。不过巴斯海峡海浪的危险却有其特别之处。水手把巴斯海峡称为“洗衣机”，这种说法的理由非常充分。巴斯海峡的海浪非常混乱，它们可以朝任何方向搅动。海浪在这里造成的混乱，其可怕程度远远超过开放水域。

除了要应对混乱海面上极高的浪头，“漫步者”号船员还有其他事情要担心。巴斯海峡中的海浪除了高之外，还很“锋利”。因为海峡较浅，海浪的形状会像岸边的卷浪一般。在这次的天气炸弹影响下，大风卷起的浪不仅高度非比寻常，浪面也异常陡峭。

从船的甲板上看，甚至从更高的直升机上看，绿色的海浪形成了一堵堵巨型的墙壁。和海滩上的浪头一样，这些波浪会卷起来再散开，在顶端放出云般的白色泡沫。浪头背面比正面更加陡峭。想要驾船穿过这些水墙需要高超的技巧。

如果“漫步者”号想迎着这些浪直冲过去，船头就会被猛然抬高，直到整艘船被掀翻为止。而且在驶下浪尖时，船尾也会被举过船头，最终还是落得个打滚倾覆的下场。

作为最有经验的舵手，爱德·普萨提斯承担起了把“AFR午夜漫步者”号开过这些浪的职责。1994年比赛时的画面浮现在他的脑海里。当时“纳祖拉"号倾覆了，爱德被困在水下。要是船没能自己正过来的话，他早就被淹死了。

那次经历曾把他吓得不轻。爱德知道，要是转过90°，用侧面对着海浪，船就会被打翻。更令人揪心的是，1994年时的浪只有30英尺（9.1米）到40英尺（12.2米）高，而现在面对的海浪是当时的两倍多高。对小船来说，更不能把船身侧过来。爱德已经吸取了教训。

爱德记起了澳大利亚航海传奇人物詹姆斯·哈德利，他曾谈起过1979年法斯特耐特帆船赛的惨事。打儿时起，哈德利就是爱德的偶像，而且爱德也看过介绍这位偶像经历的故事。哈德利是名船"鲁莽"号的舵手，他在1997年的比赛时，曾成功驾驶这艘船穿过10级的狂风。

爱德想起了哈德利曾采用的策略。以大约60°的角度切进海浪，不要直着冲向它们。当浪头靠近时往上开，在浪尖上停船避免悬空。然后沿着背面开下去，返回航线。

哈德利在法斯特耐特比赛上的做法有用，而"漫步者"号船员们在1994年时的尝试没有成功。他们当时被打翻了。把失败的教训和哈德利的建议综合在一起，爱德想出了一个方案。他要把船往上开，开到顶部的白色浪花，然后沿着背面向下滑。在接下来的10个小时里，爱德就像念经一样不停地重复着："60°、60°、60°。"

风速现在已经到了60节以上，阵风风速则超过80节。风速计不在了，没法测出准确的结果。在乔诺看来，这是一件好事，这样他们就不用担心情况到底有多糟糕了。当最猛烈的风刮过来时，他们可以靠无知坦然应对。爱德也完全不用操心这些事，只要掌好舵。

风暴没有任何征兆可言。有时浪头会降到20~30英尺（6~9米），就像两三层楼那样高。这种高度还可以从容应对。在这种情况下，爱德会松口气：

"我们能躲过这关，船还在掌控之中。"然后一下子又会冒出两个、三个甚至四个60英尺（18米）的大浪，这时船员们又进入幸存模式。整个过程毫无规律可言：一会是能挨过去的浪头，会感到一丝解脱，马上有可能是一堵堵绿色水墙，心里极度紧张。

风暴中最可怕的一个部分是狂风呼号的声音。这时的大海就像一个老式茶壶，浓密的蒸汽从壶嘴喷出来，还带着嘶嘶的狂叫——尖锐的、震耳欲聋的响声从不停止。船员在甲板上交流的唯一办法就是紧挨着别人，把手窝成喇叭状放在嘴边，喊到声音嘶哑为止。

除了恐惧之外，"漫步者"号上的人还要忍受冰冷和潮湿，有的队员还晕船了。他们随时会呕吐起来，根本没法控制。保持身体机能正常运作已经不重要了，唯一重要的是活下去。

浪花和雨点打在脸上的感觉就像被小石子砸到一样。即便带着护目镜，爱德还是没法正脸对着风暴。但他必须知道什么时候大浪会打过来，船员们想出了一个合作应对的办法。

他们决定，无论在什么时候，甲板上都要有两个人。这时其他人应当待在船舱中，躲避风暴。甲板上的一个人负责掌舵，另一个人则担任"防浪员"的角色。这位防浪员有两件事要做，一件是要正对风暴，观察地平线上何处会出现有威胁的海浪。另一件就是要成为人肉盾牌，保护舵手不受浪花冲击。有了防浪员作为盾牌，舵手可以蹲在后面，为大浪冲击做好准备。

当防浪员大喊"恶浪"的时候，舵手就有5~10秒的时间为风浪做好准备，评估危险，确保船只有足够的速度翻过浪头。由于风浪的噪声太大，防浪员有时只能喊出一个字——"大"、"糟"或者"宽"。不过这就足够了，这是个有效的办法。

甲板下的人处在另一个世界中。他们完全不知道上面的事情，只能忍受惊吓。他们找到了一个保持联系的办法。防浪员在向舵手喊出警报后，就会在船舱上敲一下，警告下面的人。这个办法很原始，但通过这种联系可以给人带来一丝安慰——让下面的人知道，他们上面的伙伴还在甲板上，还在工作，还在留神他们的安全。

就算技术再好，爱德也不可能不出差错地对付每个浪头。当船到达一个大浪的顶部时，爱德会被10~15英尺（3~4.5米）高的白沫遮住视线。他有时停得太迟，“AFR午夜漫步者”号就会从浪上开到空中，悬空撞到下一股浪上。

陡峭的海浪后部没有坡度，船有时会垂直下落，摔下30多英尺（9米）的高度。在触底时，整艘船都会震动起来。靠支索支撑的桅杆承受着极大的压力，大家知道它可能直接砸穿这条船，但却又无计可施，只能眼睁睁地看着会发生的事情。

这对那些待在甲板下的人来说尤其可怕。在船冲到空中时，船舱中一片死寂，然后落在海面上又会发出一声巨大的响声。亚瑟想：“感觉就像待在一面铁皮鼓里面，而且外面还有人在不停地擂鼓。”每一次桅杆都好像就要穿过船底，水就要涌进来，这种等待真是一种恐怖的经历。

如果爱德停得太晚，船就会飞到空中。如果他停得太早，船被冲回去的后果更糟。要是“漫步者”号在浪尖上被浪头裹住，就会顺着海浪正面再滑回去，甲板上的人就会被山般的巨浪吞没。

有一次，船真的被海浪使劲推了回去。大浪扫过驾驶位，爱德死死抓住他的安全带。安全带被固定在船上最结实的一个位置上，但海浪的力量太大，爱德抓不住了。他被扔到了船的后面，好在撞上了不锈钢的救生筏。

就在撞到救生筏的时候，爱德抓住6英尺长的安全带的末端，猛地把自己拉了回去。强烈的痛楚让他以为自己的肋骨断了。好在只是严重挫伤，骨头并没断，而且幸运的是船栏没有被打断。多亏了安全带，爱德还在船上——从某种程度上说还在船上。

船从浪上滑了回来，原本水平放置的东西一下都竖了起来。不管是甲板上还是船舱里，所有人都死死抓住旁边的东西，被吊了起来。克里斯的胳膊还绕在铺位旁的管子上，贴在床面上，努力不让自己掉出去，以免再度受伤。

虽然爱德还在船上，但“漫步者”号已经侧卧在了水里，驾驶位上全是水。船完全失去了动力，而且爱德看到另一组大浪正在涌向他们。如果帆船无法移动，他们就会被困住。接下来的海浪会狠狠地冲击这艘脆弱的船，将其倾覆。

爱德在水上无助地漂着，想着：“完了。这次我们完了。”他拼命爬回驾驶位抓住舵柄，想要避免灾难的发生。爱德把“漫步者”号转向恰当的方位，风又把帆张了起来。在下一股浪袭来前，他要让船获得足够的前进速度，不然一切就真的完了。

船在最后一刻开了起来。速度并不快，但足够翻过浪头。“AFR午夜漫步者”号从这次冲击中幸存了下来，继续向风暴冲去。

18
“AFR午夜漫步者”号
——轮流掌舵

爱德还在掌舵，但他实在太累了。精疲力竭的他仍在坚持。“这艘船我开得最好。我是负责的人，我还有6个朋友。如果我不能斗过这些浪，就有人会死。”一想到自己责任重大，爱德又回过劲来，全神贯注地驾船穿过这野蛮的风暴。

在正常情况下，爱德能很好地思考管理船员的办法，评估谁应当下舱休息。但现在不是正常情况，除了迎战海浪，让所有人活下去，他不能考虑别的。

当掌舵一点一点地消耗爱德体力的时候，戈登正坐在船栏上，充当他的防浪员。在脑袋被撞破前，克里斯本来要接替戈登的。现在克里斯在下面无法走动，戈登只好继续坚持。

在戈登看来，接替受伤的队友理所当然。本来也没有太多选择，而且他认为这只是尽职而已。“从某种方面看，”他想，“坐在船栏上总要比干坐在下面好。”从这个位置看去，身边的天气现象还是一番格外壮观的景象呢。

风力不断加强，浪越来越大。戈登每次都想风不可能再大了，可风还是越来越大。大海就像疯了一样。空中全是水，巨浪顶部被风吹散，再被猛力地掷到空中。

水珠打在戈登暴露在外面的皮肤上，就像被虫子蛰了一样疼痛难忍。为了保护自己的脸，戈登把手挡在前面，保护自己。这时他才发现，由于雨水和浪花的遮挡，连近在咫尺的手套都要看不见了。

虽然坐在船栏上非常痛苦，但戈登认为下舱待着感觉更糟。不仅是那里幽闭的环境让人难受，下舱还意味着无法知晓会发生什么事情。就像蒙上眼睛在黑暗中坐过山车一样。至少在船栏上，他还能知道接下来会怎样。这样就不会感到太意外。坏事一直在发生，但他知道该在什么时候，用什么办法支撑下去。

爱德全神贯注地掌舵，在风暴和克里斯伤势造成的混乱中，没人想起戈登。亚瑟是第一个意识到这种情况的人。“上帝，戈登已经在船栏上待了快 4 个小时了！”哪怕是一小时就够要命的了，戈登需要休息，亚瑟决定把这一点讲出来。

亚瑟和爱德有一种特殊的关系。他们年幼时就在一起航行了。他们既是最好的伙伴，也是对手。两人之间的关系很亲密，但也存在兄弟间的那种竞争关系。亚瑟知道爱德会做得有些过火，在这种敏感的事情上，他经常会“挑战”爱德。

爱德明白，他自己很像电影《洛奇》（*Rocky*）里面的史泰龙。他知道自己从骨子里是个有坚定决心的拳击手，即使面对不可能做到的事情也绝不退缩。亚瑟更多时候则会想到保存实力。这并不是说亚瑟软弱——他并不是这样的人。亚瑟的思考方式就像一个马拉松长跑运动员，而爱德把生活看成是一次冲刺。在很多时候，他俩可以互补。

亚瑟清楚地知道，想要在这场风暴中幸存下来，光靠冲刺可不行。没人知道这种天气情况会持续多长时间。看到船栏上的戈登，他明白了爱德失控的原因：爱德全部的注意力都集中在开船上，长时间掌舵消耗了他的精力。

亚瑟在风中冲着爱德大喊："该死，爱德，戈登还在甲板上！我们得冷静下来，不能再这样下去了。队伍现在毫无章法。这不是你的错，我知道你得掌舵，让我接手照看大家吧。"

爱德从聚精会神的状态中脱离出来。他没有犹豫。"对，干吧！"他喊道，"我都没想到这回事！"

亚瑟决定照看队伍，这让所有人都松了一口气，爱德可以继续专心地在驾驶位上做自己擅长的事情。戈登下到舱内避一避风雨，米克斯上来换班担任防浪员。戈登感到了一丝轻松，但船舱中的情形又让他大吃一惊。

可以看得出来，所有人都在打哆嗦，这除了寒冷的因素外还有恐惧。在船栏上的工作让戈登疲劳极了。他的腿一直夹在两道船栏中间，留下了发黑的压痕。和其他人一样，他也在打哆嗦。为了让自己暖和起来，戈登挤进亚瑟的铺位。亚瑟给他盖上一条毯子，不过他还是抖个不停。

亚瑟也在打哆嗦，开始他还以为只是太冷了。"暖和一点就好了。"他对自己说。一个小时后，他意识到这不只是冷的关系。他被恐惧攫住了，担心下一波浪袭来时会发生什么。他知道自己还得到甲板上去，再次面对风暴。这种经历给身心带来了巨大的痛苦，单凭一条毯子是无法消除的。唯一解脱的办法就是从风暴中幸存下来。

所有人，无论是在甲板上还是在船舱里，都真切地面临着死亡威胁。有那么一刻，亚瑟感到了绝望。"我们已经做了所有能做的，拼命地在这种环境里活下去；我看不到什么希望，事情只会变得更糟。"

在阻浪数个小时后，米克斯不知道发抖是因为害怕，还是由于自己已经全身湿透，非常寒冷。或许这只是大浪不断冲击的后果，他一次次被冲倒在甲板上。或许周围风暴的情形太吓人了。米克斯就是没法不打哆嗦。在后面，无线电不停地发送着求救信号。身陷在巴斯海峡中带来的恐惧和孤独感更严重了。

米克斯一直想着自己的家人。他的妻子安娜贝尔，正盼着他们的第一个孩子出世。他想自己可能再也见不到她了，也没法看到自己尚未出世的孩子了。“廷克看什么新闻呢？她知道我们的情况吗？她知道我们有麻烦了吗？她知道我们现在还好吗？”这些问题一直盘旋在他的头脑中，没有答案。

大家都在想着自己心爱的人。爱德想到了苏和他们的两个孩子，本和马修。他反省到如何才能成为一名更称职的丈夫，所有他可以做但没做的事情，以及如何才能不那么暴躁，多花一些时间陪陪家人。

谁也没把这些话大声说出口。爱德觉得，只有自己知道这些就够了。身为一名船长，他不能让别人看出自己感觉可能没有出路了。不过他确实知道，他们面临的事态非常严峻。而身为领导者，他必须做自己认为是正确的事情。

无线电里全是紧急呼叫。舱里的人可以听到广播中讲到有船出事了，而那些船离他们只有数海里远。他们被灾难包围了。

戈登恐惧地听着，脑子不停地想道：“我们到不了那里，因为我们活不了了。那艘船不可能转回来接我们；根本做不到。”下午 5 点 21 分的时候，来自“温斯顿 · 丘吉尔”号的呼救信号让他全身的血液都凝固了：

温斯顿 · 丘吉尔号：求救。求救。求救。这里是温斯顿 · 丘吉尔号。温斯顿 · 丘吉尔。

澳大利亚广播公司直升机：温斯顿 · 丘吉尔。温斯顿 · 丘吉尔。

温斯顿·丘吉尔。（这是）ABC直升机。报告你的位置。完毕。

温斯顿·丘吉尔号：图福德湾东南20海里。完毕。

澳大利亚广播公司直升机：温斯顿·丘吉尔。图福德湾东南20海里。情况如何？完毕。

温斯顿·丘吉尔号：地点正确。我们正登上救生筏。ABC直升机。船漏了，正在快速进水。马达开不起来，没法抽水。

澳大利亚广播公司直升机：明白。船上有多少人？

温斯顿·丘吉尔号：9个。9个。

这通呼救的内容本身就够吓人了，但船长理查德·温宁绝望的嗓音更令人害怕。戈登颤抖得更厉害了。他知道"温斯顿·丘吉尔"号上的人遇上了大麻烦。

各人有各人应对焦虑的办法。亚瑟既生气又害怕，但他知道这种情绪是自己不想要的。这没有效果。只想着"要是怎样怎样就好了"没有任何帮助。他要集中精力考虑要做什么才能摆脱困境。亚瑟之前陷入了绝望的状态中，但凭着意志的力量，他又让自己摆脱了这种状态。

和其他船员一样，米克斯对能不能活下去也有所怀疑。不过他对团队还是有信心的，而且相信他们有能力和风暴搏斗。靠着这种想法，他将自己的怀疑抛至脑后。他决定只关心现在的事情，那些他能掌控的事情，一件件把它们处理好。

乔诺不让自己产生撑不过去的念头。从某种程度上说，他觉得这帮人的命运都掌握在神的手中。他想："如果船被打翻，我们就抓着东西吊起来，看看会发生什么事情。会处理好的。"

每当"AFR午夜漫步者"号从倾倒中重新站起来时，乔诺对船的信心就又增加了一些。他只是担心这种情况是否会重复出现，是否会一直持续到晚上，那样设备就可能被损坏。不过在这发生之前，是没必要担心那些不确定的事情的。

靠粗略计算他们“还在控制中”的时间，乔诺开始统计他们取得的进展。当船被推倒时，他们会完全失控。不过即使船没有侧倾在水中，强风还是把他们吹得到处乱跑。他们仍然没有完全控制船。

“能够操控是重中之重，”乔诺想，“如果我们对船还有些控制，就会找到办法预测结果。”为了衡量他们应对风暴的能力，乔诺想出了一个计算的标准。

他的标准很简单。如果他们能控制的时间少于50%，那就不好了，会令人沮丧。如果能控制的时间正好是50%，就是件好事。要是这样，他们就会没事。如果能控制的时间在50%之上，那就非常好了。

乔诺计算的时候，在很长的时间里，他们能控制的时间都不到一半。每10~15分钟，他就会总结一下。跟踪记录这种控制程度对分散注意力很有效。这是一种记录进展的方法，而且讽刺地说，这也可以给人带来一种还在掌控之中的感觉——即使他们已经失控。

虽然被伤势吓得不轻，克里斯还是找到了应对这种不确定情况的办法。他想得非常透彻：“作为一个团队，我们非常擅长自己要做的事情。这些事已经做了一阵了。我们做的事情都是经过大家同意的，也是当下最好的选择，可以确保我们渡过这一关。如果还是失败了，那么我们至少也尝试了，没有放过任何机会。”

在克里斯看来，他们已经做了所有能做的事情。这让他冷静下来，从容看待危险，而且可以着手做那些真正有帮助的事情。“要说不好的情况，也可能是这样，”他想，“我们乱了阵脚，漫无目的地乱开，或者缩在船舱角落里哭喊，‘我们都要完蛋了’！”这是一种解脱的想法。

每个人不仅找到了对付恐惧的策略，还找到了支持他人的办法。他们都意识到，要让别人知道自己在这种情况下是全力以赴的。

队员们把精力集中在做好眼前的事情上，确保船上的设施尽可能正常工作。他们保证船的“整洁”，尽力在混乱的状态中表现出一种有秩序的感觉。

他们会监督换班时间，确保值班的人得到休息，按时换人上到甲板。他们为开船的人提供饮水。他们做了所有能做的事情，保证船得到照料，也保证彼此间能互相照顾。

船员们会拍一拍那些从甲板上换班下来的人，说上一声“干得好”。船舱中的每个人都知道上面是什么样子，所有在上面的人都拼尽了全力。

在甲板上，船员要确保主帆紧紧地卷好，捆在帆桁上。他们得确保所有东西都固定好了，这样在倾覆的时候，没人会被松开的设备击中，带来更多伤害。

大家都很害怕，但没有散布负面的想法。没人说，“积极点”，但他们自己全都意识到，在这种末日随时可能到来的时候，不能谈论这件事。灾难的可能性人人都想过，但说出来的话都是乐观的。

一些乐观的说笑很明显是勉强挤出来的。亚瑟会说，“云散去了，天空转蓝了”，或者“海浪现在没那么大了，我觉得我们要挺过去了”。有一半的时间，爱德都在想：“这真是胡扯”。但当他再想的时候会觉得：“说什么无关紧要。听他说我们会好起来本身就是一种安慰。的确有作用。”

每个人的状态都会有巅峰和低谷——也就是他们表现特别出众的时候和他们不能再坚持的时候。船员们对这种情绪上的高潮和低潮都非常敏感，而且当别人达到极限时，人人都会想要及时补位，让事情好起来。

戈登就在甲板上替克里斯站了岗，而且毫无怨言。克里斯则会因为戈登的做法备受鼓舞。队伍也注意到，亚瑟在接手爱德的工作，替他管理船员。

建立一个换班制度，让甲板上的人一次执勤只干一个小时，然后下到舱内休息两个小时，这一点对分担重担非常重要。这个制度可以从 3 个方面帮助他们保持体力。

在甲板上只工作一小时，意味着他们的体力能够应付繁重的工作，对抗寒冷、暴雨、狂风以及大浪。此外，这套制度的心理作用同样重要。知道了自己在 60 分钟后就可以结束这地狱般的经历，人们的忍耐力也提高了。最后，亚瑟的介入也是有标志性的。这从一个实实在在的角度表明了，他们可以意识到彼此的需要——而且他们能找到办法照料彼此。

虽然他们现在做的事情都是在互相帮助，但周日一整天下来，风暴还是让船员们付出了极大的代价。爱德下午大部分时间里都在掌舵。鲍勃接了爱德的班，两次被巨大的碎浪冲下驾驶位。鲍勃愿意做所有需要做的事情，不过爱德才是最好的驾驶员，每个人都知道这一点。

爱德的表现可以用杰出来形容，但他也有身体极限。黄昏逐渐来临，他开始想，“我还在系缆上。我不会告诉队员，但如果一切再这样继续下去，我要坚持不住了，还没有人能开这条该死的船，我们真是遇到麻烦了。”

亚瑟感觉到了他兄弟的想法，另外还有一件事也让他担心。风暴还在加剧——而且这还只是白天。“天黑之后会发生什么事情？这可不妙。”亚瑟想道，“我们最好的舵手是爱德，我们必须在天黑前让他休息。绝不能让他到了晚上带着一身疲倦开船。”

亚瑟和鲍勃碰了一下，决定了一个方案。在天黑前把爱德换下来休息几个小时非常必要，这意味着他们需要 3 个舵手。唯一的办法就是让亚瑟开上一班。

亚瑟在风暴中爬上甲板，向爱德喊道：“你不能再开了，得睡上一会。如果整晚都是你来开，那就太勉强了——我们可能活不到明天！放开那个该死的舵，下来！”

爱德喊道：“不，不，别犯傻了！这太难了，现在就很难。我还好，别管我。”

亚瑟没有让步：“你不是没事。你已经累得不行了。你得试着让我开一开这艘船。我觉得我能应付得来。你累了。还有一个小时就是黄昏，要想逃过这一劫，晚上得让技术最好的人开。赶紧下来休息！”

爱德盯着亚瑟，意识到他的兄弟是对的。他一直在坚持、坚持、再坚持，但就要挺不住了。在天黑前他必须要休息一下，疲劳的爱德走进船舱，一下子就瘫倒了。

亚瑟开得很好。四脚朝天躺在铺位上的爱德开始回过神来。如果亚瑟不接上来，他就得在体力和精力都几近枯竭，而且在反应迟缓的状态下开一晚上。这种情景太可怕了。爱德不知不觉地迷糊起来。他的兄弟让他看清了现实，他很感激，然后就睡着了。

19
“猎户之剑”号——失控

“猎户之剑”号上的气氛已经紧张了一整天。12 月 27 日周日中午 12 点之前，史蒂夫·库尔玛顶撞了船主兼船长罗伯·科特，并十分明确地表示，在他的航海生涯中，从没遇见过这种情况。超过 80 节的阵风非常频繁，库尔玛担心船员的安全。他确信他们应该退出比赛。事实上，库尔玛认为他们应该更早一点就掉头——在上午 9 点的时候。但科特反对：“我们应该等到 12 点的官方无线电广播再定。”库尔玛很不高兴，但他同意再坚持一会，而且要测出低气压的方位。12 点发来的天气预报并没有什么帮助。广播只是说低气压系统在东巴斯海峡。

除了没说低气压中心到底在东巴斯海峡何处外，预报清楚地给出了狂风警报。科特认为“剑”号上其他人对天气的了解都不如他，库尔玛则和许多参赛者一样，不能完全理解这次预告的意义。

根据狂风警报，科特认为他们应当做好准备应对 40~50 节的风，阵风可能会刮到 60~65 节。他们正在经受的极端天气，其恶劣程度远超过其预测。

科特非常想弄明白为什么会这样。他仔细地听着无线电消息，希望能找到一些天气信息，能帮助他搞清楚陷入了什么样的麻烦。

“猎户之剑”号上的决策过程和天气一样混乱。罗伯 · 科特是船主、船长、领航员和现场的气象学家。史蒂夫 · 库尔玛是最有经验的霍巴特帆船赛队员、主舵手。格林 · 查尔斯是一个参加过法斯特耐特帆船赛的明星，被当作高级舵手。但他的经验大部分都在小船上。在查尔斯的航行经历中，从未遇到过哪怕是和现在有丁点相似的天气。另外还有亚当 · 布朗，第三位被认为有资格开船的高级舵手。

关于“猎户之剑”号上到底发生了什么，有不同的说法，不过人们一致认为，这艘船管理混乱且队员之间缺乏共识。布朗从早上 8 点起一直掌舵，在情况不好时，他还要上来帮忙。格林 · 查尔斯从上午 10 点开始就待在船舱里，因为晕船无法行动。库尔玛继续游说布朗和其他船员，要他们掉头返航，科特这时还待在甲板下面的导航台旁，努力从无线电内容中解开风暴的奥秘。他已经有好几个小时没去过甲板上了。

布朗已经在舵盘后面待了 5 个小时，库尔玛终于来接他的班。累得发抖的布朗走到船舱中，坐在楼梯上直打战。看到他这副样子，科特说：“他要休克了，上帝，给他拿点喝的。”

格林 · 查尔斯在下午 1 点左右从甲板下走出来，和库尔玛交谈了一会。查尔斯加入了主张退出比赛的一方，他请求库尔玛让科特中止比赛。库尔玛同意了，查尔斯开始掌舵，库尔玛则再次下到船舱中，和科特争辩起来。

即便失去了格林 · 查尔斯的支持，科特还是不打算放弃比赛。科特从未和查尔斯直接谈起过天气问题，他觉得查尔斯是受了他人的“撺掇”。就这样，尽管不满的情绪持续高涨，“猎户之剑”号还是继续向前行驶，由格林 · 查尔斯掌舵。

查尔斯的情况并不好。在他前往甲板前，科特曾建议他再吃一片晕船药。他拒绝了，觉得药片不可能被顺利地咽下肚子。就在前往甲板的途中，他又吐了，吐到了另一名船员的肩头上。

查尔斯发挥不佳，而且对自己没能尽职感到愧疚。不管怎么说，他是个明星船员，一个付费请来的舵手，他需要证明自己的实力。尽管头脑昏昏沉沉，状态欠佳，查尔斯还是决定要努力做点事情，不辜负雇主的薪水。

就在查尔斯驾船的时候，库尔玛和筋疲力尽的布朗交流起来，继续他那让“剑”号退出比赛的游说。科特最终拿定主意，让3名舵手来决定是否要退出比赛，布朗有一票。布朗想要退出，但精疲力竭的他忙着恢复体力，着急地爬进了睡袋。因此，一场正式的投票从未举行过。

在下午2点的规定通信之后——“剑”号在这时向整个船队广播了天气警报——科特想到甲板上和查尔斯谈谈天气。但一项新任务拖延了他：他们要作为信号中继站，为那些无法联系上“青年奋进者”号的船只提供通信通道。

“这由不得我，”科特想道，“花时间前后传递信息。”他只是碰巧注意到一些通信传输并不畅通，觉得自己的介入很有必要。帆船“澳大利亚少女”号已经错过了两次规定通信，他把他们的发报回传给“青年奋进者”号。科特相信他避免了一次没有必要的营救行动。不管他是否正确，这种通信工作需要他全神贯注。

终于，在下午3点45分左右，天气状况开始转好。蓝天重新显露在“剑”号上空，风速下降到15节左右。船员们以为自己进入了风暴眼，但更有可能的是，“剑”号只是来到了风力较弱的海域。科特还是不确定风暴会如何发展，他最终宣布：“如果风速再升到65节之上，我们就回家。”他从未和查尔斯谈过天气的事情。

就在科特宣布决定后不久，风力又增加了，他信守了自己的承诺。在科特看来,“剑”号没有“退出”——没有真正停止比赛。他们只是暂时掉头避风，希望在风暴结束后继续比赛。对船员们来说，这个决定在很大程度上涉及情绪因素。不谈安全问题，掉头朝陆地开本身就是一种巨大的解脱。

“剑”号现在离安全港只有 90 海里（166 千米）远了，但向着伊登进发意味着海浪会从后面直接拍打过来。这正是“AFR 午夜漫步者”号想要极力避免的危险情形。“剑”号现在要开在巨浪前面，失去控制的可能性大大增加。在意识到这一点后，科特建议向西前进。这样他们就能以一个角度接触海浪，降低船被推翻的危险。

科特在下午 4 点 44 分对外广播了寻求庇护的决定。他知道这会被其他船长听到，也希望其他人能效仿他们的做法。要是“剑”号随后能重返比赛，而其他人也退出比赛可以给这艘船带来优势。

让“剑”号掉头并不轻松。这个操作涉及“顺风改舷”（Jibe）——要把船尾冲向风。在这一过程中，帆桁会发生剧烈的摆动，扫过驾驶位。“剑”号改舷了，进行得非常顺利。查尔斯或许一直在晕船，但这次后转进行得天衣无缝。

“剑”号现在来到了新航道上，不过不是他们此前商定的向西航行。而是被查尔斯开往北面，正对着伊登。达伦 · 塞诺苟斯——“戴格斯”刚才还在为查尔斯出色的转向叫好，现在又担心起来。他问查尔斯是不是还好。查尔斯将他的担心一笔带过，他在意的是自己在船舱中浪费的时间。那段时间他让队员失望了，这才是他真正感到愧疚的地方。就这样，查尔斯继续向北开去，波浪继续从后方冲击着“剑”号。

戴格斯愈发担心查尔斯的状态，当到他缩在自己的防水装备里时，戴格斯更加焦虑了。查尔斯低着头，脑袋几乎全埋在夹克的兜帽里。戴格斯在风中大喊，自愿掌舵。但查尔斯不同意。他就像愣住了一样，就是不肯放开手上的东西。戴格斯坚持要换一条航线，以免被后面的浪乱冲。

查尔斯似乎没有听到戴格斯的建议，而是把精神集中在天气和他漏水的防护装备上。戴格斯认为查尔斯不再适合掌舵，可是唯一能做这项工作的只有科特，而科特还在导航台边，他在那里已经待了一整天了。

其他船员也感到船在海浪的冲击下开始侧倾，这种担心让他们站出来反对查尔斯。卡尔·沃森硬着头皮站了出来，来到船尾批评查尔斯选择的危险航向。但这没有用，查尔斯坚持强调自己有法斯特耐特比赛的经验，他说他知道自己在做什么。

甲板下面的布朗感觉到船在失控。他向科特大喊，必须要改变航向，要么就把查尔斯从舵盘后面赶下来。但科特认为布朗还没从疲劳中恢复过来，继续让查尔斯做自己的事情。

布朗可不这么想。他从船舱中伸出头来，向查尔斯和戴格斯大喊。但风中的噪声太大，这两人都没听清他说了些什么。戴格斯靠近布朗，布朗又把需要改变航向的话喊了一遍。就在这时，灾难发生了。

这正是船员们一直想要避免的灾难。一股巨大的浪，正面就像一堵垂直的墙壁，把船尾抬了起来。这股浪以接近35节的速度将帆船打向侧面，浪花盖住了甲板，整艘船歪了起来。

整艘船冲着浪头正面翻了过去，以一股极大的力量撞在了浪间的底部。戴格斯看到桅杆顶部歪到了水面上，然后在“剑”号躺倒的时候伸进了水里。戴格斯意识到自己已经身处水中，而且还被安全带系着。他非常惊慌，以为自己会被淹死。戴格斯拼命想要解开系缆，但没能成功。几秒钟后，“剑”号又撞上了另一股大浪，船正了过来，整整翻转了360°。

戴格斯现在在水面之上了，而且还被安全带系在船上。要是刚才解开了系缆，他可能已经被大浪卷走，那样肯定就被淹死了。谢天谢地，他还和船连在一起。戴格斯起身把自己拉回驾驶位。

和“旁观”号一样，翻滚了360°的“剑”号船身全损毁了。甲板和船舱顶破了，驾驶位被挤进了船体中。主桅断了，躺在水里。舵盘的辐条也弯了。用来固定主帆底部的帆桁缠在了船舷上。它已经脱离了平常的位置，扫过整个甲板，把舵盘和驾驶位上的东西砸了个遍。

在甲板下面，欧斯被困在一堆帆袋下面，膝盖受伤。向四周看去，他发现长距高频（HF）无线电冒出了烟和火花。由于担心会起火，他关闭了无线电，把电脑后面的线缆全部拔掉。这样就只剩下短距离的VHF无线电可以用了。

船舱中的水已经淹到了膝盖，舱门的楼梯也坏了。马达间塌了。楼梯破损，四周到处是碎片和船帆，里面的人很难爬到甲板上面。

在驾驶位上，戴格斯与死神擦肩而过，绝望地寻找着格林·查尔斯。他只发现了查尔斯安全系缆上那段闪亮的橙色带子，一端连在帆船上，另一端搭在船外。戴格斯跑过去，抓起带子，把它往回拉。那一端除了扯烂的针脚，什么都没有。

戴格斯疯了一般向海面看去，看到查尔斯漂在船后面大概100英尺（30.5米）远的水面上。他大叫查尔斯游回来，但狂风和海浪却将“剑”号推远了。查尔斯想要游起来。他总共拍了6下水，但胳膊几乎没伸出水面。查尔斯似乎是受伤了，而且也没法游得和船一样快。

戴格斯把其他人叫到了甲板上。由于忘了船舱里还有受伤的船员，他怎么也想不通为什么只有这么点人响应他的话。心急如焚的戴格斯大喊快拿绳子来。他想，要是他能游向查尔斯，而且查尔斯也朝他游过来，两人就可以在半道碰上，这样大家就可以把他们拉回来。

找到一条足够长的绳子又花去了宝贵的数分钟。他们最终找到了一条，戴格斯攀到船外，准备跳进水中。就在这时，又一股大浪拍向“剑”号。船又被推远了 300 多英尺（90 多米）。情况看起来十分绝望。

就算戴格斯跳到水里，他也不可能看见查尔斯。而且到这个时候，两人之间的距离已经太远了，没法游到一处。他们看着查尔斯在远处上下沉浮，越漂越远。只有在“剑”号被冲上浪顶的时候，他们才能看到查尔斯还在踩水，和波涛搏斗，而且渐渐体力不支。

挣扎的查尔斯开始下沉，然后消失了，随后又浮上海面。在查尔斯第三次沉下去后，他再也没能浮起来。无能为力的戴格斯和其他船员继续张望了好一会，仔细查看他最后被发现的位置，但查尔斯再也没有出现。

失去了查尔斯后，戴格斯和其他人开始用钢锯清理残骸。桅杆已经断成了几节，但还连在船上。缆绳和金属绕在船上，乱麻般的索具缠着“剑”号，船的侧面暴露在波浪中。这是最脆弱的位置，船只会被再次冲翻。

甲板上的人忙着清理桅杆碎片，船舱里的人则努力舀水。马达的开关不见了，引擎已经从底座中掉了出来，水泵一点用也没有。海水不断涌进来，船员们需要马上行动。他们只找到一个水桶，还有一个抽屉。就靠手头上能找到的东西，他们努力不让“剑”号沉下去。

在打开了紧急无线电示位标设备后，他们发出了求救信号。这之后船员们就坐在“猎户之剑”号的残骸上，等待救援。在倾覆大约一个半小时后，史蒂夫 · 库尔玛看见远处有什么东西，大约在 1 000 码（900 多米）之外。那是另一艘船，“玛格丽特 · 林图尔二世”号，它正朝他们径直开来。

应当马上发射信号弹。装信号弹的盒子被交到奈杰尔 · 罗素的手中，罗素原本是船上的“烟火官”，他本该在更值得高兴的时候履行他的职责。罗素和库尔玛抓起一把信号弹，把它们发射到空中，以便过往船只可以看到求救信号。

库尔玛觉得那艘船的甲板上有 3 个人。天气好转了不少，风速已经降到 40 节左右，天空飘下的细雨没法让他们确定是不是有 3 个人。但可以肯定的是船上有人。

在“玛格丽特 · 林图尔二世”号上，船长理查德 · 珀塞尔看到了这艘桅杆折断的帆船。他能看到“剑”号的甲板上有人，而且毫无疑问有信号弹升起。他告诉领航员科林 · 贝茨，让他告知“青年奋进者”号他们看到了信号弹升起。接下来的问题就是应该怎么做了。

处在相同情况下的“锡耶纳”号选择陪在“旁观”号旁边。但船上的人也因此受了伤，而且“锡耶纳”号还配有马达。“玛格丽特 · 林图尔二世”号缺乏能正常运行的马达，在没有动力的情况下，让船待在附近水域是非常危险的。

珀塞尔不知道“剑”号的情况，但他决心继续开过去。他征求领航员科林 · 贝茨的意见，贝茨是一名有经验的船员，参加过 35 次霍巴特帆船赛。他觉得贝茨在说：“你的决定是正确的。”

贝茨向“青年奋进者”号上的卢 · 卡特发报，用一条信息报告了自己的身份：“卢，我是‘玛格丽特 · 林图尔二世’号上的科林 · 贝茨。我们看到一发信号弹升起；在我们的 090 方向，大约 0.5 海里远。”贝茨记得他还向卡特汇报了他们的经纬度，并表示那艘帆船的桅杆折断了。他得到的回复只有一句“谢谢”。

“青年奋进者”号的无线电日志记录了“玛格丽特 · 林图尔二世”号的一条通信，上面说在下午 6 点 45 分看到有红色火焰，但“折断桅杆”这句话没有记录。贝茨确信自己说过这番话，卡特则确定他没有听到过。“玛格丽特 · 林图尔二世”号沿着预定的航向继续开，但是和“猎户之剑”号擦肩而过，史蒂夫 · 库尔玛估计两艘船间的距离不到 300 码（275 米）。

在收到"剑"号的紧急呼救后，澳大利亚搜救队派出了海军直升机"鲨鱼 05"。这架直升机在晚上 10 点 45 分才找到这艘倒霉的帆船——这时距"剑"号倾覆的时候已经过去了差不多 6 个小时。"鲨鱼 05"确认有一人落水，而其他船员当下暂时没有危险。由于油量不足，返回梅里比拉还有 100 多海里的路程，这架直升机又飞走了。

接班的第二家直升机是"鲨鱼 20"。糟糕的天气让盘旋搜索的"鲨鱼 20"飞到了另一艘船上空。"鲨鱼 20"多次经过这艘船，以至于这艘船最终发报询问，这架直升机是否需要帮助。这无疑给紧张的搜索增添了一丝罕有的可笑的意味。

"鲨鱼 20"最终找到了"猎户之剑"号，救出了包括达伦 · 塞诺苟斯和史蒂夫 · 库尔玛在内的 3 名船员。由于燃料不足，这架直升机只得留下 6 名船员，飞回海岸。

第三架直升机"老虎 70"在 12 月 28 日凌晨从梅里比拉升空。鉴于夜晚行动的危险太大，这架直升机一直盘旋到破晓才展开营救行动。罗伯 · 科特在吊起来时被砸中脑袋，不过"剑"号上剩余的 6 名船员都被安全地救了起来。

对格林 · 查尔斯的搜索一直持续到当晚 9 点 30 分。在澳大利亚搜救队的简报上只有简单的一行报告："目标——落水者身着黄色衣服和安全带。没有漂浮设备。"再也没有人看到过格林 · 查尔斯。

20
大营救——灾难成真

这些出色的水手并不是禁不起大风浪。强南风警告让他们准备好了应对大浪。但在这种程度的风暴下，最恶劣的后果是无法在事前准备的：袭来的是具有破坏力的恶浪、皇帝浪、异常浪。

“温斯顿·丘吉尔”号

在 12 月 27 日周日下午 4 点 30 分左右，“温斯顿·丘吉尔”号还开得相当好。风力很大，风速大约有 55 节。浪也很大，但还没到特别吓人的地步。船上有两名船员当值：理查德·温宁，船主兼船长，以及约翰·迪恩。温宁是一位有过出色表现的水手，他现在还是能从容地掌舵。的确，天气很糟糕，但似乎还没到要发警报的地步。

突然，一排巨大的怪浪现身了。温宁向来不擅长估计浪头的高度，但他看见这股浪扑了过来。他不确定这股浪具体的大小，但它显然高过这艘船 60

英尺（18.3米）的桅杆。这股浪看上去就是一堵由绿色海水形成的笔直岩壁。

温宁知道该做些什么。他想要尽快冲到这股浪的顶端，越过浪尖。他们开始爬升，但“温斯顿·丘吉尔”号失去了动力，没有足够的速度越过这个巨大的浪头。大浪卷起了这艘船，把它横着扔了出去。

“温斯顿·丘吉尔”号没有翻滚，但由于撞上了一股和砖墙一样的浪，并被冲回去，船体受到了严重的损坏。温宁和迪恩直接被甩到船外。靠近导航台的3面窗户被砸得粉碎，整艘船被海浪啃去了6英尺（1.8米）长的一段。水面以上部分的损伤非常严重，但还不是大问题。要命的是，“温斯顿·丘吉尔”号的水下部分也被打漏了。

温宁和迪恩重新爬上船，布鲁斯·古尔德掌舵。他让斯坦利下舱检查一番。那里的情况并不妙。很明显船进了很多水，正在一点点下沉。船员们解开甲板上的两艘救生筏，全部穿上了救生衣，静观事态发展。古尔德的直觉告诉他，他们不会在船上待太久了。

就在温宁准备发出求救信号时，他发现长距离HF无线电已经失效了，而且用来测定确切方位的主GPS也因进水失灵了。他们的移动GPS同样无法正常运转，温宁只能估算大概的方位。他认为他们在图福德海湾东南20海里（37千米）处，于是使用短距离VHF无线电发出了求救信息。这条求救信息被“AFR午夜漫步者”号收到了。

在下午5点30分左右（也就是他们的船被推倒大概一个小时之后）“温斯顿·丘吉尔”号的船员弃船了。甲板上有两只救生筏：一只是A艇，椭圆形，可以乘坐6人。另一艘圆形的写着B艇，可以承载4人。约翰·斯坦利、约翰·吉布森、约翰·迪恩，还有迈克尔·班尼斯特爬上了A艇。和他们在一起的还有比尔·普萨提斯的朋友吉姆·劳勒。理查德·温宁、布鲁斯·古尔德、迈克尔·瑞恩和保罗·兰汀则在B艇上。

起初这两艘筏子是用绳子系在一起的，但系绳很快就断了，船员们被分成了两组。A艇一直很正常，直到27号午夜，一股大浪打了过来，整个筏子翻了个个，5个人站到了筏子的顶棚上。他们惊奇地发现，这只筏子颠倒过来的时候，和它正面冲上时几乎一样稳定。在颠倒过来之后，他们不会被大浪冲得站不住脚。但是有一个问题：在密封的空间里，空气就要耗尽了。

由于面临氧气短缺的情况，幸存者们决定在筏子的底部——现在是顶棚上——开个孔，希望氧气能通过小孔进来。确实起作用了，而且他们可以像推动风箱一样，来回挪动顶部，把空气泵进筏子。不过10分钟后，又来了一股大浪。筏子被扔出老远，人都在里面打转。他们受到了猛烈的撞击，不过至少现在A艇正过来了。

大浪接二连三地砸向救生筏，船员们每次都被冲得东倒西歪。他们切开的口子不断扩大，顶棚在逐渐开裂。他们在救生筏上待了好一阵，突然被一股大浪击中。用吉布森的话来说，这股浪“毫无预兆，甚至连声响都没有，就以极高的速度冲了进来，到处是翻腾的白色海水。这真是段离奇的经历。我被以非常快的速度冲出好远。这应该是我这辈子遇到的个头最大的海浪。我就这样继续被冲着，海浪给我们的这一下子真是混乱无比、噪声震耳欲聋。”

在这一波大浪渐渐平息后，只有约翰·吉普森和约翰·斯坦利还趴在救生筏的充气浮子上。他们看见远处有两个身影，一个（据说是吉姆·劳勒）打开了急救闪光灯。筏子持续被风浪冲击，吉普森和斯坦利紧紧抓在上面，眼睁睁地看着那个被海浪冲走的人逐渐消失在视线里。

吉普森和斯坦利抓着筏子熬过了这个晚上。一直到28日周一天亮，有营救直升机从附近经过，两人使劲晃动黄色的救生衣，希望引起飞机上人的注意，但直升机与他们擦肩而过。最后在那天晚上8点，他们听到头上有飞机的动静。吉普森打开了自己的急救灯，斯坦利用手电筒发出信号。直升机终于发现了他们，两人获救了。

和A艇一样，B艇开始也正着漂了好一阵，然后倾覆在怒涛之中，把幸存的船员甩了出去。B艇上的人尝试把救生筏再正过来。这是个危险的举动，需要有人脱去救生装备，游到筏子下面。理查德 · 温宁挺身而出，接受这项任务。身为“温斯顿 · 丘吉尔”号的船长，他认为这是自己的职责。

温宁潜到筏子顶棚入口处，那里现在已经浸在水下，穿过入口，摸到了翻过来的底部。凭着一条连在筏子底部上的带子，他成功地将B艇正了过来。另外3名船员又重新进到艇里。

到了晚上，B艇又一次被海浪打翻。理查德 · 温宁再次脱下救生衣，游到筏子外面，把它翻了过来。在这两次冒险中，无论哪一次温宁脱手，他都会被海浪冲走。加上没有救生装备，在这种情况发生时，他幸存下来的可能几乎为零。

没人知道B艇的底部怎么会出现一个裂口。靠下的浮子开始渗水。由于水泵的零件丢了，人们没办法给浮子充气。救生筏逐渐缩成一个“V”字形，人们都挤在一起，仅有落脚的地方。在意识到必须采取行动后，这帮人凑合着将泵连到下端的浮子上，一番努力后，救生筏恢复原来的样子。

在28号周一下午（弃船已经快一天），B艇上的幸存者看到了一架固定翼飞机。他们发出信号弹示意，飞行员发现了他们，半个小时后，一架直升机把他们全都救了起来。

“商业邮报水之精灵”号

下午5点，在连续接到多起求救后，澳大利亚海事安全局（AMSA）宣布伊登东南海域为营救区域。这起灾难现在得到了官方的确认。

在澳大利亚海事安全局宣布这一消息后20分钟，一个大浪正中“商业邮报水之精灵”号的船舷。当时甲板上有4名船员，“水之精灵”号一下翻了个个，在10秒钟的时间里翻转了360°。再正过来时，甲板上的情景和之前遇难的船只一样。桅杆断掉，舱顶损坏，玻璃被砸碎，船舱中所有的东西都乱成一团。

安全带救了甲板上的人一命。虽然全身湿透，但他们成功地从海里回到了船上。领航员彼得·基茨发出了求救信号，船员们发动了引擎。他们决定开向嘉博岛躲避风浪。

虽然都幸存了下来，但那些被冲下船的人四肢开始不听使唤。在翻船两个小时后，“商业邮报水之精灵”号要求直升机救援，把3名晕船和患上低温症的水手运走。

4个小时后，他们又被海浪击中了。这次船没有立即正过来。甲板上有两名船员，罗伯特·马修斯和菲利普·斯盖格兹。马修斯被困在驾驶位后面，不过还好找到了一个气穴。那里的空气足够他从系缆上解开安全带，再游回海面。他坐在索具残片上（要么是帆桁要么就是断掉的桅杆）待了几分钟，“水之精灵”号又被浪头击中了。奇迹般的，这股浪把船正了过来，把马修斯扔回到了甲板上。

回过神来的马修斯刚想继续开船，就看见斯盖格兹被压在一堆绳子下面，离他原来的位置大概有6英尺（2米）远。马修斯大喊人来帮忙，不过他不知道，剩下的船员还都被困在船舱中。

船在倾覆时进了很多水，船舱里的所有东西都换了地方。冰箱里的东西全被甩了出来，由于倾覆时还开着引擎，机油洒得到处都是。碎片封住了通往甲板的舱口。

下面的船员努力踹开舱门回到甲板上。船长布鲁斯·盖伊和船员史蒂芬·沃克设法把救生筏推到甲板上。突然，盖伊的背猛地一弯，胸口一阵剧痛，翻起了白眼。沃克立刻扶住他，知道盖伊是心脏病发作了。沃克坐了下来，把盖伊的头放在膝盖上。盖伊在他们坐下来时还在呼吸，沃克不知道这位船长是死是活，就这样一直扶住他的头。

下面的船员听到了马修斯的呼救，赶紧上前帮忙。他们把斯盖格兹从沉重的绳子堆里拉了出来，但他没有任何反应。谢恩·汉森和马修·谢里夫对他进行了心肺复苏，但他还是没有任何反应。

菲利普·斯盖格兹没命了。布鲁斯·盖伊也死在了沃克的臂弯里。“水之精灵”号的引擎和所有电子设备都失效了。船员们没有无线电，也没有任何求救的办法。大浪把船外的两只救生筏冲跑了。幸存者万分绝望。

12 月 28 日早晨，一架直升机救起了“商业邮报水之精灵”号上的剩余 7 名船员。布鲁斯·盖伊和菲利普·斯盖格兹的遗体被留在了船上，这艘船最后被警方的“复仇女神”号拖回岸边。

克里斯蒂·麦克阿利斯特和米歇尔·布鲁伊特当天晚些时候从“水之精灵”号上空飞过。她们被派遣到这一海域进行搜索，那里一度是求救信号密集发出的地方。在飞过这艘船的时候，她们看到有个人躺在甲板上。

由于还不知道这个人曾被飞机吊起来过一次，飞行员向澳大利亚搜救队发报，通报他们的发现：“我们碰上了‘商业邮报水之精灵’号，甲板上躺着一个人。”

无线电里传来冰冷的回复：“不，反对施救，这艘船上的幸存者已被吊走。甲板上的人现已死亡。不要管，继续你们的搜索。”

21
“AFR 午夜漫步者”号——听

无线电里全是痛苦和绝望的声音，“AFR 午夜漫步者”号上的船员就听着这些令人胆战心惊的求救和船员落水的警报。他们听到有直升机前来营救受困的船只，搜索落水的船员。

这些认识的人们，不只是他们的竞争对手，还是一起分享过航海时光的好友。有的人，像吉姆 · 劳勒，他们私下交情很好。这给“漫步者”号敲响了警钟，“漫步者”号上的每个人都知道了危险的存在。一个浪头就打翻了这些船，折断上面的桅杆，那也一定能轻易摧毁他们的船。

爱德、亚瑟和鲍勃开得极好，船员们也在以杰出的团队精神彼此支持。不过，不要忘了各种悲剧就发生在他们周围不远处：“VC 离岸旁观者”号在北面被大浪击中，离他们不到 20 海里（37 千米）。紧跟在他们身后的“温斯顿 · 丘吉尔”号已经沉没。“猎户之剑”号在南面大约 20 海里处走到了命运的尽头。“商业邮报水之精灵”号在东面 10 海里（18 千米）翻滚倾覆。这是一个残酷的现实：“AFR 午夜漫步者”号就在灾难的中心。（见下图）

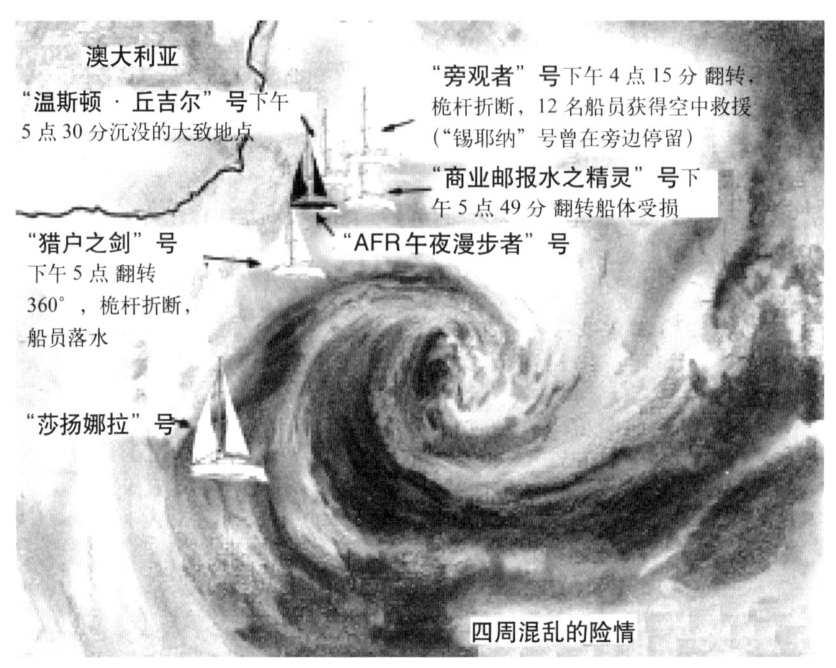

鲍勃 · 托马斯尽自己最大努力开着船。前面有米克斯阻浪，他紧紧握住舵盘，尽量压低身子，任凭海水扑打在身上。大浪 3 次把他从舵旁扯开，狠狠地摔在驾驶位上。每一次他都能蹿回去，使劲扳住舵柄，聚精会神地准备迎接下一个浪头。

鲍勃是个接受过训练的船长，曾参加过救生艇与海事安全演习。他对自己的船有信心，而且相信小“漫步者”号可以逃过这一劫。不过身旁发生了这么多悲剧，他有必要让船员做好最坏的打算。

弃船通常是最后一招，不过万不得已时必须这样做。“温斯顿 · 丘吉尔”号上的船员无路可走，只能选择登上救生筏。如果“漫步者”号也到了这一步，鲍勃要确认他们可以以正确的方式离开这艘船。他们不能把救生筏直接扔出船舷，充气，然后坐等一切事情顺利完成。弃船必须是一个有计划的、合理的行动。

在爱德掌舵后，鲍勃进入船舱，向休息的船员简要讲解了沉船时应该注意的事项。他冷静地解释了这一过程，并把相应的任务分配给每一位船员。一些人要负责把救生筏放到甲板上。另一些则要拿好逃生装备包（Ditch Bag），或者叫作应急袋（Panic Pack）。应急袋里有信号弹、紧急无线电示位标设备，以及其他逃生用的必要用品。他们还说起了水瓶、手电等其他物品。虽然谈论的是紧急逃生话题，这些人（尤其是鲍勃）都没有显露出一丝慌张。

"如果到了上救生筏的地步，那么整个过程必须十分有序地完成，这样才能保证不落下一个人。"鲍勃说。他强调指出，弃船的过程必须准确地按预定方案完成。如果有两三个人抢先跳进筏子，又被大浪冲走，其他的人就只能被落在下沉的船上了。

在向船舱中的船员讲明这一切后，鲍勃爬上甲板，把事情告诉爱德。爱德表示理解，并同意这样做：他们需要为任何可能发生的情况做好准备。在亚瑟掌舵、米克斯阻浪的时候，鲍勃又把这番话对他俩复述了一遍。

这一切令人感到不安。天气已经到了这份儿上，但事情还可能向更糟的方向发展。鲍勃说起救生筏的事情，就意味着他们正在陷入更大的麻烦。

现在的风速在65节左右，海浪不停地拍打着这艘船。呼啸穿过帆索的风让船员们几乎无法交流。但鲍勃贴着每个船员的耳朵向他们说了这番话，口气非常镇定。

"许多船都遇到麻烦了，"他解释道，"而且前面的情况比我们前面经历过的还要糟。"鲍勃不断重复有关应急袋、紧急无线电示位标设备、信号弹的操作指示，还有救生艇的位置，以及打开它们的方法。最后，他重申了弃船时最重要的守则："只能（在水里）从下往上爬进救生筏，不要（在船上）从上往下跳。"意思很明确：必须要等到"AFR午夜漫步者"号的确开始下沉时，再考虑上救生筏的事情。

鲍勃非常谨慎地想好了每一个步骤，米克斯则不禁对情况的严重程度担心起来。如果他们身边更大的船都沉了，一条35英尺长的船又有多大概率能避免这种厄运？想要击败这场风暴，团队精神、技术以及运气三者缺一不可。他们没法控制运气，但他们是拥有技术的水手，而且会以超常的凝聚力共同奋斗。

掌舵的亚瑟觉得海浪正面的宽度差不多要赶上一个橄榄球场那么大了。这些巨大的、陡峭的“水”壁，剥夺了“漫步者”号所有的优势，只给这艘小船留下了操控性这一点长处。亚瑟就驾着船在这些海浪间穿梭，要是他感觉左侧的情况不对劲，就开到右边去。

风在浪间波谷中会减弱，“漫步者”号可以获得海浪的保护。这时亚瑟可以松一口气，但也就是一口气而已。周围还都是巨大的噪声和飞溅的水花。只有在这时，船才稍微好控制一些，不过很快就又要被吸向另一股海浪了。

亚瑟可以感到船头在承受拉力，“漫步者”号会升到浪上。当到达顶端时，就是一阵猛烈的狂风，船就会猛地翘起来。他还不能去管打在脸上的雨点和水珠，因为这时就该考虑下一步的行动了。他必须找到穿过下一股浪的航线。

在这种情况下掌舵需要全神贯注。这样做非常累人。爱德开船的技术是最好的——这一点毋庸置疑——而且他会承担最多的工作。好在“AFR午夜漫步者”号上还有另外两人能够驾船，可以让他在紧张的工作中获得一些喘息的机会。他们有一套机制，可以保证甲板上的人手每小时就轮换一次。

在这种情况下，失误是不可避免的，但重要的是将失误最小化，并迅速恢复正常。“漫步者”号轮流掌舵的机制意味着，这样发生失误的次数要比一个人硬撑时少得多。而且在紧要关头，休息过后的人反应会更加迅速。

即便有这样一套轮班机制，“漫步者”号的船员也都达到了极限状态。船员们从那天上午11点开始就和天气搏斗。到了晚上7点，风力还在加剧。

亚瑟看着表想："情况更糟了。每一股浪都可以要人命，在这种状态下坚持8个小时太不容易了。"

就在努力搞明白自身处境的时候，一个念头从亚瑟的头脑中闪过。这和车祸不一样，车祸出了就是出了，完蛋了。如果能幸运地存活下来，可以说："太险了。"而目前这种情况好像永远不会结束，一直维持并且还会更糟。这真是一种骇人的、艰难的感受。

大约晚上8点，鲍勃换下了亚瑟。亚瑟和爱德都躺在船舱的铺位上，想要休息一下。"漫步者"号是一艘比赛用船，铺位窄小不舒服。爱德一直想，"这躺起来就和棺材一样。"他知道这种想法不吉利，但"棺材"这个词就是不肯从脑海中消失。两兄弟间的距离大约只有6英寸，脑袋几乎贴在一起。他们没法入睡，因为根本不可能睡着。他们只能身心俱疲地躺在铺位上。

亚瑟突然说起话来。"听。"他说道。爱德的第一反应是觉得有什么东西断了。他听到有东西碎掉了。在这种情况下，设备故障就意味着要出人命。爱德的大脑飞快地转了起来："噢，不，终于来了。"不过他大声说，"不，我什么也没听到。你在说什么？让我听什么？"

"爱德。"亚瑟说道。他的情绪非常激动，哽咽起来，都要哭了。"是鲍勃，"他说，"你能听到鲍勃就在驾驶位上。能听到他在讲话。"

爱德听着，听到鲍勃正在和甲板上的米克斯和乔诺讲话："风小了。"如开水壶般狂叫的风声消失了。几分钟前，哪怕是站在别人身边也听不见他说话。而现在就可以听到驾驶位上的人们在发号施令。正常的世界又回来了。

在半个小时的时间里，风速从80节降到了40节。虽然还属于大风级别，但这足以让亚瑟高兴起来。人们是能从大风中活下来的。他能再见到自己的家人了。不管用什么办法，他都要回家。"不管发生什么事情，"亚瑟想，"我都会再加一把劲，挺过前面这一关。我们要继续坚持。"

爱德也很激动。在明白过来他的兄弟所说的话之后，爱德哭了起来。亚瑟告诉爱德，他们已经从可怕的天气中活了过来。他们已经度过了这场恐怖风暴中最吓人的那部分。

两兄弟躺在一起，感到一阵解脱。两人间的这种关系是无须靠言语维系的。亚瑟只用轻轻一句“听”，就足以表达所有事情。当爱德明白过来亚瑟在说什么的时候，他也只是回应了一个词：“是的。”一切都无须多言。他们共同熬过了这场风暴，他们知道自己会活着回到陆地上，而且是两个人一起。

就在那一刻，比赛发生了戏剧性的转变。不过这还不算完，船员们尚未脱险。甲板下的一切物品都湿透了。海水溅得到处都是，电子设备都坏掉了。主GPS失效，移动GPS不工作了，无线电时断时续，而且没有任何导航设备。

桅杆上的风速计已经被刮掉了，他们只有一块固定在驾驶位上的罗盘。爱德想，这就像库克船长[①]初到澳大利亚一样。他们被困在巴斯海峡的时候就只有一块罗盘，完全靠直觉航行。

没有灯塔可以用来获得航行角度，也没法使用六分仪。即便已经老掉牙了，但六分仪是一种可靠的导航设备，不过它只能在可以看见星星的时候使用。目前的天气情况并不允许。

“漫步者”号尚未脱险，不过爱德对鲍勃有信心。他们曾一起完成过8次霍巴特帆船赛，爱德知道鲍勃天生就具有领航员的第六感。他信任鲍勃航位推测的能力——只用一个罗盘、一张海图和一支铅笔就能估计出他们的大体位置。

鲍勃标记出了他们未来14个小时的航线，包括向南的航线、估计的位置、速度和航差——由风和海浪造成的船只偏移距离。这张海图经过海水的浸泡，已经很难辨识了。不知道自己的确切位置是很可怕的。他们只知道自

① 首个驾船登陆澳大利亚东部的欧洲人。——译者注

己在巴斯海峡中某处。不过他们知道他们要往哪开，这样再加上鲍勃的导航技术和一个罗盘，或许这些就足够了。

原始的导航工作是没问题了，但是没有无线电就无法知道周围情况如何。他们不知道那些损毁船只上船员的命运。他们也不知道在“商业邮报水之精灵”号之后，还有其他船只也被大浪袭击了。得知其他船只遇难之后，他们心爱的人会更加担心。

下午 2 点规定通信的时候，“午夜特快”号距离“AFR午夜漫步者”号不到一海里（1.8 千米）。“午夜特快”号开得非常好——但是由于风力加大，以及有经验水手的建议，他们决定暂避风雨。计划是北上开向嘉博岛，距离那里只有 38 海里（70.4 千米）。

掉转船头看上去可能是最安全的选择，但“午夜特快”号一次次被大浪打中，不断被冲翻。船员们受了伤，不过这艘船似乎还挺得住。

大约是晚上 8 点——差不多就是“午夜漫步者”号上两兄弟“听”的那个时候——开始轮到彼得 · 卡特掌舵“午夜特快”号。卡特早些时候断了几根肋骨，不过还是回到了甲板上准备掌舵。就在这时候，一股大浪击中了船。

“午夜特快”号翻转了 360°，桅杆折断了。断掉的桅杆缠在了船上，不过船自己正了过来，一半的船身都进水了。打向“午夜特快”号的这股浪力道实在太大，敲垮了船舱壁，压弯了玻璃钢的甲板，打碎了左舷的所有窗户。原来船舱顶上主桅的位置出现了一个大洞。

肋骨断了的卡特开动了船底泵，其他船员帮着舀水。在大家的努力下，船员们成功排出了大部分的水，没让船沉下去或翻过去。

船员们一晚上漂流了 40 海里（74 千米）或 50 海里（93 千米），到了第二天早上，他们向一架搜救飞机发出了求救信号。在救援直升机赶到现场时，两名船员还在甲板上。卡特和另外 5 人在船舱中。又一股大浪袭来，把“午夜特快”号再次推翻，将卡特和他的同伴困在了这艘扣过来的船里。

一名船员想从颠倒过来的舱口潜水出去，但没有成功。他被困在了水面下，差点儿淹死。就在卡特几乎绝望的时候，一股浪把船正了过来。9 名船员最终全部获救。就在最后一名船员被飞机吊起来的时候，“午夜特快”号沉没了。

回头看悉尼，爱德的妻子苏正焦急地等着消息。她的丈夫、兄弟、姐夫都深陷险境，而新闻报道又非常吓人。当“午夜特快”号出事的报道播出时，家里的电话开始狂响。朋友们还以为是“午夜漫步者”号翻船了，纷纷打电话询问。这种压力几乎让人无法忍受。苏想着她的孩子，心里不停地重复着同一句话：“一定要成功。一定要成功，千万别出事。”

22
“莎扬娜拉”号——掉头

到了周日晚间，“莎扬娜拉”号已经远远超越“AFR午夜漫步者”号。这艘船开得非常快，除了比“漫步者”号长出48英尺之外，还在于埃里森拥有他能想到的所有高科技装备。“莎扬娜拉”号的船体由轻质的碳纤维板材组成。它的桅杆用碳材料制成，远比铝质材料轻，单这一项的成本就比两个“AFR午夜漫步者”号还要多。“莎扬娜拉”号就是为速度而生，它现在正在飞跃巴斯海峡。

和其他大型帆船一样，“莎扬娜拉”号也逃出了风暴最严重的海域。不过这艘船现在仍在经受风浪的冲击。在克里斯 · 迪克森的一次转向中，甲骨文公司的菲尔 · 凯利被冲倒在甲板上。他单脚着地，把腿摔断了。

在降下破损主帆的过程中，船员乔伊 · 艾伦手中的船帆连接件飞了出来，砸在了自己的脑袋上。这股冲击力太大，把他打得失去了知觉。还有一名船员，T · A · 麦凯恩，拇指被严重割伤，以至于他以为拇指已经掉了下来。

这一切都被埃里森看在眼里，船员们的不屈不挠以及精湛的技术给他留下了深刻印象。在帆整理好之后，两名接受过救护训练的船员把凯利搬到船舱中。他们剪开了他的靴子，给他打了一剂吗啡，再把他固定在铺位上。埃里森跟着走了过来，在凯利身边跪了下来，开始攀谈。

和“AFR午夜漫步者”号上的克里斯 · 洛克尔一样，凯利也不想让“莎扬娜拉”号因为自己的缘故退出比赛。他坚持说自己没事，而其他人应该继续开下去。埃里森同意了，但又提醒他（好像凯利会忘记一样）让比赛继续下去可是他自己的主意。

经历了整晚和一个早上的航程，“莎扬娜拉”号上不断有人受伤。调帆手鲍勃 · 维利在撞向绞盘时碰断了肋骨。外号“拖船”的首席工程师马克 · 特纳在检查材料脱层时扭伤了脚踝。船体上的高科技碳纤维层正在分离。“莎扬娜拉”号正在一点点地解体。

周一的天气比周日还要糟糕。浪头更陡峭了，埃里森和其他许多船员都晕船了。到了周一晚上，埃里森瘫倒在自己的铺位上，无法行动。24个小时粒米未进，埃里森赛前那趾高气扬的神态荡然无存。他已经下定了决心——这是最后一次参加霍巴特帆船赛。

晕船反应折磨了埃里森整个晚上，一直持续到周二。他呕吐得都脱水了。由于胃里什么东西都没有，每次呕吐都像感觉要把五脏六腑拉扯出喉咙。精疲力竭的埃里森想在铺上睡一会，但这简直是天方夜谭。在这种环境下，根本没法入睡。

还在甲板上的时候，埃里森曾看到过40~50英尺（12~15米）的大浪。而现在船员们正在议论更大的浪——浪头高过“莎扬娜拉”号105英尺（37.5米）高的桅杆。他们是否真的遭遇过这么大的浪已无从考证，毕竟他们远在“天气炸弹”的南边。这艘大船的速度是对抗风暴的利器，但浪头实在是太大了。

由于尺寸的关系，“莎扬娜拉”号不具备“AFR午夜漫步者”号那样的灵活性。这艘船的船头可能会深深扎在大浪的底部，再被直直地弹上浪头。埃里森感觉就像电梯从5层楼高的地方掉了下来——只不过这一过程每20秒就要重复一次。

埃里森待在船舱中的时候，其他船员还在甲板上与风暴苦苦搏斗，努力操控这艘船。晕船的拉克兰·默多克担心船会倾覆，但还是坚持在自己的岗位上。虽然处境危险，但他不愿在霍巴特帆船赛中败下阵来。恐惧与晕船固然是种困扰，不过他决心要尽最大努力做好自己分内的事情。为了保证积极的心态，他甚至会想暴雨的好处——至少可以冲掉防水装备上自己的呕吐物。

对埃里森来说，即便是躲在铺上熬过风暴也"非常不易"。每当"莎扬娜拉"号飞到空中时，他都会感到短暂的失重。在船降到海浪波谷中时，他也跟着砸在铺位上。

持续的颠簸不是没有后果。在某一刻，埃里森看到船员赞·德拉杰从船中向外泵水。埃里森说道："把这个说成有趣，我们真是太傻了。"德拉杰答道："以后你会骄傲地回顾这次比赛，总有一天你会再回到这里来。"埃里森什么也没说，但他知道自己并非如德拉杰所想。

周二清晨，外号"拖船"的特纳不停地在船体上敲来敲去，想要搞清楚"莎扬娜拉"号脱层的严重程度。毫无疑问，这艘船正在解体，特纳只是想搞清楚这种情况发生的速度会有多快。

比尔·厄克伦斯看到这名技工在船首附近的行为，开始警觉起来。他问特纳问题有多严重。答案很明确，非常严重。厄克伦斯找来克里斯·迪克森，向他解释了需要把速度降下来的原因。

迪克森并不同意。他们正航行在罗盘方位线上——这是一条到霍巴特距离最近的航线——他想要"莎扬娜拉"号第一个冲线。他们不知道"布瑞德贝拉"号在什么地方，他不想被乔治·斯诺的大船打败。

另一名船员向领航员马克 · 拉迪格表达了自己对脱层问题的担忧。拉迪格的态度和迪克森一样：他们得保持现在的航线前进。这是最近也是最快的路线。虽然拉迪格没有被说服，但他同意向迪克森和埃里森提出这个问题。

事实上，他们从没有谈起过此事。在铺位上的埃里森看着特纳用记号笔在船体内部标出红圈。当埃里森问为什么要这样做时，特纳告诉他，这是在给船头脱层的地方做标记。

埃里森不相信这种说法，而特纳就在那儿，平静地标记着“莎扬娜拉”号船头解体的位置。埃里森爬出铺位，跌跌撞撞地来到导航台，向拉迪格询问他们的位置，这位领航员如实告诉了他。

他们离塔斯马尼亚岛海岸还有大约75海里（139千米），而风不停地从西南刮来，打在右舷一侧，“莎扬娜拉”号正在困境中苦熬。不过拉迪格表示，按照现在的航线，他们可以直接冲向终点线。

埃里森受够了。他既晕船，又害怕，而且这场比赛已经与他没有关系了。他先前就曾撇清了自己与霍巴特帆船赛的关系，不再想证明自己了。对埃里森来说，唯一理智的行为就是改变航线，开向西面。如果他们可以受到塔斯马尼亚海岸的庇护，就可以躲开这些骇人的浪头——他确信这些海浪会置他于死地。

拉迪格不同意。他们不知道“布瑞德贝拉”号在哪儿。如果更改航线，“莎扬娜拉”号就有可能输掉比赛。埃里森不在乎。他生气了，何况他才是这条船的主人。“如果沉了就没法获胜，”埃里森说道，“赶紧掉头。”

埃里森的命令终结了这场辩论。“莎扬娜拉”号掉转船头，向西航行。新航线减轻了船承受的压力。不久后，天开始放晴，一切好像都好起来了。

他们已经熬过了风暴，最糟糕的情况已经结束了。对“莎扬娜拉”号上的船员，以及澳大利亚搜救队来说，这都是种福气。如果“莎扬娜拉”号像其他小船一样，被困在风暴中心，那么事情可能会糟糕得多。庞大的身形加上有限的机动性，这艘大船很可能会断成几截，把 20 多人扔在巴斯海峡中。

感觉良好的埃里森庆幸自己做出了这样的决定。他觉得自己不仅拯救了“莎扬娜拉”号，而且这个决定从战术上来说也是非常聪明的：“事实证明，掉转船头对比赛来说也是正确的。上帝在向我们微笑。”

无法知道如果“莎扬娜拉”号继续沿原航线航行会产生什么后果。不过埃里森行使了他的权利，而且相信自己做出了正确的选择。拉里 · 埃里森和上帝都很高兴。克里斯 · 迪克森和马克 · 拉迪格奉命行事。他们掉转了船头。

23
“AFR午夜漫步者”号——一马当先

周日晚上8点，“AFR午夜漫步者”号的船员可以在甲板上进行正常交流了，不用再喊破嗓子。此前地狱般的海况很快转变为现在的风平浪静，这简直令人难以置信。船员们一个接一个爬上甲板，想看看发生了什么事情。

“漫步者”号的船员打量着四周，头上是放晴的天空。这一切就像做梦一样。他们商量着脱下防水服，甚至开玩笑要换上短裤。不过人们很快明白过来，风暴眼中的情形才是这样。随着风暴另一边的滚滚乌云渐渐逼来，他们明白过来，自己不过是才挺过一半风浪，待在避难所中的时间不会太长了。

很快，他们又返回到与风浪搏斗的状态中，不过这一轮风暴不像此前那样猛烈。风速已经降到了45节，海浪现在只有5层楼高。但是船员们还处在幸存模式中。

多数船员还在晕船、呕吐。根本不用想进食的事情。由于眼睛一直受到浪花的冲击，视线变得模糊起来。尽管有诸多不利，人们还是感到一丝解脱。

由于风速降低，风暴逐渐平息，现在的情况依然吓人，但已经可以算是正常了。

午夜时分，“AFR午夜漫步者”号在一片漆黑中航行。除了驾驶位前端固定的罗盘，他们没有任何导航设备。米克斯和克里斯轮流盯着微弱的罗盘灯光，把航向汇报给掌舵的爱德。

周一凌晨2点，还是没法确定船只的具体位置。由于担心船可能被刮得太靠东边，没有获胜的机会，爱德和亚瑟评估了一下现在的情况。这番讨论在黑暗中进行，但得出了一个清晰的结论：他们真的度过了最糟糕的阶段。这艘船现在的状态依然良好，是时候换挡加速了——从幸存模式转换到比赛模式。

这种转换非常自然。戈登认为他们真的摆脱了风暴，大家现在都需要把注意力放在别的事情上，任何事情都可以，分散一下注意力。他们开得越快，就能越早到达霍巴特。这一次，到达霍巴特的意义不再只是“喝点小酒”，而是他们共同克服了困难，击败了风暴。

船员们又进入了比赛状态，开始谈论更多可能。他们把主帆升起了一些，“漫步者”号加快了速度。到凌晨3点，他们开到了巴斯海峡中间，而且开得很好。似乎一切都顺利起来，就在这时他们听到了其他船只的消息。船员们很难接受这样的报告：船只桅杆折断、倾覆、船员落水。获悉自己周围就有人丧命，这种感觉太沉重了。

在看到第一缕曙光的时候，他们明白风暴真正平息了。太阳升了起来，周围的景色在阳光的照耀下显得格外壮丽。对亚瑟来说，明亮的日光是不可否认的证据，他们真的从风暴中幸存了下来——他们可以活下去了。

到了中午，天气已经明显好转，主帆可以升起来了。他们正在以最快的速度航行。作为庆祝，船员们狼吞虎咽地吃着爱德和亚瑟的母亲玛格丽特烹制的希腊肉丸。这帮人在30个小时后第一次吃了东西。

享用了美味之后，事情变得越来越顺利了。鲍勃终于修好了手持GPS，确定了他们的位置。在航行了200海里（370千米）后，"AFR午夜漫步者"号的实际位置仅比鲍勃预估的地点差了几海里。仅凭一块罗盘加上航位推测的技术，鲍勃就做出了准确的计算。就算库克船长本人复活，也不过如此。

"漫步者"号的船员都兴奋起来。他们比预计中的还要靠西，差不多就开在直接到达霍巴特的罗盘方位线上。考虑到其他船只的情况，"漫步者"号真的处在一个赢得比赛的位置上。他们的方案或许可以奏效。

早些时候，爱德和鲍勃决定要迎着风冲上浪头，而不是避开风开向新西兰方向。往西开意味着要牺牲掉东澳大利亚暖流带来的速度优势，不过却可以换回另外两项好处。

首先，仅考虑海浪的方向，这是个正确的选择。顺着浪开会增加被浪头从侧面袭击的危险，这样就有可能翻船。所以他们要尽可能径直地冲着浪头前进。这个决定并不是从比赛的角度出发做出的，而是一种保证幸存下来的策略。如果有其他方式可以增加他们存活下来的机会（即便调头向北）他们也会照做。

其次，这种等级的狂风有一个共同的模式。在北半球，飓风会以逆时针方向旋转，而在南半球，飓风是顺时针旋转的。只有在风暴螺旋方向和风暴移动方向一致时，风速才会达到最高。在南半球，这个位置会出现在风暴前进方向的左半圈中——整个风暴最危险的部分。

鲍勃知道船员们应该如何行动才能尽快穿过风暴。风暴向东南移动，所以他们必须尽可能往西开，而且要用最快的速度往西开。"午夜漫步者"号冲着浪尖航行，并尽可能地迎着风前进。

虽然这是一个出于生存考虑做出的决定，但也让他们尽可能地靠近了罗盘方位线。这个做法增加了他们的胜算，不过获胜还要看其他船只的情况。

到了周一下午2点规定通信的时候，"漫步者"号已经到达了塔斯马尼亚北部海岸。鲍勃拿到了所有他能拿到的比赛船只的确切位置，无论是还在行驶的还是停下不动的。从这些船的坐标看，很明显整个船队都向东朝着新西兰航行，顺着大风前进。结果就是，它们在风暴中待的时间更长——有些船处于风暴中的时间甚至达到了36个小时——而且它们已经被风刮得偏离了罗盘方位线。

鲍勃意识到，经过整夜的航行，“漫步者”号已经大幅领先其他竞争者。这不仅是因为“漫步者”号打败了风暴，而且他们的策略在把风险最小化的同时，也非常适合比赛。

向东航行的船队中有很多更大、更有优势的船只。“褴褛猫”号(Ragamuffin)、“探索”号、和“澳大利亚少女”号都是世界级一流的对手。“褴褛猫”号在全球帆船航海圈子中都非常有名。这些都是非常优秀的船只，“漫步者”号击败了它们。

这些更大的船更靠近南边，但同时也离海岸更远。要想回到塔斯马尼亚岛的岸边，他们必须掉头，顶风摇摆航行。这样到达霍巴特就需要航行更远距离，会耗费大量时间。

这是一件令人激动的事情。在听完规定通信后，鲍勃确定他们真的有机会赢得比赛。最后，他发觉他们在让分成绩表中获得了领先——这个成绩排名将决定到底那艘船可以获得塔特萨尔杯。“AFR午夜漫步者”号有很大概率赢得这次比赛。这个消息真是振奋人心。

鲍勃三两步跑到甲板上，和同伴分享这个好消息。他心里一直想着：“现在可不能搞砸了。”鲍勃望着主帆想：“只要船不散架，我们就能获胜。”鲍勃的情绪比他在风暴最厉害的时候还激动，爱德听到他在大声喊：“我们要赢了！别把船开散架就行！缩帆！”

所有人的心情都为之一振。之前20个小时的心神不定一扫而空。他们现在一马当先，所有的心血都没白费。他们比那些从风暴中幸存下来的大船做得更好；那些船只是在原地打转。"漫步者"号船员的心情激动不已，他们正驶向终点，只剩160海里（296千米）了。

沿着塔斯马尼亚岛海岸向南航行的过程可以一笔带过。由于风暴的原因，"漫步者"号上的人都极度疲劳，不过他们还是集中精力保证自己的领先位置。风从身后吹过来，他们升起了球形帆——这面帆从比赛第一天后就没再用过。在保证"不把船开散架"的前提下，他们使劲儿把船开到极限。

他们一个右转弯，开进了风暴湾。这就是4年前"纳祖拉"号用一面临时拼凑的帆坚持到最后的地方。在临近终点线的最后冲刺中，风迎面刮来，"漫步者"号以"Z字形"的方式驶进了德文特河。他们就要品尝到胜利的滋味了，要做的只是开完最后一点距离，进入霍巴特港。

船员们的体力和精力都达到了极限。每个人都很疲劳、昏昏欲睡、寒冷、浑身湿透、饥肠辘辘。风开始变得"不稳定"起来，他们遇到了退潮，把船使劲推向错误的方向。

"漫步者"号船员奋力逆流而上。他们知道自己还剩多长时间就会和总冠军失之交臂。时间已经不多了。

细想起来，除了手持GPS之外，他们没有其他导航仪器，船舱中的东西都湿透了，鲍勃没法把海图放在导航桌上。他本应该把导航桌扔掉，但他实在太累了——而且精力都放在海图上——只好直接把海图放在舱内潮湿的地板上。

鲍勃竭尽全力想要找到霍巴特港中巴特里角的地标。他和爱德进行了一番无聊的谈话，有点像唱独角戏。最后两人都同意，巴特里角到底在哪儿并不重要。他们知道终点线的位置，这才是最重要的。

风渐渐停了，但能否取胜的压力却在增加。微风时隐时现，一会有20节，一会悄无声息。一会又有20节，然后再消失得无影无踪。

时断时续的风还在不停改变方向。要是电子设备还在，他们多少也可以了解一下风的具体情况。乔诺又想出了一个临时救急的办法：他们拆开了一盘录音卡带，把一卷磁带系在了索具上。这款指示器算不上完美，但现在至少有办法估计风向了。

爱德要抓狂了。每次风向改变，他都会要求换一次船帆。他们必须利用每一丝微风中的动力。这真令人恼火，爱德想："在经历了所有这些之后，居然还有可能会因为缺少风而输掉比赛！"

从理论上看，爱德换帆的策略是正确的。但实际上，等新帆升起来的时候，风向就已经改变了。在极度疲劳的情况下，换帆根本不划算。

船头的乔诺对换帆工作表示很无奈。他冲爱德扮了个鬼脸说道："你看，老兄。差不多就行了。要是再想换帆，你就自己来吧。"他们彼此之间经常开这种玩笑，不过这次乔诺还是有些认真的。

爱德不喜欢别人说他错了，但他也意识到自己太想赢得比赛了，以至于忽略了现实情况。帆换得太勤了，而且这样做并没有效果。这是在白白浪费船员的体力。

紧张的氛围达到了顶点。看着船上的人唇枪舌剑，戈登拾起了船上仅有的一支绞盘把手。把手是绞盘上的一个重要部件，没有它几乎就不可能调整船帆。比赛开始的时候，他们带了好几个把手，但除了这把之外，其他的都掉进了海里。上一支把手被身为钳工的米克斯搞丢了，钳工的工作主要就是摇绞盘。

戈登穿过驾驶位盯着米克斯。他拿出最后一支绞盘把手，用一种既严肃又不在意的口吻说道："把这个扔下海，好不好？米克斯。"

大家都笑了起来。这显然是米克斯最不可能做的事情了。要是这样，他们就得用手指来转动绞盘了——很明显根本做不到。笑星戈登打破了紧张的气氛。他们差不多能看到终点线了，要一起努力到达那里。

24
“莎扬娜拉”号——千年之后

周二上午8点3分，在“AFR午夜漫步者”号沿岸南下的时候，拉里·埃里森和他的“美国大船”就穿过了霍巴特港中的终点线。这并不是埃里森期盼中的胜利。

“莎扬娜拉”号是第一个撞线的，领先第二名“布瑞德贝拉”号大概3个小时。码头上有数百人围观等待，埃里森赢得冲线冠军的目标如愿以偿。但和往届的庆祝仪式不同，霍巴特港中的氛围有些异样。

在埃里森穿过终点线时，迎接他的是一名风笛手奏出的悲伤的曲子。忧郁的调子让本来低沉的气氛更加黯淡。为了缅怀6名丧生的海员，澳大利亚国旗缓缓降半旗，传统的欢迎焰火表演也被取消。

媒体急不可耐地想听埃里森说话，激动的埃里森也想要发言。他的评述让人声泪俱下。在赞扬了船员们杰出的表现后，他接下来说的话把自己的名字永远留在了悉尼至霍巴特帆船赛的历史上：

> 我再也不来了。哪怕活到1 000岁也不来了。比赛不应该是这样。赛程艰难是可以接受的。但危险，不行。危及生命——绝对不行。

埃里森继续描述比赛中“噩梦般”的情景，并为搜救人员和仍然在水中的人祈祷。他还借掉转船头的决定夸奖自己，对媒体说：“幸好我们得到了塔斯马尼亚岛的庇护，不然我不知道这艘船是否能坚持下来。”

拉克兰·默多克，尽管饱受晕船反应困扰，又以业余身份出赛，他还是硬挺着，差不多值满了自己的班。他也认为，这次经历就像看了一场灾难片。但他坚定地表示会继续参赛。这次比赛只是增加了准备工作以及老练海员参与的重要性。

在“布瑞德贝拉”号抵达终点时，这些船员对风暴的看法与埃里森的观点形成了鲜明对比。在乔治·斯诺被问及对埃里森发誓1 000年后也不再参加霍巴特比赛的观点有什么看法时，斯诺简单地说了一句：“那是他的想法。”

“野小子”号的船员斯科特·吉尔伯特的表达更为生动：

> 我最不喜欢的地方是，有人到了霍巴特，还说：“这是我参加过的最糟糕的比赛，我再也不来了。”这个人应该被痛扁一顿……不管他怎么想，也轮不到他说这个比赛不好……也用不着说他不想再参加比赛。

吉尔伯特并不代表所有人，不过有不少老选手赞同他的观点。在这番明确的表态后，对许多澳大利亚海员来说，埃里森不再是什么受欢迎的人物了。

不过这不要紧。踏出“莎杨娜拉”号还不到一小时，埃里森就已经登上了飞往安提瓜岛（Antigua）的私人飞机。那里有他250英尺（76米）长的动力游艇 “武士刀”号。这艘船有跃层的船舱、电影巨幕、篮球场以及环形玻璃露台。埃里森受够了悉尼至霍巴特帆船赛，需要放松一下。

他的飞速告别更加惹恼了那些还在霍巴特港中回顾比赛、等待搜救结果的人们。杰夫·克罗普利,"布瑞德贝拉"号的非官方发言人,称赞了"莎扬娜拉"号上的专业选手在比赛中的出色表现,但让他不能理解的是:

> 专业选手怎么能飞过来,开到霍巴特,抓起行李,踏上下一班飞机就走了,而不逗留一阵吃顿饭,或者喝上几杯回顾一下比赛……在"布瑞德贝拉"号上,我们都是兄弟,一群优秀的海员。我们都尽自己所能,玩得很尽兴。

克罗普利的话说明了一个现实,即在整个帆船圈子中,还存在着各种风格迥异的小圈子。一个是明星的世界,里面都是富有的水手,可以雇用专业赛手驾驶自己昂贵的船只。另一个则是有天分的爱好者,这些人只是想和朋友体验挑战,度过一段快乐的时光。

没什么能阻挠一个有钱的水手来到爱好者的世界中。不过,同朋友并肩航行和雇用明星并用金钱保证他们的忠诚完全不是一回事。两个世界在悉尼至霍巴特帆船赛中走到了一起。

在1998年的比赛之后,世人都相信埃里森不会再参加今后的霍巴特帆船赛。人们也都认为他是被这次经历吓坏了。在《软件战争》(*Softwar*)一书中——这本书"悉心描绘"了埃里森这个人——马修·西蒙兹(Matthew Symonds)写道:"因为此次经历,埃里森蒙上了心理阴影,而且发誓再也不参加这个比赛了。"

对一本传记来说,这本书有一个非同寻常的安排,拉里·埃里森有机会对书中的内容进行评论,并驳斥他认为失真的地方。在他的反驳里,埃里森坚持说自己"没有因为比赛'蒙上阴影'"。当时他没有在铺位忙着睡觉,埃里森写道,他是在"拼搏模式中忙碌地工作"。按照埃里森的说法,他根本没有时间去想吓坏了这回事。

至于他那千年以后的说法，埃里森承认自己是发表过这样一则声明，不过紧跟着又回忆起下面的内容：

> 我记得我说过："不，我活到 1 000 岁也不来了。"然后我想了一会儿又说，"等等，等一下，如果活到 1 000 岁，我就回来……把这句记下来，从现在起 1 000 年之后，我们会回来的。"

他也许这样说过，或许他想要这样说。不过在 1998 年之后，埃里森的帆船生涯仅限于美洲杯比赛中。在美洲杯赛中，"你只用出去几个小时，绕着浮标开，然后就回来吃海鲜和意大利面"。整个过程"非常文明"。

25
加油，“漫步者”号！

比尔·普萨提斯和他的妻子玛格丽特知道风暴要来临了。不过多年的经验让比尔知道，风暴就是这样，来了又走。这就是帆船运动。“午夜漫步者”号会没事的。当听说有船遇到麻烦时，老两口还是担心自己的两个孩子。在知道“温斯顿·丘吉尔”号沉没后，一切都变了。

比尔认为吉姆·劳勒是全球最好的水手之一。他俩也是非常要好的朋友。他俩前一年共同完成了爱琴海帆船赛（Aegean Rally）。如果吉姆请求比尔加入“温斯顿·丘吉尔”号的队伍，他绝不会犹豫的。

这样一艘非常适合航海的船，配备了出色的船员还会沉没，这个消息非常令人震惊。比尔开始想：“好吧，或许这个老家伙错了。或许这些搭载新技术的新船和这些老家伙一样，都不行了。”比尔对自己在帆船运动上的信心突然间发生了动摇。

当情况进一步恶化后——船只陷入困境，有船员落水——普萨提斯两口子更睡不踏实了。比尔想像往常一样安慰玛格丽特，让她认为爱德和亚瑟不会有事。但他自己知道，事实上，这次的比赛和以往任何一届都不一样——从1945 年第一届比赛开始，从未发生过这种情况。

这可不好，玛格丽特知道比尔非常担心。他俩的神经都绷紧了，不知道还能不能见到自己的两个儿子。一想到他们的孙子孙女，两人更担心了。

广播中突然传来消息，说“AFR 午夜漫步者”号比船队中其他船只航行得更靠西边。两个儿子做了比尔希望做的事。那艘船正沿着塔斯马尼亚海岸南下。“漫步者”号的船员挺过了风暴，正在奋力航行。

苏 · 普萨提斯打开赛起就和比尔以及玛格丽特保持着密切的联系。当风暴袭来时，老两口催促她赶紧去霍巴特，要是一切顺利，就去迎接“午夜漫步者”号。他俩自愿照看起了孩子，苏订好了机票。在 12 月 29 日周二，她就飞到了塔斯马尼亚。

苏在宪法码头（Constitution Dock）旁边的酒店订了一间房，这个码头是小船在完成比赛后停靠的地方。准备妥当后，她立刻跑向码头，希望听到一些消息。任何关于海上情况的信息，哪怕只有一条，她都不会放过。

在挤过人群后，苏遇到了一位刚从大船上下来的海员。他对小船的情况一无所知。苏很吃惊，因为这个人甚至不知道他船上其他人的名字。他搭飞机来参加这场比赛，马上又要飞走参加另一场比赛了。

苏打电话给塔斯马尼亚游艇俱乐部。他们告诉她：“AFR 午夜漫步者”号不仅安然无恙，而且总分排在船队第一。在经历这一切后，得知他们有望获得冠军实在是太令人激动了。这里也夹杂着一些别样的感受。毕竟有人在比赛中丧命。她十分骄傲，不过面对悲剧，苏也表现出了尊敬和克制。

12 月 30 日周三早上 5 点前，“漫步者”号的船员开始意识到他们真的会赢得比赛。离终点还有 2 海里（3.7 千米）时，亚瑟终于相信他们成功了。他对所有人大声说：“我觉得休伊会让我们成功。”

爱德向来不相信休伊。这个喜怒无常的天气之神，给他们带来过好运，也带来过霉运。在过去几天中，他对船员们进行了严苛的考验，即使是在船员们到达德文特时也未改变自己易变的性情。

虽然这番经历非常折磨人，但他们坚持了下来。现在船员们可以望见终点线了。亚瑟看着他的兄弟说：“你知道的，爱德，我们的父亲参加了这个比赛好多年，我们也尝试了好几年。我觉得我们的愿望要实现了。我们要成功了。”亚瑟就要哭出来了。这是一项巨大的成就，知道自己能活着真是一种解脱。

在亚瑟激动不已的时候，爱德却非常安静。他还在开着船。爱德的沉默让亚瑟感到一丝吃惊，于是他开始整理起船帆来。大概 45 秒之后，亚瑟感到一只大手拍在了自己的肩膀上。他转过头去，看到了爱德。一切言语都在这一拍中了。

爱德陷入了沉思：“就要成功了。我们就要成功了，这件事情我们的父亲尝试了 18 次都没有成功。我们这样做不是为了他，但应该为他的教导感到骄傲。他教会我们如何航海。现在我们可以以自己的方式，用胜利的荣耀报答他了。”

“AFR 午夜漫步者”号在早上 5 点 4 分冲过了终点线。没有苏格兰风笛手，录音机也没像往常那样播放“午夜漫步者”号的磁带。由于悲剧的发生，滚石乐队默不作声。

10 年来有不少船赢得过塔特萨尔杯，但“漫步者”号是其中最小的一艘船。它还是第 10 个冲过终点线的，和那些大得多的船非常接近。

在船员们降下船帆时，他们看见许多大帆船泊在河畔。由于这些船的身形过大，他们没法停在宪法码头里，那里是小船的地盘。

当看到“漫步者”号时，大船上的水手们纷纷站了起来。鲍勃很吃惊。他没想到大船上的人知道他们还活着，而且注意到了这条小船。人群的举动还不止这些。大船上的船员来到船头，开始鼓掌。掌声久久不息。

大船上的人向“漫步者”号船员挥手，喊道：“和我们停在一起！”鲍勃想，自己这艘35英尺（10米）长的船和他们那些80英尺（24米长）的船停在一起，看起来一定很有意思。但是比尔·普萨提斯的传统是将船停在宪法码头里，“漫步者”号决定尊重传统。

除了长时间的鼓掌致敬外，更大的惊喜还在酝酿之中。苏在“漫步者”号撞线后10分钟左右得知了这一消息。在这艘船开向下锚位时，她就在码头边上翘首以待。

太阳还没完全升起来，天色还是昏暗的。雀跃的苏喊道：“加油，漫步者号！加油，漫步者号！”爱德盯着暗处，想要看清楚谁在大喊大叫。困惑的他转向他的兄弟问道：“那边是谁？”

亚瑟乐着回过头来说：“爱德，你最好想想要对那个女人说些什么，那是你妻子。”爱德又仔细看了看，发现的确是苏·普萨提斯。这真是皆大欢喜的结局。他的妻子就在霍巴特为他庆祝，旁边还有一箱卡斯科特啤酒——他们的最爱。

船员们还处在昏昏沉沉的状态中。队员们在德文特河上发生过争执，由此产生的紧张气氛还未彻底消除。但苏的庆祝最终消除了不快，每个人都笑了起来。在靠岸时，她跳到船上，拥抱了每一个人。她抱住爱德，吻了他一下。然后又走到她哥哥乔诺前面，给了他一个吻——紧接着给了他肚子一拳。

人们都在庆祝，亚瑟递给爱德一部手机说：“嘿，爸爸想和你说话，快，跟爸爸讲两句。”爱德接过手机，吃惊地听到他的父亲正在啜泣。爱德听到自己的父亲在电话另一端哭了，他这辈子都没遇到过这种事。

在比尔·普萨提斯看来，他那个年代的男人是不会哭的。他也总教导爱德，告诉他哭泣是软弱的表现。现在对爱德来说，听到父亲这么激动实在是太古怪了。比尔哭着说：“感谢上帝，你俩都活下来了。你们从风暴中幸存了下来，你们都安全了。感谢上帝，感谢上帝。知道你成功了，我非常高兴，爱德。”

爱德想说：“爸爸，冷静些，没事了。”但在这些话说出口前，他的父亲又说道：“你真的赢了这场该死的比赛，这场我们努力了多年的比赛。”听到父亲这样说爱德非常激动，而且父亲的言语中充满自豪，还带着一丝解脱。

比尔紧接着说道：“记者一会儿会采访你，你得知道吉姆·劳勒已经去世了。有人失踪，再也找不到了。务必要保证谦卑的态度。在谈论比赛时一定要记住这一点。”

这番谈话是真情流露——自己的儿子活过了这场致命的风暴，并赢得了比赛，比尔非常自豪。而失去了一位挚友又让人感到痛心。爱德和比尔永远不会忘记这次谈话。

这是非同寻常的一刻。“漫步者”号的船员排除万难，赢得了比赛。不过因为有人丧生，他们不能得意扬扬，也不能因为自己的成就流露出骄傲的神情。他们是很自豪，但鉴于过去数天中发生的悲剧，船员们非常安静。

对媒体来说，这艘小船取得的成就怎么能比得上灾难的吸引力。“AFR 午夜漫步者”号赢得比赛这件事根本无足轻重。他们那艘小船就孤零零地靠在宪法码头上——这个码头在往年会挤进数十艘船只——没人注意。媒体关注的是死亡与破坏，对“漫步者”号船员的胜利与团队精神没有兴趣。

媒体或许并不关心，但在霍巴特还是有人知道“漫步者”号取得的是怎样一番成就。在巴特里角外的“造船工之臂”酒吧中，很多人都明白这是怎么一回事。

爱德在 18 岁首次参赛后就去过“造船工之臂”。所有的名人都会在那喝一杯——在爱德看来，他们都是霍巴特帆船赛的英雄。他在每一场比赛后都会遵循这个习俗，今晚也不例外。

“漫步者”号上的所有人都走到一起，准备喝上一杯。因为有人去世，他们不免有些悲伤。不过他们心里还都是高兴的。他们赢得了比赛，这是一项巨大的成就。

船员们走进酒吧时，长条桌子旁边的人都望向他们。当看到穿着“午夜漫步者”的衬衫时，罗杰·希克曼，这位对手兼好友开始喝彩。很快酒吧中所有的人都起立拍手。这是他们遇到的第二次鼓掌致敬，不过这次鼓掌的人们都是爱德眼中的英雄，这对船员们有很重要的意义。那些参加了多年比赛的人——甚至还有那些在他孩提时代就参赛的人——都在为他们鼓掌。

看到爱德、自己的哥哥，还有所有“漫步者”号船员得到认可，苏觉得这一刻非常美妙。她回忆道：“人们知道他们赢了。这是一种致敬，他们得意极了。”

“漫步者”号的船员永远不会忘记这一刻。对爱德来说，他所敬佩的水手为他起立，并对他说“老兄，你们成功了”，这种感觉要比获得任何梦寐以求的奖杯都要好。

26
风暴过后

6 名海员在比赛中丧生。在“商业邮报水之精灵”号上，布鲁斯 · 盖伊死于心脏病，菲利普 · 斯盖格兹被自己的装备缠住，在船倾覆时溺毙了。在“猎户之剑”号上，格林 · 查尔斯被冲下海，安全带断掉，消失在大海中。“温斯顿 · 丘吉尔”号上的约翰 · 迪恩、吉姆 · 劳勒以及迈克尔 · 班尼斯特 3 人，由于所乘的救生筏被大浪击中，被卷到大海中淹死了。

元旦的时候，霍巴特举行了一场追悼会，纪念逝去的 6 人。2 000 多人参加了追悼会，4 架飞机以“失踪者队形”飞过头顶。[①]6 名船员的亲属与好友在仪式上致辞。6 个花环被放在港内海面上，每个花环都由一组白色雏菊配一枝红玫瑰组成。

理查德 · 温宁，这位曾冒着生命危险拯救队员的“温斯顿 · 丘吉尔”号船长念道：“这些人为自己热爱的事业而献身，愿他们的亲人在得知这一

---

① 4 架飞机以“V”字形编队飞行。两架长机在前，两架僚机在后。当飞抵仪式场地时，其中一架长机突然拉升出列，剩余的 3 架则维持队形继续前进，以示纪念。——译者注

点后能感到些许安慰。”

游艇俱乐部主席雨果·范·克雷奇玛也发表了讲话：“我们会记挂着你们，永不忘怀。我们会从你们逝去的悲剧中汲取经验。愿和风轻浪永伴你们现在的航行。愿你们在夜间永远无须缩帆、换帆。愿你们的铺位永远温暖干爽。”

对这样的悲剧来说，悼念仪式之后还会有更多的哀悼活动，自然也会有针对这次比赛的质疑。澳大利亚游艇俱乐部展开了内部调查，并在6个月后发布了一份180页的报告，并给出了安全改善建议。

报告指出，在这次风暴中发生的多起事件，“并不是由单一的原因引起的”。在承认没有单独一种方法可以提高比赛的安全性后，报告给出了一系列的改进建议。调查员称，把这些改进建议综合在一起，就可以对赛事的安全情况产生巨大的影响。

澳大利亚游艇俱乐部提出的改进建议包括一些具体的措施，例如当风速超过40节时，必须做强制性的汇报（即“猎户之剑号协议”）；强制性携带的安全装备要包括紧急无线电示位标设备和个人用急救闪光灯；有经验的船员数量需要增加；每支队伍至少要派30%的船员参加赛前的天气、安全以及搜救吹风会，并做强制性要求。

虽然1998年的比赛是一场悲剧，但澳大利亚游艇俱乐部的报告得出的结论是，桅杆折断与倾覆都是由特大浪头引起的。这种“恶狗浪”是否会打在某条船上，完全是“由概率决定的”。

新南威尔士州法院的验尸官约翰·阿伯内西（John Abernethy）进行了第二次调查。由于丧生船员中有5人并非死于自然原因，所以需要法院法官参与调查。而且，在阿伯内西看来，一起涉及5名或更多人丧生的事故应该被视作一场“灾难”。就这样，1998年的悉尼至霍巴特帆船赛就成了一场需要进行更多调查的赛事。

这次调查最终得出了一份长达350多页的文件，其中包含证据和各种发现。这还不包括数百页的附录。在表示“后见之明是了解事态的最好方式”之后，这份验尸报告对赛事安保工作提出了大量的建议。

阿伯内西知道推行这些措施将会需要更多人工和资金。例如，其中的一项措施就是要求至少半数队员每3年都要进行一次安全和逃生方面的培训。阿伯内西以“温斯顿·丘吉尔”号幸存者为例解释道：“事实无须争辩，训练有素的队伍幸存的可能要大于那些未经训练的人。”

在听过两位专业人士的目击证词后，阿伯内西得出结论，巴斯康赛前报告的嵌缝材料缺失，不是“温斯顿·丘吉尔”号沉没的原因。大浪冲击带来的破坏太严重，才导致了沉船发生。少量填料松掉无法左右“丘吉尔”号的命运。

但调查的确揭示了筛选合格船只过程中存在的一些问题。举例来说，“商业邮报水之精灵”号的回正能力极限（LPS）不够。这个指标被用来衡量船只倾斜后还可以回正的能力。

比赛的最低要求是115°，对那些较老的船只来说是110°。“商业邮报水之精灵”号的回正能力极限是104.7°，照此本应该将其排除在比赛之外。不过没人知道这样做能否改变这艘船的结局。有不少符合标准的船只被这场风暴的大浪击中后，也沉没了。

这位验尸官还深入调查了气象局和赛事管理团队（RMT）之间的沟通情况。报告特别指出，赛事管理团队对天气预报内容的严重程度认识不足——特别是有关风速和浪高的预测。

阿伯内西严厉批评了赛事组织过程中存在的一些问题。但在调查报告最后，他认可了澳大利亚游艇俱乐部对1999年比赛做出的重大改进，这些改进都基于游艇俱乐部自己的报告。事实上，俱乐部建议的许多改进都写进了这位验尸官的报告中。其中一条就是，气象局工作人员在整个比赛过程中，应该更积极地参与到赛事管理团队的工作中去。

报纸和杂志记者也有了发挥自己特长的机会，他们的调查与官方的调查同时展开。为了寻找替罪羊，媒体把目标对准了任何可能与这 6 人死亡有关的人。

救援行动耗资巨大，赛手命悬一线，但比赛本身的吸引力似乎比死亡人数和救援成本更大。今年年末澳大利亚罕有值得报道的新闻事件，但在 1998 年，记者们有充足的素材写出生动震撼的报道。就像新闻人自己说的“有伤亡才有眼球”。对那些想要找到反派角色的人来说，当时的事故真是目标众多，写作条件非常理想。

尖酸的文字写满版面，“大风刮来之时，船长们正好暴露在甲板上”，“他们为自己的轻率付出了代价”。虽然船员不是唯一一群被指责的人，但还是有批评写道：“归根到底，出发还是不出发，是他们自己做的决定。”

因为许多船员在开赛前并没有收到狂风警报，以为只是普通的“强南风”。在他们看来，这些报道非常奇怪。这场比赛的目标最终变成在风暴中幸存下来。“你可以停止比赛，但不能停止风暴”，这才是船员们的观点。

对“漫步者”号上的人来说，所有这些争论与不屑都非常奇怪。他们做出了很多决定，当时的每一个决定在他们看来都是合理的。他们凭借勇气，镇定地面对了狂暴的大自然。“AFR 午夜漫步者”号上没有牛仔、奇才或明星。

“漫步者”号船员对这场风暴的观点，与大众和媒体中的评论员截然不同。在爱德 · 普萨提斯看来，“到最后，需要被责怪的只有风暴。风暴可大可小，不过最后还是大风暴——但离岸帆船赛就是这样”。

围绕 1998 年悉尼至霍巴特帆船赛有这么多的争论、分析和调查，以至于这艘10年来赢得塔特萨尔杯的最小号船只被大多数人忽视了。很多报道文章写道"'莎杨娜拉'号赢得了比赛"就满意了，根本没提"AFR午夜漫步者"号获得赛事总冠军，捧走塔特萨尔杯的事情。

虽然"漫步者"号的胜利被掩盖了，但他们的事迹非常适合理解危机下的合作。而且他们在1998年后依然续写着自己的故事。

拉里 · 埃里森断言，哪怕活到1 000岁也不会再参加霍巴特帆船赛。但对"漫步者"号上的船员来说，继续参加这项运动是一种必然。自1998年之后，"AFR午夜漫步者"号每年都会参加悉尼至霍巴特帆船赛，很多老船员留了下来。

对帆船运动的热情，让船员们留了下来。爱德 · 普萨提斯是这样看的："在我眼中，悉尼至霍巴特帆船赛是一个保留冒险精神的机会——'来试一试'，这是普通澳大利亚人的心态。我肯定会继续比赛。这是我生活的一部分，而且我还打算再次获胜。"

27
远洋，短程——“漫步者”号的连胜纪录

在赢得1998年的悉尼至霍巴特帆船赛之后，“漫步者”号船员继续在艰苦的比赛中击败了诸多实力强大的对手。他们的胜利不只出现在单场比赛中，也出现在那些需要在一系列比赛中连续取得出色成绩的大型赛事上。

在把塔特萨尔奖杯捧回家的第二年，“漫步者”号的船员选择挑战另一项艰难的赛事：豪勋爵岛帆船赛。与悉尼至霍巴特帆船赛一样，豪勋爵岛帆船赛也是第1类别的比赛，需要船队离岸航行。豪勋爵岛在悉尼东北450海里（833千米）处，而且在天气变坏的情况下，一路上完全没有任何可遮风避雨的地方。豪勋爵岛帆船赛为期三天半，和霍巴特帆船赛一样艰难。

1999年豪勋爵岛帆船赛的天气情况就像是1998年霍巴特帆船赛的翻版。船队被另一股澳大利亚东海岸低气压袭击，遇上了45节的烈风。“AFR午夜漫步者”号以明显的优势赢得了比赛。接着在霍巴特取得的胜利，豪勋爵岛帆船赛的冠军头衔也被他们收入囊中。

2001年，“AFR午夜漫步者”号又一次在伯德岛帆船赛（Bird Island Race）中获胜。他们熟悉航线。到伯德岛100海里（185千米）的航程曾经是他们参加1998年霍巴特帆船赛的资格赛。“漫步者”号第一个出发，成为两种让分制下的双料冠军。在这些成绩的鼓舞下，“AFR午夜漫步者”号继续上演精彩表现。到了2009年，他们已经赢得了澳大利亚所有的东海岸赛事，除了悉尼黄金海岸帆船赛（Sydney Gold Coast Yacht Race）。

被誉为“冬季大逃亡”的黄金海岸帆船赛在难度、策略要求上仅次于悉尼至霍巴特帆船赛。和霍巴特帆船赛一样，这个比赛的出发点也设在悉尼，不过赛船在出发后会北上前往昆士兰。这个航程为384海里（711千米）的比赛不仅要求苛刻，竞争也很激烈。所有的夺冠热门船只都会参加。

在2011年的又一次艰苦奋斗之后，“AFR午夜漫步者”号获得了比赛的总冠军。这是船员们在1998年之后进行的最累人的比赛。不过这艘船坚持了下来，团队合作非常出色，“漫步者”号比第二名在总成绩上快了46秒。凭借这次胜利，“漫步者”号团队实现了他们的目标，赢得了澳大利亚所有的重大帆船比赛。

在这些单场比赛的胜利之外，更让人难忘的是，“漫步者”号在那些需要在一系列比赛中连续取得出色成绩的大型赛事上也获得了胜利。两个最重要的奖项是“远洋积分赛”（Blue Water Point Score）和“短程积分赛”（Short Ocean Point Score），澳大利亚游艇俱乐部每年会为这两个奖项的获得者颁奖一次。

“远洋积分赛”（BWPS）包括了澳大利亚两大帆船赛——悉尼黄金海岸帆船赛和悉尼至霍巴特帆船赛——还有另外4个长距离的比赛。名字都颇具异国情调：巨朱蕉岛帆船赛、弗林德斯岛帆船赛、伯德岛帆船赛和狮子岛至园林湾帆船赛。

远洋积分赛本身是一项巨大的挑战。获胜者需要在一系列费力的长距离比赛中有持续不断的上佳表现——和在丘陵地带连续跑 6 个马拉松比赛没有什么区别。到 2005 年，“漫步者”号在远洋积分赛中排名第二，但想要获得“远洋冠军”这一称号还需付出很多努力。

在 2006~2007 年度的远洋积分赛中，“漫步者”号团队一路领先，不过在弗林德斯岛帆船赛上遭遇了挫折。他们此前曾两次获得该比赛的冠军，但 2007 年的天气太恶劣了。参赛者们遭遇了 40 节的南风，还有大浪、寒冷、多雨等各种天气状况。当一股强大的阵风刮向“漫步者”号时，它的主帆爆炸了。这面帆是用凯夫拉材料制作的，凯夫拉不会被撕破——只会“砰”的一声炸碎。

当时他们离弗林德斯岛还有 40 海里（74 千米），他们本可以直接掉头回家。“漫步者”号团队有两个选择。他们可以退出比赛，承认失败，不再考虑远洋积分赛。或者他们可以用一面小的风暴帆代替，在恶劣的天气中以较慢速度前进。这艘船之前一直受到糟糕天气的困扰。

队伍里没人考虑第一个选择。没人提及“退出”这个词，也没有任何讨论。几乎就是在片刻之间，船员们换下了主帆，升起了风暴帆，他们又回到了比赛中，缓慢但坚定地前进着。

用这样一块“手帕大小”的帆，船航行得非常慢。主帆就像是船的第二支舵。没了它，“漫步者”号就得使劲儿往浪头上开，尽可能地利用迎面而来的风。爱德 · 普萨提斯回忆道：“我们开得太慢了，而且太低。不断有船超过我们。我们能看见后面有亮光逐渐逼近，和我们并驾齐驱，再超过我们。的确令人沮丧，不过我们没有放弃。”

他们在抵达弗林德斯岛后又面临着新的选择。往家的方向开，风就会从身后吹过来。正常情况下，他们在绕岛航行时会升起球形帆。但球形帆再加上“手帕大小”的三角帆，会让船失去平衡，东倒西歪。在这种大浪情况下顺风开会极度困难。

他们之前曾决定不用球形帆，而是使用一面较小的前桅帆。不过在“漫步者”号返程的途中，爱德又有了一个想法。他建议试试球形帆的效果，所有人都同意了。这是一次值得尝试的冒险，“漫步者”号的船员在漆黑的夜里升起了球形帆。

如果在白天，看着“漫步者”号挂着一面小小的三角帆和一面巨大的球形帆，在海里摇摇晃晃，会感到非常吓人。不过在晚上，只有“漫步者”号的船员自己才知道，这真是一种过山车般的体验。

这时的“AFR午夜漫步者”号非常难以控制，而且和预计的一样，船员们经历了几次“侧翻”。不过大浪之后他们没有偏离航线，还有好几次开到了最高速度，最终以良好的状态到达了终点。

当比赛结束时，“漫步者”号的船员发现，许多船只遇到了和他们一样的问题，主帆撕破、索具拉断。很多船退出比赛直接回家了，但“漫步者”号坚持了下来。即使用的是风暴帆，他们也获得了第三名，捍卫了自己不受恶劣天气影响的声望。

2006~2007年度远洋积分赛中的最后一站是黄金海岸帆船赛，从悉尼到绍斯波特（Southport）。船上有5名队员曾参加过1998年的霍巴特帆船赛。为了赢得远洋积分赛，“漫步者”号团队必须竭尽全力，击败来自各国的强悍选手。他们于1998年一起共事的经验起到了关键作用。

爱德回忆道：“海况非常吓人。这真是一场艰难的比赛。”他们用原来的“希克35”级船换了一艘更快的“法尔40”级，还是叫“AFR午夜漫步者”号。新船更轻，速度也更快，但顺风不好驾驶。由于相对较轻，他们被大浪冲得来回打转。主帆和两面球形帆都被扯破了，不过——凭借鲍勃·托马斯的导航技术——他们胜出了。

经过数年的努力后，“AFR午夜漫步者”号终于在负有盛名的远洋积分赛中获胜。他们只领先了第二名两分——以微小的优势获胜，但这已经足够了。如果“漫步者”号团队当时在弗林德斯赛中打道回府，他们就会输掉整个积分赛。正是由于他们的坚持不懈，6场比赛下来才能有完美的结局，获得远洋冠军。

短程积分赛（SPOS）是仅次于远洋积分赛的赛事。它由12个航程为30海里（55千米）的比赛组成。参赛者从悉尼岬出发，每次需要开上大约3个小时。这项赛事与远洋积分赛不同，而且需要不同航海技巧的组合。这些短程比赛没有太多恶劣的海况，在耐力上的要求也不是很高，不过船只需要快速绕过浮标。这需要船长选择合适的帆，准确地调整方向。

尽管短程积分赛的要求不同于霍巴特帆船赛和远洋积分赛，“漫步者”号团队还是在一系列比赛中取得了成功。在2006~2007赛季中，“AFR午夜漫步者”号在远洋积分赛和短程积分赛中双双获胜。这是一项非常了不起的成就——只有极少数船能在同一个赛季里做到这一点。

在1998年霍巴特帆船赛后的10年中，“漫步者”号团队赢得了澳大利亚东海岸所有的重要比赛，还有游艇俱乐部的两大积分赛。在2006~2007这个出色的赛季结束后，游艇俱乐部破例颁给了他们一项联合奖。爱德·普萨提斯和鲍勃·托马斯两人都被两次授予“年度最佳赛手”称号。

“漫步者”号团队的连胜记录体现了他们杰出的航海技术、忍耐力和团队合作精神。这些胜利和以往的成功一样耀眼，但他们最重要的一项成就并不在于过去的历史，而是关乎“AFR午夜漫步者”号的未来。

虽然成绩一直不错，但队伍里的每个人都知道——如果想继续保持连胜的纪录——必须引入年轻的船员。而且不能只是引入有天赋的新人，还要接纳那些能够和老队员打成一片，可以共同航行数年的有天分的菜鸟。

寻找新鲜血液的工作是耗费时间的，不过“漫步者”号团队已经显示了自己招纳新人的能力，以及把新人和老人结合在一起的能力。在2006年的霍巴特帆船赛前，我和这支队伍共进午餐，从而清楚地认识到了这一点。

在到达澳大利亚游艇俱乐部时，我遇见了一名年轻的女子，她被邀请加入这支队伍。这让我感到有些惊讶。萨曼莎·拜伦（Samantha Byron），这名精力充沛的苏格兰海员，在工作聚会上遇到了爱德·普萨提斯。爱德鼓励她过来一两个周末，参加近海帆船活动，“萨米”[①]接受了邀请，花了几个周六的时间和“漫步者”号团队一起航行。然后她参加了伯德岛帆船赛，后来参加了悉尼至霍巴特帆船赛。

萨米是“AFR午夜漫步者”号上首位参加霍巴特帆船赛的女队员。2006年的比赛之后，我曾看到她和队员们一起出现在“造船工之臂”酒吧中，同时我也非常吃惊地意识到，爱德和团队真正了解了差异化的重要性。他们意识到，想要继续获胜不能只是改进技术、提高技艺，而且要让团队引入新人才。

爱德还从澳大利亚游艇俱乐部的青年学院中招募了另一名新队员汤姆·巴克（Tom Barker）。汤姆两个月大时就参加过航海，拥有比赛经验，履历非常出色。爱德就此调查过一番，他相信汤姆会成为队伍中重要的一分子。他给汤姆的语音信箱中留下了一份详细的邀请：请汤姆和队伍一起参加离岸赛赛季的比赛，其中就包括悉尼至霍巴特帆船赛。

2004年，汤姆在自己18岁时加入了这支队伍。凭借热情洋溢的个性和高超的航行技术，他很快赢得了“老家伙们”的尊敬。他的悟性很高，在船上做事时很低调，很少说话，不过很快学会了合作。最终，他娴熟的技术和

① 萨米是萨曼莎的绰号。——译者注

讨人喜欢的“厚脸皮”个性得以展现。而且他与爱德的个人关系也非常好。

一直以来，爱德就意识到，自己做的事情多得过头了。他要担心驾驶、调帆、发号施令。要把所有这些工作都做得有条不紊是不可能的。不过有了汤姆的技术，爱德可以专心驾船了。他现在可以把掌舵技术发挥到极致，让汤姆去负责调帆，负责为比赛的下一步制订计划。

作为一个团队，“AFR午夜漫步者”号创下了了不起的纪录。而每个船员作为个体也获得了奖励。爱德·普萨提斯和鲍勃·托马斯被评为“年度最佳赛手”，迈克尔·贝恩思科和汤姆·巴克则获得了“年度最佳船员”的称号。

“漫步者”号团队的故事在2012年掀开了新的篇章，爱德、鲍勃和米克斯购买了一艘新船——他们的第五艘船，仍被命名为“午夜漫步者”号。他们对帆船比赛的热情依旧，继续创下优秀的战绩，在2011~2012赛季中获得了短程积分赛冠军。

“AFR午夜漫步者”号的故事令人鼓舞。而他们在危机时刻取得的成就可以给他人带来什么启发呢？具体说，什么才是他们胜利的基础？当组织中的团队面临重大挑战时，我们可以从中借鉴些什么？本书的第二部分会给出答案。

INTO THE STORM

第二部分

危机合作中的关键策略

28
策略简介

一艘船想要赢得塔特萨尔杯，必须做对很多事情。船只本身必须得坚固，技术手段也会产生影响。这项运动本身就在一直创新——即便每艘船都会有一定的让分系数——一艘状态不佳的、靠胶带勉强坚持的船肯定不会取胜。

队伍的航海技能是基础。诸多技能涉及具体的素质，如在恶劣天气中的掌舵能力，或熟练的导航技巧。而且船员们在航海比赛中还要具备综合性的能力——尤其是在霍巴特或法斯特耐特这样艰苦的赛事中。

除了直接参与航行的船员队伍，获胜的船只往往还需要有一个支援团队。气象学家会分析天气情况，把相关信息发送到那些配置了正常装备的船只上。1998 年霍巴特帆船赛中的“莎杨娜拉”号就具备这样的条件，而这样的条件会带来巨大的优势。埃里森和他的队伍就是根据“克劳兹”·巴德姆的建议，做出了决策。他能在电脑屏幕上追踪风暴的情况。缺少这种程度的支援，“AFR 午夜漫步者”号就只能指望气象局那时断时续，而且有些混乱的预报。

船长也非常重要。他是定下总体方针的领导者，并且可以直接决定一场比赛的结果。如果领导者举棋不定，无法做出合理安排，那么对团队来说就非常不利。一位经验丰富的船长，应该是个大家都喜欢和他一起航行的人，这样的人才会带来好的比赛结果。

当然，还有休伊——这位天气之神。对我来说，休伊是一个集合体，代表着幸运、机缘巧合这一类东西。在 1998 年的霍巴特帆船赛中，大船就很幸运，因为他们躲开了风暴中最糟糕的部分。在其他比赛中，休伊则可能对不同尺寸的船展露笑容。还有模式不可预测的恶浪。在飓风中被大浪打中的任何船员都是坏运气的受害者。

任何胜利中都存在机会元素。但罗杰 · 希克曼，这位参加了 34 次霍巴特帆船赛的老水手则有不同的看法：

> 像悉尼至霍巴特帆船赛这样的比赛，幸运会在其中扮演一定的角色。但如果你不够聪明，不够出色或是不够专业，不能在正确的时间出现在正确的地方，你就不会获得幸运的垂青。如果你非常非常努力，而且周围有一个好团队，你就会更幸运一点。你越努力，你就越幸运。

正如希克曼所说，团队合作是船只获胜的一个要素。一艘打造得很好的船，配上最先进的装备和有经验的船员，加上足够幸运，就可以获胜。一个出色的船长有助于创造一个优秀的团队。不过，如果队伍在团队合作上存在根本性的问题，就很难赢得比赛。而且这样也很难让人再回到船上参加今后的比赛，无法取得连胜。

很明显，团队合作非常重要，但人们很难搞清楚，一个高效的团队应该具备什么样的特质。我们在寻找这些特质时往往会陷入文章、书籍、网络广播的信息泥潭中——它们都声称可以提供权威的建议。然而这些建议却往往千差万别。甚至同一个专家在不同时间说的也不一样。

这种不一致非常恼人。我们怎么知道这些发现完全出自坚实的证据？我们怎么知道自己读到的理论现在是否还有效？我们怎么能确定这些关于团队合作的想法是否经过了深思熟虑，是否有帮助？

学术证明和具有说服性的作品都无法保证观点的有效性。但在得出什么是有效的团队合作的结论之前，有些问题需要先考虑清楚。我们需要先说明一下，在研究手段上，会面临哪些挑战。

29 研究面临的挑战

菲尔·罗森维（Phil Rosenzweig）在其言辞犀利的著作《光环效应》（*The Halo Effect*）中，列出了九大“假象”——即逻辑或判断上的失误，它们会导致对组织绩效的错误理解。以我的经验来看，其中三项特别值得思考。

只是因为幸运吗？

得出正确结论的第一个障碍和幸运所扮演的角色有关。人们都希望从成功中汲取经验，所以只盯着成功者来得出结论。人们研究那些成功的组织、成功的高管、帆船比赛的获胜者。人人都想成为获胜者。不过幸运在成功中到底扮演什么角色，这个问题一直未得到解决。

迈克尔·雷纳（Michael Raynor）与他在德勤研究所（Deloitte Research）的同事用了一个有趣的例子来解释这一点。他们提到了麻省理工学院教授瑞贝卡·亨德森（Rebecca Henderson）在战略管理课上阐述幸运作用的方式。

在课程开始时，她要求所有学员起立抛硬币。在抛出硬币后，只有那些硬币头像朝上的学员继续站立。经过了6~7轮筛选后，最后站立的只有一人——这就是获胜者！

亨德森教授走上前去恭喜这位获胜的学员，并为其撰写一份案例研究报告，或者为其提供一个《财富》杂志专访的机会。这名学员是英雄、获胜者。但在这个例子中，很明显，这个人并未为自己的成功付出什么。他的获益被我们称为幸运。

这个看法得到了其他人的回应。纳西姆·塔勒布（Nasim Taleb）在其所著的《随机致富的傻瓜》（*Fooled by Randomness*）一书中指出，人们通常将幸运错认为技能。大众在生活中的方方面面都会进入这一误区，但在股票市场尤其明显。按照塔勒布的观点，我们经常会错误地认为，一定有一项特殊的投资策略会起作用，企业家一定有远见，或者交易员一定有天赋，而事实上，有时成功只是取决于机缘巧合。

我理解这个说法，我知道任何成功的奋斗者多少都会涉及幸运。但当我研究那些成功完成悉尼至霍巴特帆船赛的船只——尤其是研究那些将梦想中的塔特萨尔杯捧回家的总冠军时——我相信在幸运之外还有其他的因素。自从1998年的比赛后，我记录了“午夜漫步者”号10多年的成绩，它的成功绝不是像抛掷硬币那样简单。

想要在飓风中赢得悉尼至霍巴特帆船赛，团队必须在12级的飓风中，在628海里的航行中连续掷硬币。而且他们还要在今后10年的比赛中一直掷，而且每次都保证头像冲上。对任何一次单独的比赛来说，当然会存在机会因素，而且其他船只与“漫步者”号的差距也不大。但在不同的比赛条件下，在不同的时期获得连胜，这让我有信心说，他们除了利用机会外，还做了更多的事情。

相关还是因果关系？

在一个经典实验中，行为心理学家B · F · 斯金纳设计了一个盒子，里面可以掉出食物颗粒，供饥饿的鸽子食用。食物以固定的间隔排列，哪只鸽子能够获得食物完全与其行为无关。

斯金纳发现鸟儿们逐渐演化出一种特定的反应——至少从鸽子的角度来看是这样——这种反应和它们正好在获得食物那一刻所做的动作有关。斯金纳观测到的结果非常生动，甚至有点好笑。一只鸟习惯在笼子里逆时针转圈。一只鸟会反复把头伸向笼子上方的一个角落里。有一只鸟做出了“颤抖”的反应。另有两只鸟会像钟摆一样来回摆动身体和头部。还有一只鸟会朝着地板做出啄食的动作——但不会接触到地板。

很明显，斯金纳的鸟儿倾向于重复食物掉出来那一刻它正在做的动作。从某种意义上说，斯金纳发现的是鸟儿的幻觉，或者说迷信行为。它们做出这样的举动，是它们以为在特殊的动作和食物之间存在某种因果关系，实际情况则不然。

为了真正了解组织绩效——在我们的例子中是高效的团队合作——我们需要确保自己认定的元素是真实符合因果关系的，而不只是伴生出现的。我们要讲一个前后连贯不矛盾的故事，而且要能把原因和结果分清楚。

着眼于何处

在评估高效团队时遇到的第三个挑战是如何认定不同的因素，卓越的表现正是出自这些因素。假设你找到了一个团队，你相信它本身是出色的而不只是幸运。你如何知道什么是真正起作用的因素——那些让结果变得不同的事情？下面是一个例子。

《华尔街日报》曾报道过一项为期 12 年，调查对象为 36.1 万美国中年男子的研究。研究报告显示，在不吸烟的人群中，平均 10 万人中每年会发生 1.09 起自杀事件。这一数字随着吸烟量的增加逐步提高，对那些每天抽 3 包烟的人来说，平均 10 万人中每年会发生 3.78 起自杀事件。随着吸烟量的增加自杀率还会进一步提高。

和吸烟量一同增加的除了自杀率之外，还有被谋杀的概率。每天抽两包烟的吸烟者被谋杀的概率大概是不吸烟人群的两倍。

吸烟会导致自杀这种说法很难令人信服，说到谋杀者愿意选择那些吸烟者作案——相较不吸烟的人，凶手更青睐吸烟者，这就更显荒谬了。这似乎是一个搞混了因果关系的例子。看上去吸烟、自杀以及谋杀背后还有更复杂的联系。这三者会同时增长，但研究没有给出这三种现象背后的诱因。

如果研究人员曾花时间住在一个吸烟者聚集的地区，而这些吸烟者又有可能被谋杀或自杀，那么他们就有可能为背后这种更复杂的联系给出较为可信的原因。缺少第一手的资料，单从统计资料中很难给出有价值的信息。

对评价组织绩效类的书籍来说，太过具体地指出事情的因果是一种弊病。当人们被问及通过什么途径可以获得成功时，他们的记忆通常是不完整的，存在偏差的。很难做到客观，因为我们总是倾向于回忆起那些我们想要记起的事情。如果我们靠分析更“客观的”信息来搞明白背后的原因——例如财报、新闻报道等——就会有另一个问题。作为局外人，我们怎么知道自己看到的事情是否只是相关而不起决定作用呢？

我的办法

现实根本没有可行的、科学的办法能彻底解决上述这些问题。如果我是一名医学研究者，就可能随机选择一些病人，对他们使用一定剂量的混合药物——这里选择的治疗策略是我认为重要的。也可以对一组人采取我认为不那么重要的治疗方案。我甚至可以让另一组使用随机产生的治疗方案。然后再观察实验中哪组的反应比较好，这样就可以得出结论，而这种结论可以在一定程度上保证结果的有效性。

我还可以在有限的条件下进行实验室试验，获得有关团队的更多信息。而对于那些真正陷入危机的团队的情况，我的理解能力也是有限的。不管怎么说，就算有关成功团队合作的“科学真理”只有一个，也不是完全没法得出有关团队的重要信息。还是有可能得出合理的结论，帮助个人和组织应对重大问题。

我的方法建立在两个基本策略的基础上。首先，为了排除幸运对成功的影响——也就是机会的影响——我会观察数年中的持续表现。其次，我要收集和研究与课题有关的第一手资料，然后再从中得出结论。

我专心研究团队合作——尤其是航海比赛中的团队合作——再具体一点说，是悉尼至霍巴特帆船赛。我仔细观察竞争者，采访成功的赛手。我和“AFR午夜漫步者”团队共同航行。自从第一次联系“漫步者”号的船长爱德·普萨提斯以来，这种深入式的研究持续了8年。

这样一来，我就拥有了理解比赛的客观条件，可以洞悉航海比赛中高效团队合作的要素。不过在从赛事汲取经验，着手撰写有关团队合作的文章时，我感觉似乎缺失了什么东西。在我看来，我缺失的是亲自参加霍巴特帆船赛的经历。我缺失的是参加航海赛事巅峰的经验——这种亲临现场的、亲身的体验。带着一丝恐惧，我决定要想方设法参加悉尼至霍巴特帆船赛。

30
我的霍巴特之旅

我在航海帆船赛上没取得什么成就。事实上，和本书中出现的大部分有经验的船员比起来，我完全是个业余爱好者。但同时，我相信我对帆船赛的了解程度，已足够通过新闻报道，挖掘更多有关成就卓越团队的信息。为了详细说明，我把自己在海上的冒险经历做个简单介绍。

我第一次登上帆船是在美国海军学院（United States Naval Academy），在那我学会了一些有关航海绳结的知识——主要是关于怎样打绳结——以及参加校内的帆船赛。我学到了各种缆绳和索具的名称，以及这两者之间的区别。我对船帆了解得不多，知道它们在来回摆动时会发出巨大的响声，这叫作“帆摆”（luffing），而不叫拍打（flapping）。我还知道，在风暴刮到马里兰州的塞文河（Severn River）时，作为一群海军学校学生中的一员，待在一艘倾覆的船里是什么滋味。

和我的很多同学不同，我毕业后从事的工作和海军没有什么关系——和帆船航海也没有什么关系。身为海军陆战队中的一名军官，切萨皮克湾

(Chesapeake Bay)中飘着白帆的优雅景象早已被我淡忘了。在越南，我更关心建立防线、为自动武器设计火力带，指引火炮打击这类事情。

海军仍是我生活中的一部分，我清晰地记得，是我的室友约翰·比尔兹利（John Beardsley），一艘驱逐舰上的枪炮官发射了照明弹，保护我的连队不被冲垮。海军就在附近是我的幸运，不过安逸的帆船航海世界已经离我远去了。

退伍后，我重新接触了帆船航海，对这项运动有了更多认识，丰富了自己在安纳波利斯（Annapolis）的所学。我参加了从切萨皮克湾北上至康涅狄格州的航行，学到了更多有关导航工具的知识——它在当时有用，不过按今天的标准应该已经过时了。没有GPS，我努力掌握六分仪、无线电方位探测器、海图的使用方法，以及用航位推测法估计航海位置的技术。

来到康涅狄格州之后，我继续航行。在可爱的维克多·弗鲁姆(VictorVroom)的陪伴下——一位耶鲁大学的同人，我们来到了纽波特爵士音乐节。我们继续沿东海岸向南航行，不过这完全是“巡游式”的航行，和比赛有很大区别，但那的确很有趣。不会有人在意我们开多快，我们只关心自己在哪儿以及要去哪儿。

我最终抵挡不住这项活动的魅力，决定买一艘属于自己的船。我非常喜欢在长岛海湾（Long Island Sound）航行，偶尔会开得更远一些，前往楠塔基特岛（Nantucket）和玛莎葡萄园岛（Martha’s Vineyard）附近的水域。但从海军学院毕业后，我再未参加过帆船比赛。直到我遇见了埃德加·史密斯(Edgar Smith)。

埃德加——有时被人们叫作“埃多”(Eddo，意为芋头)，原因我会在后文给出——是一位来自航海世家的专业选手。埃德加从他的父亲盖蒂斯那里学会了驾驶帆船；他的儿子艾米特曾作为国家队成员参加国际比赛。埃德加有一艘名叫“芥末”的船，这是一艘很受欢迎的J/29型赛船。虽然这艘J/29早在20世纪80年代初就面世了，但还是一艘比较快的船，而且很适合参加在新英格兰（New England）举办的那些“绕浮标”的比赛。

在成为“芥末”号的船员后，我学到了一些关于比赛的东西。不过我的航海比赛知识大部分还是来自阅读，以及同那些对帆船运动充满激情的人的交流。

在为本书准备素材的时候，我在澳大利亚帆船赛圈内待上了一段时间。在同“午夜漫步者”号的船员交流中，我对离岸航海赛的兴趣越来越浓。我逐渐开始理解，在塞文河上开着小船，巡游到纽波特爵士音乐节，在长岛海湾的比赛，这些属于我的帆船运动经验，和这些高水准的离岸赛事间的区别。

在和“午夜漫步者”号船员共同参加了一次在悉尼举办的赛事之后，我对这项运动的兴趣愈发高涨。那次比赛在悉尼港举办，在很多方面都和我参加过的康涅狄格州的当地比赛差不多。不过也有一些不同的东西。

在“午夜漫步者”号上航行时，我被队伍成员之间顺畅的交流震撼住了。在“AFR午夜漫步者”号上，所有的工作都在悄无声息的状态下进行，船员们只需大声说几个单词。和我见过的航行中的大声叫喊不同，这艘船上的船员似乎可以读懂彼此的心思。和“漫步者”号的船员航行，我看到了沟通协作毫不费力的队伍应该是什么样子。

在理解这一切后，我认定自己需要找到亲自参加霍巴特帆船赛的方法。部分是由于，我对航海比赛仍然知之甚少——尤其是悉尼至霍巴特帆船赛。要公正地写一本关于“午夜漫步者”号的故事，我必须理解这项比赛，而且必须理解澳大利亚文化。

这个通常被澳大利亚人自己简写成“Oz”[1]的国家和美国有很大差异。

① 发音近似澳大利亚。——译者注

我在越南曾与一些澳大利亚人共同服役，但没有深入了解过两个国家间的文化差别。由于悉尼至霍巴特帆船赛深深植根于澳大利亚文化，我决定深入了解一番。

从两国的俚语上可以看出一些浅显的差别。例如，我发现“Crook”这个词在澳大利亚英语中就和不诚实没有任何关系。[①]这个词在澳大利亚代表某人病倒了。我还知道，在形容一个人非常努力工作时，会说他忙得“像蜥蜴喝水一样”。(很明显，摊平身体，快速抽动舌头是蜥蜴喝到水的唯一方式。) 此外，还有一些文化差异出现在更深的层面上。

澳大利亚人把顽强的个性与协作能力相结合的方式也让我非常好奇。我想要知道这种文化现象在一场要求颇高的航海比赛中是如何体现出来的，而且团队的领导力结构也让我非常感兴趣。

赛船上的船长是最高决策者，但和海军陆战队不同，船员们毕竟是平民而不是军人，而且没有针对违反纪律的惩处措施。我很好奇这种合作在实践中如何开展，而且想知道在面临高压力、无睡眠或很少睡眠、没时间进食的状态下，并存在真实危险的情况时——这与作战没有什么两样——这种组织结构会如何运作。

所以，在这些好奇心的驱使下——当然，我得承认，整个比赛听起来就像一次大冒险，这也是原因之一——我找到了一条愿意接纳我的船。在一番打探后，我终于在一艘60英尺（18米）长的船上找到了自己的位置。船长彼得·高兹沃斯（Peter Goldworthy）知道我的不足，但他说得很清楚，自己的船上没有“宝座”。我必须全力以赴。

随着正式比赛的临近，我尽一切办法做好准备。我记起在前往南极洲的途中，当穿越过南乔治亚岛（South Georgia Island）时我暗自思忖：自己本

---

① 在美国英语中Crook有骗子的意思。——译者注

可以准备得更好。

但在那时已经太晚了，不过我决定下次要把身体锻炼得更好。所以，我下最大力气为悉尼至霍巴特帆船赛锻炼体能，在训练中非常积极。

从我的研究中，我还知道这是一件非常严肃的事情。比赛中有过人员伤亡。所以我尽可能地挤出时间，安排好和生存有关的衣物与设备。

我和扎克·伦纳德（Zach Leonard）进行了交流，他当时在耶鲁帆船队担任教练（最近成为美国奥运会教练团中的一员），探讨了睡眠不足的问题。我发现液压救生衣可以在无意识落水的情况下自动充气。我找到了一款个人用紧急无线电示位标设备——一个小型的使用电池的紧急信号收发装置——它可以放在我的防水衣里。最后，为了应对极端的天气情况，我同我的女儿赫莉一起在冬天开着自己的船练习。虽然悉尼至霍巴特帆船赛都是在夏天举办，但赛船会向南开向南极洲，所以天气会很冷，非常冷。

当到达悉尼，见到了船上其他队员之后，我才意识到自己的水平有多初级。陪伴我的埃德加从未参加过霍巴特帆船赛，但他是一名有经验的赛手。其他很多人都参加过霍巴特帆船赛，以及其他在澳大利亚举办的比赛，或者是在世界其他地方举办的类似赛事。虽然并不是所有人之前都在这样先进的船上航行过，但很明显他们都比我明白得多。

我发现自己来到了一个陌生的环境中：既不是领导也不是顾问。我只是个队员，还没经过正式批准，而且是个新手。在团队中扮演这样一个角色使我感到不适，这让我多次念叨起自己的格言："先承认无知再学习。"我尽一切努力把自己的尊严藏起来，努力工作，服从命令，学习航海比赛知识。除了学习航海之外，还要努力从这种经历中汲取其他的经验。

我了解到，在悉尼至霍巴特帆船赛这样的比赛中，要做好吃苦的准备。我明白了在赛船上要节衣缩食，并学会了基本的安全知识。例如，要当心连在 85 英尺（25 米）高桅杆上的船帆，小心别把手指放在会被巨大船帆扯掉的地方。而且我知道，每名船员似乎都有一个绰号。

船长叫“高迪”。然后还有“斯科蒂”、“费尔韦瑟”、“比格斯”和“弗朗契”[①]。“弗朗契”实际上是个英国人。听到这些奇怪的绰号，我感觉自己仿佛来到了电影《壮志凌云》中的海军飞行训练学校里。我开始管我的朋友埃德加叫作“埃多”，我则变成了“珀克”。还有“姜戈”[②]，他能把绳子当作藤蔓爬上去，这个昵称非常贴切。

部分经历是枯燥冗长的：作为压舱物坐在船舷边——做这项工作的人通常被戏称为“栏杆上的肉”。有些经历则是激动人心的：在风大得可以扯破帆时，乘船冲过巨大的浪头。不过，在所有这些场景中，我扮演的都是学生的角色，努力理解这种海洋竞赛的复杂技术。这和我自己的航行体验相比，简直是天壤之别。

在比赛结束后，我学到了一些关于航海比赛的事情，也进一步认识了悉尼至霍巴特帆船赛。我的所学大部分来自帆船航行。同时，作为一名认真的研究人员，我还在闲暇时间和其他海员进行了交流。我喜欢上了卡斯科特啤酒，开始了解航海运动员是如何看待这个世界的。

在这趟行程结束时，我走进了塔斯马尼亚岛上的“造船工之臂”酒吧，为“AFR 午夜漫步者”号上的兄弟每人买了一杯酒。我不能说自己是一名合格的航海运动员，但为这本书做的准备已经很充分了。

后几章列出的危机下的合作策略，反映了我在观察、访问中的全部所学，以及我本人的所有经验。这些策略已经帮助了我和我的团队，我相信它们同样也能帮助你的团队。

---

① 英文意思分别是“金色”、“苏格兰人”、“好天气”、“比格斯”和“法国佬”。——译者注

② 姜戈（Jungle），意为丛林。——译者注

31 团结的队伍：策略 1——让团队成为明星

有很多办法可召集一支队伍，竞争塔特萨尔杯。像拉里 · 埃里森这样的人有资金，可以找到全世界最出色的水手，并聘请他们。那些不是亿万富翁但也有一定资金的人可以招募个别超级明星，用他们优秀的技术带领团队。或者也可以像“漫步者”号那样，让队伍本身成为一个超级明星团队。

如何组建一支有竞争力的航海比赛队伍没有简单的对错之分，那些拥有天资出众、成绩卓越船员的队伍也可以重视团队合作。但对“AFR午夜漫步者”号以及我研究过的许多获胜船只来说，他们团队的文化建立在一种信念之上。这个信念就是只有一个明星，这个明星就是团队。正如爱德 · 普萨提斯指出的那样：

> 在比赛开始前，所有船员都会觉得对即将发生的事情拥有话语权。所

有 7 名船员都可以感觉到自己是这个团队的一分子，他们要在其中扮演一个角色，如果想要表达自己的观点，那就直接说出来。

船上没有权威人士。所有人都必须作为团队的一部分参加整个赛季的比赛，这样一来，队员们在比赛前就形成了一种同志般的友情。这种管理系统可以用一个词来描绘：扁平化管理。所有人都拥有话语权，不管他们是船长还是领航员，或者仅仅是一名普通的船员。

在 1998 年的比赛中，是要驶向风暴艰难地开往霍巴特，还是要掉头转向澳大利亚大陆的伊登港寻求庇护，在做这种决定时，“拒绝明星船员”的规定接受了考验。由于形势严峻且情况紧急，没有召开正式的团队会议。但这个最初由爱德和鲍勃提出的决定——迎着风浪开过去而不是掉头让浪打向船尾——获得了船上所有人的支持。

即便是在正常的航行条件下，这种一致也很难达成。当海况恶劣、心潮澎湃时，就更难坚持下去。但明星团队的理念是“AFR 午夜漫步者”号的基本原则，而且许多有持续上佳表现的船只也秉承了这一理念。他们都有一支坚定的队伍。

危机下团队合作的战术

找到具备坚定信念的团队成员——他们就是要去霍巴特

不少非常具有天赋的海员希望参加霍巴特帆船赛，但不能忍受艰苦的比赛过程，“漫步者”号回绝了许多这样的人。而那些肯花费时间但对霍巴特帆船赛兴致不高的人也被拒绝了。

在海港中绕着浮标航行是一回事，不过（正如我发现的那样）坐在栏杆上被困在巴斯海峡上又是另一回事。事实上，我一度认为许多比赛经历可以以3个步骤重现：首先，买上一大堆昂贵的航海设备；其次，找一个自助洗衣店；最后，爬进一个大号的洗衣机里，保证灌入的是冷水，然后在里面待上三四个小时。

一个力求卓越的商业团队大概不会像航海比赛队伍那样，面临体力上的挑战，不过崇高的目标总是需要牺牲、奉献和坚忍。选择那些拥有一定信心和动力的人是重中之重。即便有合适的团队合作策略，一个队伍中若有无能力或无动力的人，它也无法发挥最高水平。从个人经验中我知道，危机下的团队合作策略里没有什么魔法能弥补不当人选带来的不利影响。

实际工作预览[①]很重要。要参加海军陆战队或海豹特种部队的人不会认为自己未来的工作会很轻松。不过征兵工作会描绘一幅美好的画面，吸引应征者走到诱人的海报前。如果这项工作会很艰苦，最好从一开始就有明确的认识。

参加帆船比赛的队伍有一个内部评估中心，可以用来评估个人的技能和决心。只要在海面待上几天，就可以很快发现一个人的真实动机和真实能力——懦弱的人会急着从队伍中逃出去。

组织结构偏传统的团队或许不会有这样直接的测试机制，不过系统化的评估过程的确很有价值。在杰夫·斯玛特（Geoff Smart）和兰迪·斯特里特（Randy Street）合著的《聘谁：用A级招聘法找到最合适的人》（*Who：The A Method for Hiring*）一书中，介绍了若干有针对性的办法。在我的实践中，这些办法非常有效。该书作者指出，管理者在招聘时会出现下列失误：

---

① 实际工作预览（realistic job previews）指的是企业在招聘过程中以一种诚实、公开的态度向前来应聘的人展示招聘信息。——编者注

- 不清楚工作岗位的要求
- 应聘者人数较少
- 无法从一组相似的申请者中甄别出合适的应聘者
- 错失那些真正想要加入团队的应聘者

看起来这些都是很容易想到的事情。而我就曾经天真地认为，正确的领导力和团队合作原则可以让任何一组人获得成功。在经过几次失败后，我认识到自己在海军陆战队的早期经验导致我相信，团队里的所有人都应该有愿望，也有能力完成艰巨的任务。

这种想象无疑是错误的。我最终明白过来，按照一个系统性的挑选过程行事是很重要的。只有这样，我才能召集一支明星队伍，进行各种“悉尼至霍巴特帆船赛”。仔细地甄选会花费时间、精力，而且需要集中注意力，但获得的回报是值得的。

寻找多样性人才，并把合适的人放到合适的岗位上

一个组织就像一艘帆船，上面的岗位有不同的技能要求。头桨手必须反应灵敏，并且甘愿忍受冰冷海水的冲击。舵手必须能在任何天气条件下保证船的航向，而且可以做到随机应变。领航员需要了解天气状况，并且能想出一套适合多变环境的驾驶策略。还有一些工作只是需要具备足够大的力气。

“漫步者”号的船员就了解这个规则，而且执行得很好。乔诺在船头发挥出色，鲍勃是个专家级的领航员。亚瑟、克里斯和戈登都有各自的绝活儿。打造一支明星团队不光是不同成员的能力可以互补，个性也要彼此啮合，团队需要找到平衡点。

举例来说，米克斯不仅擅长组织管理，而且也很有耐心——这就是爱德

不具备的。爱德坦率地承认：

> 赶上微风徐徐，船没法开快的时候，我很快就会失去耐心。这影响到了整个团队。在这么多年之后，我意识到这是我的问题，我一直在努力调整。但在风小的时候我就是开不好船。
>
> 不过反过来看，米克斯的表现就非常好。这个家伙可以专心地待在舵盘后面。他不会被缓慢的速度干扰，有空就能把大家带出沮丧的境地。所以我们定下规矩，如果风速低于5节，就让米克斯来掌舵，爱德下来。我很高兴能在那个时候放开舵盘，因为我知道这时米克斯可以比我开得快得多。

“漫步者”号上的每个人，放在不合适的岗位上都有可能犯错。急躁或能力不足都有可能导致个人与岗位的错搭。“漫步者”号团队通过时间的磨砺，可以让船员们像比萨饼一样拼在一起，从而打造出一支明星团队。每个人都知道自己和他人的长处和短处——无论是航海技术还是个性——这种了解最终可以带来成功。

“AFR午夜漫步者”号不是唯一一个能解决这个问题的团队。1992年，比尔·科赫（Bill Koch）打算用“美国”号赢得美洲杯帆船赛。他精心组建了一支队伍，里面每个人的弱点可能带来的影响都被最小化。他从天赋、团队合作和态度3个方面为每个人打分。最终入选的人并不是无所不能，但他们必须在一件事情上表现出色。“每个人都必须竭尽全力做好自己岗位上的工作，”科赫说，“设计的每个岗位都可以让个人完全发挥自己的长处。”

这支美国队伍第一个冲过终点，以44秒的领先优势击败了来自意大利的竞争者——当时赌场定下他获胜的赔率是1 ∶ 100。科赫的原则与“漫步者”号团队的原则是一样的。找到一个多样性的队伍，成员要致力获胜，并要精诚团结，然后再把队员放在合适的岗位上。

最小化等级与地位差别

作为明星参船的船员会获得丰厚的报酬，而且他们还经常能得到其他东西：特权。例如明星舵手，他被请过来只为操纵帆船，这样他的睡眠时间就更多。和其他船员比起来，他们的食物也更好。他们是“被照顾”的人。

从许多角度看，这一点不是没有道理。他们是非常优秀的船员，他们拥有特殊的技能，而且保存好精力也有助于他们更好地发挥自己的长处。如果船操纵得不当，就无法以设计的最快速度前进。

不过这其中也存在弊病。在其他船员又累又冷，承受很大压力时，却看到这些人能享受所谓“宝座”上的待遇。从理智上讲，其他船员明白特权出现的道理。但从情感上说，所有人都希望可以同甘共苦，而不是看到有谁可以例外。这样导致彼此之间的联系就会出现裂痕。

最小化等级与地位差别不意味着所有人在决策时都拥有相同的话语权。不过在做到这一点后，人们在思考个人价值和团队精神时，就会发生根本改变。

以鲍勃 · 托马斯为例，身为领航员的他就处在一个特殊的岗位上。但当需要煮咖啡时，如果别人没空或正在晕船，鲍勃就会帮忙去煮。如果舱底需要清扫或泵水，鲍勃也会在没人愿意干的情况下，痛痛快快地做这些事情。

作为这艘船的共同所有人，而且还有一套自己的技术，鲍勃完全可以不干这些令人不快的工作。但是他乐意这样做，这也给他带来了一个新绰号“宝座”——这个角色明显有别于上面提到的“宝座”队员。这种乐于为团队奉献的意愿是可以传播的，其他人也会自愿做一些自己分外的事情。这种平等主义有助于打造一支明星团队，而且能保证团队在面临恶劣条件的时候，成员间依然联系紧密。

追求兄弟情谊

并不是所有队伍都能在成员之间发展出像“AFR午夜漫步者”号上那种亲密的朋友关系——也不应当都追求建立这种关系。但我相信，会有团队成员将彼此之间的联系做进一步拓展，从而将正式商业环境中的关系发展得更为亲密。这种亲密的联系不同于个人间的友谊，也不是专业上的关系，我觉得这是一种兄弟情谊。

在澳大利亚的航海旅程中，这个概念多次在我脑海中闪现。其中一件事给我留下了深刻的印象。在一个漆黑的夜晚，我正在帮“姜戈”——也就是詹姆斯·克拉多克往甲板上拖一面巨大的帆。我们管这面帆叫作“水蟒”，因为它实在是太长了，就像蟒蛇一样占领了船舱的每个角落。这面帆还非常沉，我们又拖又拽又推，才把它弄到甲板上。

姜戈才是整个搬运过程中的主力，不过我也用尽了全部力气，让这条“水蟒”尽快就位。当这项任务完成后，姜戈看着我微微一笑，轻声说：“谢啦，老兄。”

这两个词产生的冲击是巨大的。由于缺少经验，我没法按我想的那样为团队做出贡献。但我也尽了自己最大的努力，我知道姜戈是在用自己的方式说：“干得好。”

更重要的是，我和他是赛场上的兄弟。姜戈帮我搞清楚了怎么躺在棺材般的铺位上，而且从来没掉下来过。这种铺位相当窄小，刚开始我根本挤不进去。他还告诉我，当船只在夜晚遇到大浪时，如何克服颠簸摇晃，避免摔跟头。即使在他自己有困难时，也不忘来照看我一下。

虽然我会用电子邮件与姜戈进行联系，但我俩并不是常保持联系的亲密朋友。不过姜戈帮助我理解了兄弟情谊的概念，之后无论我身处什么团队，无论是领导者还是普通成员，我都努力建立这样一种关系。一句简单的“谢谢，老兄”就能帮助打造一支明星队伍。

设立最佳贡献奖

除了担任头桨手外，约翰 · “乔诺” · 维特菲尔德还因为自己的奉献精神而颇受大家喜欢——即便是被劈头盖脸地泼了一盆冷水，他也不会抱怨。在意识到他卓越的贡献后，“漫步者”号团队给乔诺颁了个奖，用来表彰他“在恶劣条件下的坚持不懈”。

虽然这个奖在最开始只是随便说说，但“约翰 · 维特菲尔德奖”逐渐成为“漫步者”号团队传统中一个不可或缺的部分。每个赛季结束时，“漫步者”号的船员都会投票选出最能代表团队、付出心血最多的一个人。在颁奖宴会上，前一年的获胜者会把奖杯传递到这一届的新人手中。

这个奖杯有点最有价值球员的意味，不过它真正重要的地方在于，船员们可以根据付出和团队合作投票。获胜者可能不是技术最好的船员，可以是一个经验较少的但乐于为团队奉献的人。

这个仪式在最初有些搞笑，但现在已经成为这支团队追求卓越的重要象征。虽然在有些环境下，其他团队没有设立这样一个奖杯，但对努力付出、信念坚定的成员给予奖励，是打造明星团队的重要一环。

外向型团队

在《外向型团队：如何创建引领潮流的成功队伍》（*X-Team: How to Build Teams That Lead, Innovate, and Succeed*）这本发人深省的书中，黛博拉 · 安科

纳（Deborah Ancona）和亨里克·布雷斯曼（Henrik Bresman）指出，许多有关团队合作的畅销书推崇重视内部关系，这会导致失败。在需要同其他团队成员展开合作的组织环境中，这种对内的关注可能导致队伍被孤立。

这是个值得仔细考量的观点。本书着重讲了一支与其他船只和团队有直接竞争关系的队伍，那么必然出现的一个孤立的想法，即“我们与他们”。这在更大的组织中肯定会弱化团队的工作效力。不过我还是认为，即便有这样的告诫，我们还是能从“漫步者”号和其他队伍身上，通过他们优秀的团队合作学到一些东西。同时，也可以保证跨界合作的能力。

如果着眼点不仅仅局限在1998年霍巴特帆船赛本身，就可以清楚地认识到，在风暴中有许多外向型的团队。1 000名救援人员参与到营救行动中，对外界的关注程度，以及对合作的重视程度都是非常高的。“南方医护”上的救护人员必须同“海利麦德”号上的营救人员进行协调。“猎户之剑”号违反了通信协议，广播了大风警报。帆船“锡耶纳”号前去援救“旁观”号，并与澳大利亚广播公司新闻直升机上的团队协同应对事态发展。

在大海中，法律规定船长必须向其他遇险的船只或飞行器提供援助——同时要确保援助不会危及自己的船员。在传统的组织环境中，可能并没有针对合作的法律要求。但在这种比赛中获胜的团队需要具备“杰纳斯思考”①的素质。

杰纳斯是罗马一个看守门户的神祇，通常被描绘成同时望向两个相反方向的样子。杰纳斯代表着头脑同时思考两个不同想法的能力。在许多背景下，明星团队需要做到同样的事情。一方面，他们需要关注内部，创造一种别人无法比拟的激情与团结。另一方面，他们还要保证跨界合作的能力，同外界

① 杰纳斯思考（Janusian Thinking）或称为多面共存思考，指能够从多个角度或相反角度思考一件事情。——译者注

建立牢固的联系。看起来非常矛盾，的确，他们需要成为明星组织中的明星团队。

要点

1. 团队成员是否都有实现团队目标的决心？他们是否愿意为了达到这一目标而花费时间，付出努力？
2. 团队成员是否真正了解实现目标需要做出的牺牲、奉献和忍耐？
3. 团队是否拥有成功所需的不同技能？合适的人在合适的岗位上吗？
4. 团队中的每个人是否都乐于施以援手，还是说“宝座”上有明星队员？
5. 团队中有兄弟情谊吗？成员间是否存在一种有利于团队效力的个人联系？
6. 为团队成功做出贡献的个人能否得到奖赏？有“乔诺奖”吗？
7. 有需要的话，是否会关注团队外部的情况，并同外部团队或个人合作？在情况需要的时候，你们能成为外向型团队吗？

32

准备、准备、准备：策略 2——不给失败留任何借口

"漫步者"号团队最重要的特质之一就是他们对准备工作的重视。米克斯·贝恩思科是这样说的：

> 我只能用一丝不苟来形容我们的准备工作。这是这个团队的重要优势之一，出自爱德那一丝不苟的性格。待办事项清单通常会写满五六页。即便船是新买来的，这个单子也会很长。我觉得充分的准备是我们能在 1998 年霍巴特帆船赛中获胜的一个重要原因，也是我们能够连胜的关键因素。

爱德的清单就代表着将获胜概率最大化，"漫步者"号船员需要做的事情。他们会系统地评估比赛的方方面面——包括船只、队伍和策略。然后他们会着手进行这些工作，确保这个复杂系统中的每个环节都运转正常，能发挥最佳实力。

在回想他们认真的准备工作时，鲍勃 · 托马斯想起了《失败没有借口：和丹尼斯 · 康纳一起赢得帆船比赛》（*No Excuse to Lose: Winning Yacht Races with Dennis Conner*） 这本书。“在准备工作做完时，”鲍勃说，“我们就没给失败留任何借口。”

危机下团队合作的战术

创建一个团队检查清单

为应对挑战，你的团队所做的准备工作，肯定与一艘要参加悉尼至霍巴特帆船赛的船只需要筹备的东西不同。不过，检查清单的概念却可以广泛适用于很多领域。

在航空领域，检查清单被大范围使用，从而降低飞行员犯错的可能性。1935 年，一架在当时看来构造较复杂的飞机——B–99“飞行堡垒” ——坠毁在地，一组测试飞行员目睹了整个过程的发生，便想出了这样一种办法，希望避免类似悲剧的发生。

虽然这架B–99 上面的飞行员经验丰富，但他忘了要解除飞机控制装置上新加入的锁定机制。为了避免这种情况，测试飞行员们设计了一份简单的检查清单，上面有关于起飞、飞行、降落以及滑行的分步骤说明。单个来看，这些任务都非常基础，不过放在一起，漏掉其中一步却是非常容易的。

即便最明显的小事，也可能因为恐惧被人们忽视，因此检查清单也被用在一些紧急状况中。在被誉为“哈德逊河上的奇迹”的飞行事故中，全美航空公司 1549 次航班的机长杰斯里 · “萨利” · 苏兰伯格三世（Chesley B.“Sully ” Sullenberger III），在两部引擎遭到飞鸟撞击后，试图让飞机恢复正常。就在这个时候，他的副驾驶正在系统地检查引擎重启步骤清单。萨利最终将飞机迫降在哈德逊河上，但这一切的前提是，他的机组成员系统地进行了一系列尽可能保持飞机继续飞行的工作。

医院和卫生部门官员也建议使用检查清单。在复杂的医疗救治过程中，从最基本的步骤着手，从而确保手术的安全。这样做的收效非常显著。就像《清单革命：如何持续、正确、安全地把事情做好》（*The Checklist Manifesto: How to Get Things Right*）一书的作者阿图·葛文德（Atul Gawande）指出的那样：

> 事实证明，会成为高效（手术）团队最常见障碍的并不是偶尔出现的恶言恶语的、下刀凶狠的、令人胆寒的外科医生，虽然的确有这种人……不，最常见的和最普遍的危险情况是悄无声息的不作为，这是专业人才只关心自己的一亩三分地造成的恶果。

葛文德称，检查清单可以把单独的个人聚到一起，确保在重要的团队工作中，不会出现什么遗漏。

在《领导者的备忘录》（*The Leader's Checklist*）一书中，迈克尔·尤西姆（Michael Useem）将这一概念从军事和医疗领域拓展到行为科学领域。凭借一套创新的办法，尤西姆从他大量的研究和个人经历中提炼出了15条完成任务的关键原则。

《领导者的备忘录》中的核心原则一般适用于各种需要发挥领导力的场合。不过尤西姆更进一步，解释了在领导者独自面临特定挑战时，如何量体裁衣，制作合适的检查清单。

我发现，建立一份团队检查清单，这个过程本身对团队建设来说就是个重要的工具。在准备写这本书的时候，我们团队坐下来制定了方案。我们系统地列出了目标和愿望。劳拉·加德纳，我们的“钳工”做了一份倒计时的日程表，并把它贴在会议室的墙上。我们用“午夜漫步者”号的照片把这份日程表装饰了一下，最后还贴上了一张印第安纳·琼斯被大岩石追着跑的图片。劳拉正好把印第安纳贴在截稿日的旁边。

随后我们便仔细地思考了——尽可能全面和彻底地思考——完成这本书需要做的每项工作，列出了团队与个人的责任要点。为了排除所有失败的借口，我们还在计划过程中，考虑了所有可能出错的地方。

我们一度增加了一个简单的检查表，格式借鉴了军队的做法：五段指令。套用了S–M–E–A–C模板，概要如下：

1. 形势：敌军力量，友军力量，相邻单位和支援单位。
2. 任务：行动目标
3. 执行：我们怎样完成任务
4. 管理与后勤：食品、弹药、电池和战俘
5. 指挥与信号：无线电频率和紧急信号

我们评估了里面和自己有关的内容。将其调整成适合的行动指令需要我们进行一些有创造性的改动，还得有关联能力。不过我们的确觉得这一过程很有意思，并创建了自己的团队检查清单。

在比赛中也不要停止准备

我近期考察了一家正在进行重组的大型制造公司。这家公司曾出现过严重的亏损，而公司首席执行官认为，新的架构设计能帮助公司重获竞争力，并让投入产出比回到正常水平上。

人力资源主管决定在公开宣布重组消息前保密。他的理由是，没必要让员工担心焦虑。不过这个保密的做法会让这家公司里的大量员工毫无防备。

在某天早上醒来后，他们会发现自己现在需要向一位新老板报告工作，整个公司的组织架构也会发生翻天覆地的变化。

有人担心这种突然袭击会产生不利的影响，而这位人力主管却丝毫不在乎那些会被此事波及的员工。他的态度是，但凡有人因此大吃一惊，毫无防备，他们也应当表现得像个“成人”，习惯产生的变化。还有工作要完成，这不是个大事。

对那些已经表达了自己忧虑的人来说，他们不会被这种突然的变化给组织带来的冲击吓到。虽然人们被认为可以冷静地、理智地适应新环境，但他们却不能总是像理想中那样，表现得像个成人。他们的工作期限以及前景都受到了意外的干扰，他们的表现还能是怎样的呢？他们的反应只能是愤怒、焦虑，以及反复地抱怨。

对一艘帆船来说，风向改变或其他事情的发生，会经常使舵手改变行驶方向。这时候若是船员们没留神，就可能会出事故，因此存在一套标准的程序，可以确保每个人知道要发生什么事情。约翰·罗斯曼尼尔（John Rousmaniere）在《海军学院航海技术手册》（*The Annapolis Book of Seamanship*）这本经典的帆船航海著作中提到了一套完善的流程。

罗斯曼尼尔清楚地列出了逆风换舷——会改变航向的一个操作——的顺序。

在这一操作过程中，船长和船员能保证清晰地沟通是非常重要的。下面是他们应当发出的指令以及应当做出的回复：

舵手：“准备”或“等待换舷”。

船员：“就绪”（在一切准备就绪，可以进行这次操作时再说）。

舵手：“下风转舵”或者“转向”（表示已经转动了舵盘或舵柄，帆会冲着船的另一个方向摆过去）。

在微风环境下，不用适当准备也可以完成逆风换舷操作。缆索可能会搅成一团，但一般不会伤到人。然而在恶劣的天气情况下，同样的操作就意味着船员们完全没有准备，就有可能会被帆桁砸中头部，在失去知觉的情况下被打下船。

既能避免事故，又能确保船又快又好地向新航线开过去的最简单方法是，使用这些程序——通过一个简单的词：准备，给人们警示。这样一来，无论是从心理还是在实际操作上，都能让团队为改变方向做好准备。

这家制造公司的人力资源团队知道他们要变更前进的方向。他们知道变动正式公布的确切时间，他们也了解自己的工作职责是什么。可在公司这艘大船突然改变方向时，他们还是对团队成员的愤怒感到不解。可见他们不了解让船和队员做好准备的重要性。

在计划和准备上，“AFR午夜漫步者”号还有其他的程序。在爱德·普萨提斯专注于驾驶时，其他人就考虑海况，以及下一波大浪打来时船帆应该进行何种调整。这种前瞻性对战胜 1998 年的风暴来说是非常关键的。

防浪员要做的不光是保护驾驶员不受暴虐天气的袭击，他还要确保船只能为下一个大浪做好准备。在风浪最大的时候，驾船驶过一个接一个的恶浪需要绝对的注意力。这也就形成了一个非常矛盾且危险的局面：注意力高度集中的舵手可能只注意到就在船正前方的海浪，而看不到远处的情况。

在一场危机中苦苦摸索的团队会遇到类似的风险。他们用来解决当下问题的方法也可能会毁掉今后的机会。成功的队伍会辩证地看问题：他们有能力关注当前的挑战，同时，也可以为未来的威胁和机遇做好准备。

在看完有关“AFR午夜漫步者”号故事的演示后，我的一位客户开发了一套防浪员机制，来帮助团队关注下一股大浪——同时也不会忽视它之后隐藏的挑战。他们同时做好了比赛与准备工作。

擦煤油炉

准备参加霍巴特帆船赛的船员明白，要为最坏的情况做好准备。不过我有时也会产生疑问。高迪曾问一名当值船长："吗啡还够吗？"我上次听到这句话还是在海军陆战队里。

贴在船舱里的各式各样的检查清单也让我很吃惊：受伤救治程序——失去知觉或重伤，直升机运输，以及船倾覆后回正。在看到还有海盗袭击时，我不禁觉得这是不是做得过火了（这条规定写着当海盗登船后不要反抗）。不过再三思考后，我觉得做好万全准备并没有什么不妥。

船员们为坏情况作打算到这种地步让我吃惊，但更令我惊讶的是他们还要注意一些微不足道的事情。戈登·利文斯顿要擦煤油炉。这件东西并不是"漫步者"号上重要的装备，既和比赛无关，也和幸存无关。不过这件事仍然有其重要意义，因为它代表了他们准备的细心程度。而且对船员来说，这样做可以给他们带来一种镇定的感觉："漫步者"号团队知道船上的所有的东西都是井井有条的。这个炉子还有另外一种效果。当别的竞争者看到它时，肯定就知道这个团队获胜的愿望有多么强烈。

遭遇挑战的团队需要为所有紧急情况做好准备，而且还要从更高的层次上看问题。此外，他们还得注意那些小细节，因为这些小事代表着团队进行了细致的准备。他们需要给出一个明确的信息，他们要获胜，他们愿意擦煤油炉。

对变化有所准备，但也要灵活应对变化

作为史上最伟大的重量级拳击手之一的乔·路易斯（Joe Louis）有一句名言："在被打中前，人人都有计划。"虽然计划与准备很重要，但并不是所有事我们都能预料到——尤其是在危急之中。

理查德·纳通斯基将军（General Natonski）让我明白了这个原则的真谛。在“第二次伊拉克自由行动”中，他担任海军陆战队第一师的指挥官，统帅超过30 000名海军陆战队员、陆军、海军和空军士兵，带领联合部队进行激烈紧张的战斗。

2004年秋天，纳通斯基将军奉命筹备第二次费卢杰攻势。早先一次的进攻并未取得明显成效，战事陷入僵局。而到了2004年9月，这个城市变成了叛军的大本营。这些人在巴格达和伊拉克其他地方发动袭击，之后再返回费卢杰修整补给，并计划下一轮进攻。

由于伊拉克过渡国民议会的选举定于2005年1月举行，将这座城市从叛乱中解放出来就成了当务之急。此次行动的筹备工作涉及诸多方面的人力物力。海军陆战队建立了后来被称为“铁山”的供给线，为前方提供食品、燃料、弹药和备用部件。尽管敌军干扰了海军陆战队的补给线，但山一般的给养还是被送到了前线，为进攻打下了基础。

在这轮攻势展开数天后，战况的发展并不如计划中那样顺利。美军在该市东部遭到了顽强的抵抗，敌军的实力远超出预期。虽然此前美军曾花了数周筹划战事、模拟演练，并进行了部队间的协调，但攻势还是慢了下来。纳通斯基将军用乔·路易斯式的评论总结了当前的情况：“计划很少能挺过第一轮敌我交锋。费卢杰也不例外。”

在整个行动的筹划阶段，纳通斯基将军的作战参谋——中校约瑟夫·利托瓦拉（Joseph L’Etoile）和他的参谋团队——曾设计了一套应对紧急情况的备用方案。这项后备作战计划可以把战线向城市南部推进，即美军两个进攻集团的中间地带。有必要的话，还可以调整进攻的主力。然而，这个新变更的方案需要各部队保证清晰的通信，并能协调大量正在激烈交火的士兵。

在攻击继续的同时，指挥部向所有作战单位下达了命令，切换至新作战方案。在战役开始的第三天晚上 7 点，部队顺利地完成了新旧方案的切换。主攻力量现在可以在两个集团间快速切换，这一切用纳通斯基将军的话来说就是，像比赛中的橄榄球队一样——当四分卫来到争球线附近，面临对手阻挡时，可以叫队员来支援，从而完成进攻方向的转换。

新方案奏效了，纳通斯基将军的部队成功地肃清了费卢杰。叛乱分子被击溃，基地组织的成员四散逃窜，城市又恢复了和平与安全。在我们讨论团队合作与领导力时，纳通斯基将军建议我强调认真准备的重要性："筹备，但在事情发生变化时要灵活应对。"他真正理解了美国军队不成文的作战格言"永远灵活"（Semper Gumby）。

这个半开玩笑的表达来自海军陆战队的座右铭"永远忠诚"（Semper Fidelis），以及漫画形象冈比（一个身体可以随意扭曲的黏土动画人物）。对海军陆战队来说，"永远灵活"是战场上的制胜法宝。而对任何面临危机挑战的队伍来说，它同样是个有价值的概念。

要点

1. 你在用团队检查清单帮助跟踪重要的任务和完成任务的关键原则吗?
2. 你的团队在比赛中也会进行准备工作吗? 在进行当前一项任务时，你能为下一项任务做好准备吗?
3. 你会为了完成小的象征性的任务而擦炉子吗?
4. 在应对新的或没预料到的挑战时，你有防浪员的支持吗?
5. 如果事情没按计划进行，你能平稳地切换到新方案上吗? 你能做到“永远灵活”吗?

33
适度乐观：策略3——发现并关注获胜的场景

在长时间的比赛中，船员们会不可避免地遭遇挫折。例如，船可能从领先位置落到后面。一个严重的挫折可以轻而易举地让船员失去信心，若不加以关注，团队的能量就会被耗尽。更糟的是，表现变差后的队伍很快就会陷入恶性循环。正如爱德·普萨提斯强调的那样：

> 能否保持乐观是霍巴特帆船赛中很关键的一点。和任何体育运动一样，人们会感到疲倦——身体和心理上。如果你没找到亮点——也就是期望达到的目标，你脑海中记得的一些好消息——队伍就会很快泄气。如果这样，就不可能全力发挥。
>
> 人当然要看清现实，但我总是努力保证积极地看事情，因为这能让队员在寒冷、饥饿、疲劳的状态下继续前行。我们没法赢得每场比赛，但如果有机会击败主要对手，那就要抓住它。

危机下团队合作的战术

务必要清楚获胜意味着什么

但凡参加悉尼至霍巴特帆船赛的队伍，都希望能获得比赛总冠军——将塔特萨尔杯捧回家。只要驶出悉尼港，所有的船就都是对手。考虑到让分制度，从理论上说，全部参赛船只都有获胜的可能。

然而在现实中，并不是所有船都认真地对待这场比赛。并不是所有队伍都愿意付出辛劳，进行严格的训练、奋力拼搏、应对身心上的挑战，打造一艘真正有竞争力的船。有些团队只是将这场比赛看作一次社交活动——虽然他们也会航行数百海里，度过危机四伏的海域——但只为了比赛结束后在霍巴特喝点小酒，庆贺一番。

想要度过危机、脱颖而出的队伍首先要明白获胜的含义。如果目标是在霍巴特帆船赛中取胜，把塔特萨尔杯带回家——其他情况下也是一样——那么团队就必须围绕这个目标展开工作。团队要么选择从诸多对手中胜出——对手和你一样拥有获胜的机会，要么选择只是享受比赛的乐趣，二者只能选其一。如果选择后者，那么面临的挑战就不一样。后者只要求队伍安全地完成比赛，没有人受伤就好。

美国帆船“妙龄少女”号获得了2007年霍巴特帆船赛的冠军。这是30年后美国队伍首次赢得该比赛的总冠军，而且它还是63年中赢得该比赛的第三艘美国船。

除了霍巴特帆船赛之外，“妙龄少女”号还赢得了许多其他的重大航海赛事——包括纽波特至百慕大帆船赛，洛杉矶至夏威夷的跨洋比赛。我和马尔科姆·帕克——这艘船的当值船长，曾在该船的设计中发挥了重要作用——讨论过“妙龄少女”号成功的秘密。帕克有很多关于在比赛中取胜的想法：

> 对我来说，打造一支冠军队伍意味着每个人对团队目标都有一致的看法。只说我想赢是不够的。人人都想赢。你没有什么特别的。问题应该是你想赢得什么？你想赢得航海赛？还是想赢得浮标赛？是想到处兜一圈？还是要在本地比赛？以我们为例，我们想要做的不仅是赢得一场像霍巴特这样的比赛。造一艘可以获胜的船不是我们的目标，我们想要造一批这样的船，让别人对它们产生兴趣。

想要发现并关注获胜的场景，第一步就是给获胜下定义。只有这样，团队才会对比赛达成共识。意识到这一点，团队才能想出夺走奖杯的策略。

发现获胜的场景

一个团队的高管曾请求我帮助他们摆脱困境。这位首席执行官与团队中许多成员的关系都很紧张，而且反馈报告证明（里面都是匿名的评论）情况非常糟糕。

这个团队的主要成员之间存在由于历史因素造成的过节。这些高管们觉得自己被母公司排除在决策团队之外。一些人已经疲惫，觉得无论自己表现多好，也会被认为还不够出色。还有大量的评论认为自己不是这个冠军团队中的一分子——他们感觉自己就像个失败者。

该团队沮丧和无望的程度比我以往见过的任何情况都严重。在把这些负面评论全部看完之后，我也开始沮丧起来。不过让人感到矛盾的是，团队中的成员似乎完全有资格获胜。从每个人的角度看，其中很多人都非常出色，知道该如何解决一些重要的问题。他们有潜力成为一支出色的团队。但他们没有获胜。

在为期两天的脱产会议中，我与他们分享了“午夜漫步者”号的故事。我讲述了这支队伍是怎样确定自己可以获胜的。这个办法不是一定能保证他们在每场比赛中都能取胜，但它可以帮助他们在更高规格的竞赛中胜出——例如远洋积分赛等。而且即便在使用临时拼凑的船帆的情况下，这个办法也可以帮助他们完成比赛，就像他们在1994年霍巴特帆船赛中做的那样。

“漫步者”号团队不一定在每个系列赛事中都获得胜利。这不像是庄家操纵跑马赛，或是专家预测大选结果。也不像是在决策树上利用贝叶斯统计法找出一个有最大期望值的办法。这个办法在于给队伍一个拼搏的理由：一个让他们相信，有办法用自己的方式赢得比赛的理由。而且因为这种可能的存在，他们会尽全力把船开到最快。

这个故事在这个团队的很多成员中产生了共鸣。他们要找到获胜的途径，这个想法正符合实际情况。他们意识到，要是没有真切的胜利曙光，尝试也是无用的。不过如果能在重重迷雾中找到目标，他们就会心甘情愿地在竞争中投入时间和精力。

在意识到这一点后，这个团队决定开展大量具体的行动。团队成员同意：

- 支持首席执行官
- 发展一套应对母公司的策略
- 以团队为整体行动，展开合作，为此建立基本的规则
- 找到更有效的办法来召开会议、设定日程安排、避免讨论毫无结果

或许更重要的是，他们还决定要共同承担压力，负担起更大的责任——而不是把问题都抛给首席执行官。

对这支团队来说，这是具有重大里程碑意义的一刻。他们不能解决同母公司之间的所有难题，也不能完全缓和内部的紧张关系。但团队的确获得了

力量，让他们的船正了过来，驶向正确的方向，从而可以挺过下一股大浪。

发现胜利的曙光，这一策略适合“漫步者”号，也同样适合这一团队。它让高管们重拾希望与能量，从而脱离绝望的困境，作为一个团队开始竞赛。

一旦下定了决心，就要坚持下去

在某些情况下，团队只能看到取得胜利的唯一办法。在其他的情况下，如果有多种选择，那么仔细考量也是很正常的。“漫步者”号团队在 1998 年的比赛中就是这种情况，他们要权衡，到底是驶向风暴还是要掉转船头寻找避风港。

在做决定的时候，有必要充分讨论每种可能，权衡利弊，表达不同看法，考虑可能出差错的每个地方。但一旦做出决定，就要把分歧抛在脑后。每个人都要用“管状视野”（tunnel vision）保证对获胜情形的专注。

在“午夜漫步者”号上，每个人都有自己的对待分歧的策略。业瑟·普萨提斯会强迫自己走出绝望的境地，专注在船员管理事务上。米克斯·贝恩思科则专心指正船的前进方向，为舵手挡住海浪。约翰·维特菲尔德会记录船处于控制下的时间比例。克里斯·洛克尔则能从大家的尽力中获得安慰。为了顺利航行，抵达霍巴特，他们每个人关注的都是自己需要做的事情。

在某些情况下，管状视野可能会带来危险。如果攀岩者一心想要登上山顶，他们会拒绝绕路，“顶峰狂热”是致命的。但在没有其他选择的情况下——就像“漫步者”号团队遭遇的情况——管状视野是完全合适的。但凡和穿过海浪无关的事情都是次要的。

表现出色的团队需要明白合适的管状视野与危险的顶峰狂热之间的区别。如果有一个需要折返的安全选择，那么团队应该抵挡住前进的诱惑。但当一个团队已经下定决心展开行动，管状视野就成了一件有价值的工具，能保证团队对目标的专注。正是这种心态，可以让团队专心于取胜办法上，而把各种分歧抛在脑后。

主动鼓励积极的、乐观的对话

通过对团队交流本质的研究，我在那些经历过生死考验的团队中发现了一种有趣的模式。我曾在各种案例中看到过相似的模式——从沙克尔顿的“坚忍”号南极远征到靠救生艇漂浮的海难幸存者都曾出现过，“漫步者”号也是一样。

在1998年的风暴中，“漫步者”号船员的相互鼓舞与乐观的玩笑似乎浑然天成地连为一体。当亚瑟·普萨提斯说，“天空放晴了”或“我觉得我们要穿过去了”，他的兄弟爱德根本不相信。不过就在同时，他意识到亚瑟的安慰是有益处的。能听到他说他们会没事感觉真好。这的确有帮助。这种善意的谎言是怎么让坏情况好转起来的呢?

几年前，在纽约的探索者俱乐部里，我对这种现象有了更多的了解。因为前一本关于沙克尔顿的书，我被邀请在该俱乐部的“洛厄尔·托马斯①奖”颁奖晚宴上致辞。我很期待这次晚宴，希望能见到许多杰出的获奖者，其中就有巴塔哥尼亚服装品牌的创始人，伊冯·乔伊纳德（Yvon Chouinard)。

晚宴前，我发现身边都是探险者，大部分有出色的履历。这些面孔我都不熟悉，这不是我平时的社交圈子。

最让我吃惊的是，我的妻子苏珊居然向人群对面的一个人挥手。我可能还算一个作家和冒险家，但似乎认识一个获奖者的却是苏珊——这个在纽约皇后区长大，从未在外扎营过的人。

① 洛厄尔·托马斯（Lowell Thomas），美国作家，发掘了电影《阿拉伯的劳伦斯》中的原型人物。——译者注

我们穿过房间来到另一边，苏珊很快与肯尼思·卡姆勒（Kenneth Kamler）热烈地攀谈起来。卡姆勒医生曾是她在西奈山医学院（Mount Sinai）的同学。有些讽刺意味的是，苏珊在家的时间比我在探索者俱乐部的时间都长，她居然认识这位要在晚宴上领奖的知名冒险家。不过这是我的幸运，通过这次活动我了解了肯的工作。

肯·卡姆勒会攀登、潜水、滑雪，而且去过一些世界上最边远的地区。他曾是参加1996年珠峰探险的唯一一名医生——约翰·克拉考尔在他的《进入空气稀薄地带》一书中记录了这次探险。他还参与了对幸存者的救治。

作为一名内科医生，肯毕生都在研究人们在极端环境下的反应——他们怎样屈服以及他们怎样获胜。在他引人入胜的著作《极限生存：探究人类忍受力的极限》（*Surviving the Extremes: A Doctor's Journey to the Limits of Human Endurance*）一书中肯分享了他从丛林到高海拔地区，甚至还有外太空的体验。其中一个故事深深地吸引了我。

肯曾自愿跟随一支探险队，前往珠峰进行地质研究，并用激光望远镜测量珠穆朗玛峰的确切高度。启程的第二天，队伍在利用铝梯横渡一条冰缝时遇到了险情。一名夏尔巴人滑倒跌下梯子，直直向下坠落了80英尺，大头朝下卡在冰缝之间。

这个名叫帕桑的夏尔巴人一直在冰缝底部头朝下待了30分钟，队友才爬下来将他带回地面。登山队随后向山下的营地前进，肯正在营地中待命。起初帕桑还有意识，而且能自己走，但慢慢地他的步履蹒跚了起来，最终跌倒在地，失去了意识。队员们花了好几个小时才把他抬下山。

这种伤及头部的撞击，紧跟着失去意识的情况，即便发生在肯纽约的急救室中，也有可能抢救无效。而且这是在海拔17 559英尺（5 351米）的珠峰营地，没有任何先进的设备可用。

帕桑活着下了山，但已是奄奄一息。他的呼吸和脉搏都慢了下来，大脑获得的氧气越来越少。他的身体机能就要停止运行，不过有什么东西让他继续坚持着。

帕桑的夏尔巴人朋友围在他身边祷告，面朝他单调地念着经文。帐篷外有更多人在祈祷——其他的夏尔巴人从营地各处的帐篷里走出来，在一片诵经声中为其守夜。肯描述道："在静谧的夜晚中，这种仪式显现了它强大、原始的力量，令人感到不安：仿佛是大山自己在嗡嗡低语。"

这种声音显得很平静，让人昏昏欲睡，淹没了这位医生和受伤的攀登队员。肯用氧气面罩给伤者输氧，用输液管给他输液，一些救治措施并没起到明显效果。肯在想，是不是夏尔巴人有一种办法，能让脑电波与诵经的声音共振——创造一种谐波，不让帕桑的大脑停止运作。

在零度之下，利用氧气、输液和诵经的西藏人治疗硬脑膜下血肿，肯的医学院可没给他上过这种课程。但在黑暗笼罩下的大山中，肯无法否认的是，诵读经文的声音正一点点帮助帕桑从创伤中恢复。

帕桑熬过了这个夜晚。他的脉搏变强了，面部的肿胀消退了，而且还睁开了眼睛。清晨时，人群停止了诵经。肯觉得自己仿佛是在远远的地方看到了这一幕，而且他确定自己见证了一种治愈的力量——诵读经文在帕桑体内释放了一种能量，一种活下去的意志，避免了他的死亡。

从医学的角度看，夏尔巴人帕桑的恢复可以用神经脉冲和化学反应来解释。而从宗教的角度，这称为"神迹"。或者这可以通过人类之间相互联系的能量来理解——这种能量来自危急时刻我们从彼此身上汲取的力量。

人类大脑的复杂程度，或者上天的干预都是我们无法理解的，但有一点能肯定的是：一个团队战胜逆境的力量是非凡的。只要有他人的鼓励，我们就可以克服重大困难。

要点

1. 团队是否对成功意味着什么特别明确？他们知道将塔特萨尔杯捧回家的含义吗？
2. 团队的成员都能看到胜利的途径吗？他们看到队伍胜出的曙光了吗？
3. 如果团队下定了决心，你们能刨除杂念，以“管状视野”专注实现目标吗？
4. 团队成员的谈吐是否是积极的、乐观的，他们能鼓励彼此吗？他们会支持那些灰心丧气的人——帮助他们恢复自信和能量吗？

34

学无止境：策略4——打造热衷于学习和创新的“工合”文化

最佳的团队可以从过去的经验中学习。他们有能力创新，想出并实施新点子。然而在现实中，这些基础的能力非常难开发，要保持就更难了。

同事罗伯特·肖（Robert Shaw）和我投入了大量的时间，想要理解学习和创新为什么会如此成问题。当看到那些团队为了有效学习而做的事情后，我们开始理解为什么打造一个学习型的团队和组织会非常难。

从概念上说，打造一个学习型团队的步骤相对比较直接。团队需要做三件关键的事情。他们需要：行动，反思行动的后果，然后弄清楚哪些事情可以帮助团队改进今后的表现。在一个较大的组织中，单个团队还需要传播自己的想法与理念，帮助其他团队。

虽然这些理念都很简单，但我们还是发现有很多东西可以干扰这个学习循环。

• 组织可能会因为想要避免失败，形成不愿冒险的文化。当团队缺少实验的资源时，在团队成员有太多需要优先完成的任务时，以及人们感到无助、自暴自弃，只愿服从命令时，采取行动的能力就会受到限制。

• 当团队否认存在问题，为此前的成绩而自满，缺少讨论团队表现的环境时，反思与理解的能力就会被削弱。

• 在一个团队只关注内部，将其他团队视为竞争者时，分享知识的能力就会受阻。对一艘参加比赛的帆船来说，这种观点很正常。不过，正如安科纳和布雷斯曼所指出的那样，当组织需要内部团队合作才能取得成功时，这种孤立就会起到反作用。

虽说为了打造一个学习型的团队必须满足许多条件，我们还是发现了成功的案例，当然也有失败的。以下一些战术可以帮助你的团队进行创新和学习。

危机下团队合作的战术

想到“工合”

“工合”[①]这一表达通常会让脑海中出现一个人的形象——或者是一名橄榄球运动员，也可能是一名士兵——以不可阻挡的激情冲锋在前，但这个词的原意却与这幅约定俗成的画面完全不同。最初这是中文“工业合作社”的缩写，“工合”这个词被一些美国人翻译成“一起工作”或者“和谐地工作”。其中一位美国人就是海军陆战队军官伊万斯 · 卡尔森（Evans Carlson）。

1937 年到 1938 年间，卡尔森在与中国抗战部队一同战斗的时候听说

① 工合（gung-ho），有时也被写成“共好”，美国英语词汇，意为积极或激情。造词者希望用此表达第二次世界大战中中国士兵的战斗激情以及合作精神，但与该词原本的意思有较大差距。——译者注

了这个词。在 1942 年，已是中校的卡尔森开始负责指挥海军陆战队第二突击营。

第二突击营是特地组织起来的，奉命在当地对日军发动游击战。当时，总统富兰克林 · 罗斯福急于找到反击日本的方法，他非常支持组建一支“特种兵部队”的想法。有关“卡尔森突击队”的历史非常具有戏剧性，不过对这个又被称作“工合营”的部队来说，最有意思的一个故事还是和卡尔森中校的训练与组织办法有关。

卡尔森也曾在陆军中服役，既当过军官，也当过普通士兵。卡尔森的经验让他自己相信，军官与士兵间的尖锐分歧有碍工作执行。在与中国抗战部队合作时，他发现了一种平等的精神，因此，他决定每周召开一次“工合”会议。

在这种“工合”的回忆中，任何人——无论军官还是士兵——都有权发言，而不用担心遭到报复。在突击队展开行动时，一名新闻记者震惊地发现，一名下士居然敢就此前演习过的一个策略向他的上尉发难。当被问到这种犯上行为时，卡尔森中校的回答非常简单：“我喜欢会思考的人。”

有人质疑卡尔森对军队等级制度以及指挥系统的特殊观点，但“工合”会议的理念，即每个人都能直言不讳，是学习与创新概念的核心。诚实地说出什么有效，什么无效，以及什么可能有效，做到这一点对有效的团队合作来说至关重要。

内维尔 · 克莱顿（Neville Crichton）是大帆船“阿尔法 · 罗密欧”号的船主兼船长。克莱顿的家族世代都有冒险的经历——他的祖父曾和沙克尔顿一同参加南极探险——他自己也是一名杰出的海员。克莱顿已代表新西兰队在全球近 200 多场比赛中获得了胜利，而且还由于在帆船运动和商业上的贡献，受到英国女王伊丽莎白二世的表彰。

和其他富有的商业人士不同，克莱顿是个真正自己开船的船长。本着“工合”的精神，他也致力要以团队的方式学习。克莱顿这样描述“阿尔法 · 罗密欧”号团队：

> 我们的船上没有什么主角，我们有的只是非常出色的海员。我们以团队的方式行事，没有向别人大喊大叫的主角。在比赛开始前，我们会以团队的形式交谈，赛后我们会总结并做记录。我们会持续跟进落实，把做错的东西改正过来——即便身为船长的我做错了也是一样。如果我在开始的状态不好，那么团队就会讨论并搞清楚为什么我的状态不好。这并不是很尴尬的事情。我们会公开谈论问题，记录下来，并在下次比赛的时候改正。

公开讨论为什么事情会卡住，这是“工合”的核心原则，也是获胜团队的特点。

鼓励创新，投资创新

和“AFR午夜漫步者”号一样，“妙龄少女”号的出色成绩也来自团队合作，而非某个明星船员。马尔科姆 · 帕克指出：

> 在帆船运动领域，我们不是什么鼎鼎有名的队伍。在有些对手的船上，每个人都是赢得美洲杯的舵手或战术师。我们不是这样。我不会借鉴那些团队的行事方式——他们的确很有竞争力，也是出色的比赛对手。但那不是我们想做的。
>
> 我们的目标更多与离岸帆船赛有关。因此我们并不考虑拥有美洲杯经验的战术师。我们想要的是那些能够共事，对其他队员有信心的人。
>
> 当你在劳碌一天后下到船舱中时，甲板上还吹着40节的大风，情况很糟糕，但你需要休息一下，准备在3个小时后再回到甲板上。要做

到这一点只有一个办法，就是你完全相信你的团队。只有这样你才能放松下来。

对团队所有人都充满信心是获胜的关键。我的经验向来是，如果船上有明星船员，他们不会以团队的方式行事。我不是说他们绝对做不到这一点，只不过我从没见过。

帕克对“妙龄少女”号团队的描述让我想起了“漫步者”号。“妙龄少女”号团队曾一起合作过相当长一段时间。他们全都是出色的水手，但没有明星船员，也不设什么“宝座”。此外帕克还强调，在他和凯文·米勒另一名当值船长之间，领导力效力是一致的。

“妙龄少女”号对团队合作的追求并没有什么特殊之处，但帕克接下来谈到了船主罗杰·斯特金（Roger Sturgeon）对创造力的支持态度。斯特金是一位数学家，认为这个世界是欢迎创新想法的。为了鼓励独创性，“妙龄少女”号把10%的预算投资在那些“航海圈不常见、不常用”的理念上。

所有关键岗位的船员都被鼓励想出新点子。而且，但凡想实验自己想法的人都能看着自己的点子被实施。

并不是所有建议都能变成可用的方案。但在帕克看来：

在这10%的预算中，如果只有1个点子能管用，人们也会意识到自己成功了，我们也就因此有了一条更好的船。这也可能是个此前从来没人试过的完全不靠谱的想法。但在我看来，重要的是允许大家尝试。它能增强创造性，并让人们对这艘船更上心。人们可能会想起其他人从没想过的东西。这就是个很大的优势。

我问帕克，是否能回忆起来什么特别有趣的新点子。他说道：“能，我马上就能想起 3 个特别的东西。”我问它们是什么，他回答道：“我不能告诉你。我们不想让别人也用上。”我相信他是对的，而且我理解为什么他不想把自己的创新和竞争者分享。

在战况最激烈的时候也要学习

在越南的一个晚上，我站在沙袋掩体的敞口处，听着各种频率的无线电台。大部分信息都是例行事务，但有一番通话的声调非常急切，这引起了我的注意。

我有一部小型的盘式磁带录音机，出于一些在这里不能细说的原因，我决定把这段对话录下来。这里有 3 个无线电呼叫信号最为活跃：“克朗代克”，是一个装备着“休伊”武装直升机的海军陆战队观测中队；“开关”，是用来运输部队的直升机；“鸭嘴兽”，是一支 10 人侦查小队的呼号。

我在一开始听到的通信内容如下：

克朗代克：鸭嘴兽，这里是克朗代克，完毕。

鸭嘴兽：请讲，克朗代克。

克朗代克：注意，如果我们派进去一架飞机，高度可能会再降下来，这样我们就没法救出你们剩下的人。你们能接受吗？如果有必要，我们整晚都会待在这一地区，但是他们会被留在那里一段时间，直到我们有机会再来一次。

在一阵短暂的沉默后，侦查小队回复道：“这里是鸭嘴兽。如果你能扔一些M–60 下来，我们绝对会有用，完毕。”

这简短的一句让我了解了情况。克朗代克正在执行一次晚间任务，撤出一个侦查小队。这支代号为“鸭嘴兽”的小队遇到了敌人。他们的M–60 机枪弹药严重不足，所以想让武装直升机扔一些弹药箱下来。他们的阵地正处在沦陷的危险中。全部10名海军陆战队员有可能在几分钟内全部阵亡。

克朗代克回复道：“我会试一试，如果你能用M–60弹药的话……我们现在要扔了，但是……我告诉你……我觉得我们用它比你们现在用要更好……如果情况变得更糟，我们会回去，给你们带回更多的弹药。”

侦查小队简单地回答了一句“明白”，这些救援直升机开始调整位置，准备撤出这个小队。武装直升机克朗代克上的飞行员负责组织整个行动。我可以想象这些场面。

侦查小队用帽子包住一个闪光灯，制造出一束笔直的光柱，引导救援直升机。克朗代克一马当先，另外两架直升机则跟在后面。通信还在继续。

克朗代克：好，行。我现在正朝着光柱前进……现在航向是我目前位置的180。好的。让我把枪热起来，谢谢。你看到光柱了吗，开关？

开关：看到了。

克朗代克：好，我会让舷炮手开火。

鸭嘴兽：沿着探照灯走，开关。我们会把你带进来。

这架救援直升机两次想降落在侦查小队所在的山坡上，但都没有成功。天已经黑了，由于有雾的缘故视野有限，而且这些直升机都还遭受着地面敌军的攻击。

克朗代克继续协调着混乱的形势，并鼓励友军：“好，不错，开关。如果你想试一下，第三次一定会成功。”

然后这架直升机同意再试一次，克朗代克则继续叙述。

克朗代克：我要降得再低点。这回我想的是，你们先进入，让你们的舷炮手朝着进入方向，向下前方开火。我的弹药非常少了。我想要往你们前面打几轮 2.75（火箭）……从你们后面开火……不要担心，我会错开……我觉得那些朝我们开枪的人一定会害怕。

现在看来，所有直升机都遭到了来自地面的攻击，克朗代克仍然开着自己飞机上的灯，所有人都能看见它的位置。这也让他成了敌军的靶子。

尽管克朗代克仍在遭受攻击，燃料与弹药也都要用光了，但他轻松的语调没变，还在继续鼓励大家："好，你能在下面提供火力支援吗，鸭嘴兽？开关一定会非常感激的。"

我敢肯定这些救援直升机会非常感谢侦查小队提供压制火力。我曾和人们一同遭遇过很多危险的情况，他们在被压制的情况下还能很镇定，不过克朗代克表现得比他们还平静。他好像是在楠塔基特岛上学打高尔夫，而不是在越南的山坡上。不管克朗代克是谁，他正在协调这次既危险又复杂的行动，而没有流露出丝毫的沮丧与焦虑。

克朗代克再次试图把救援直升机带到侦查小队所在的地区。

克朗代克：好吧，这次我会引导你们飞行。我的舷炮手会打上一会。我会向左转。在我转弯的时候，我会给你们指令，你们的舷炮手再向前开火。我会绕到你们后面，发射一枚火箭。我现在就要开始了。你们明白了吗？

开关回答道："收到。"克朗代克的飞行员继续指挥着这次行动，将这架救援直升机指引到探照灯处。似乎一切进展顺利，克朗代克继续给大家打气："很好，很好。"

接着我听到了侦查小队那边发出了叫喊声。虽然不知道发生了什么事情，但我知道肯定不是好事。他们的下一句通信说道：“开关，这里是鸭嘴兽。开关正好打在我们的位置上。”

这架救援直升机的舷炮手意外地向营救队所在的地方开了火。所有人都想知道发生了什么事情，通信中继续说道。

克朗代克：好，下面情况如何？

鸭嘴兽：我们有一个人受伤，此外……更正一下……两人被击中。

现在战场上紧张、恼怒和沮丧的情绪都已经到了极点。救援直升机被地面攻击，没法找到侦查小队。而这支侦查队伍就要被击溃了。一架直升机上的舷炮手误伤了两名海军陆战队员。现在看来，这项任务就要变成一场彻底的灾难了。

侦查小队的下一则通信很简短：“克朗代克，告诉开关，探照灯是友军位置，完毕！”

克朗代克的飞行员知道，必须得做点什么才能平息目前的混乱状态。他再一次发出了一条冷静的、实事求是的信息：“鸭嘴兽，我想就刚才发生的事情稍微讨论一下……这样我们就能在下次改正这个问题。”

我在越南见过很多事情，但这次的事情很不寻常。这项任务从一开始就非常艰难，执行过程中所有事情都出了乱子。侦查小队被敌人和友军击中，而到现在还没有一个人撤出。燃料就要耗尽，一些提供空中支援的飞机已经因为油料耗尽警告返航了。不过这位协调现场的飞行员依然很冷静，只是要“稍微讨论一下”刚才的事情，“这样我们就能在下次改正”这个问题。

在收听克朗代克、开关和鸭嘴兽的通信时，我方掩体中的海军陆战队员，个个脸色都严峻起来。在这一切之后，他们还能只靠简单讨论一下刚才什么地方出了岔子，来得出解决方案继续营救吗？

他们想出了一个新方案。救援直升机上的舷炮手不再向前进的方向开火，营救小队会在开关降落前扔出降落伞照明弹。

克朗代克：开关，我看见你了。我马上就要飞进来。我会让我的舷炮手往前进的路上开两枪，然后会向你前面发射两发火箭。

克朗代克：好，现在扔照明弹。扔，鸭嘴兽。

鸭嘴兽：注意，我们没有照明弹了。你们上次通过的时候我们已经扔完了，完毕。

克朗代克的飞行员没有受到这最后一个问题的干扰。他联系了“玫瑰丛”，一架在高空兜圈、仍旧在执行任务的C–130照明飞机。

克朗代克：开关，我要在你后面打一发火箭。在后面弄出动静的是我。你在我的视线中。不要着急。现在直着向前飞。直着向前。好。玫瑰丛，你照得正好。不过这次别让灯再灭了。

玫瑰丛：不会。

克朗代克：好，向前开，开关。真的很棒。如果你有麻烦就别着急降落。我们就在你上面。好，鸭嘴兽，我们往外面开两枪。好，好，好。好的，你飞得非常好，开关。

鸭嘴兽：向前，再左转，开关。

克朗代克：向左，向左，向左。

鸭嘴兽：再来点，再来点，降下来。

克朗代克：非常好。这里是克朗代克。你们怎么出来？现在你们就在我正下方开火。要出来的时候先通知我。先通知我，务必。

开关：人都上来了吗？

克朗代克：这里是克朗代克。这你得自己决定。数一数。外围仍然有敌军开火，仍然有人向我们开火。

大约20分钟之后，参与行动的队伍发出了最后一则通信。

克朗代克：玫瑰丛，非常感谢为我们照明。多亏了你，我们才能找到云层的空隙。我们出来了。我们接出了所有人，多谢你的帮助。

玫瑰丛：好，干得好。你们做得非常好。从上面看很好。

克朗代克：好的，好。稍后见。

就这样，任务结束了。虽然整个过程中有两人受伤，但侦查小队中的全部10名海军陆战队员都被安全地接了出来。一场悲剧居然能在最后以成功营救完美收场。

在回到国内后，我向一位海军陆战队飞行员克拉斯·奇摩（Crash Kimo）播放了这份录音。奇摩曾被击落5次，自己也因此得名（Crash意为坠毁）。他的生存能力，再加上永不放弃的态度，让他成为一个传奇。即使在火箭用完的情况下，克拉斯还继续用驾驶室中的0.45口径手枪继续作战。

克拉斯一听到这盘磁带的录音，就立刻听出了这是谁。“这是约翰·艾瑞克，肯定是他。”他说。我最终找到了约翰，那时他已经以准将军衔从海军陆战队退役。因为那晚的表现，他获得了自己的第三枚飞行优异十字勋章。[①]嘉奖其“高超的驾机技术，无畏果决，以及在极端恶劣情况下的踏实敬业”。

约翰的家在德克萨斯，我与他在那进行了交流，他还是和那次战斗通话时一样谦逊。我永远不会忘记那晚发生了什么，以及如何坚持学习——即便

① 按照规定，海军陆战队中两次以上获得该勋章的人员加金星章装饰。——译者注

在最恶劣的环境中。需要做的只是简单的一句话：我想就刚才发生的事情稍微讨论一下，谢谢——这样我们能在下次改正这个问题。

要点

1. 你的团队会像一切顺利时那样讨论失误吗?
2. 是不是所有的团队成员都能对问题自由发言，不用担心遭到报复?他们能对团队领导者的决定和行动自由评论吗?
3. 团队能从错误中吸取教训，避免今后的失误吗?
4. 是否在鼓励人们用新方式思考，想出新点子呢?创新有奖励吗?
5. 团队有持续学习的习惯吗?让他们对出错的地方进行讨论——即使是在战况最激烈的时候。

35 评估风险：策略5——愿意驶进风暴

处处都充满危险。至少按照《华尔街日报》的一篇文章，这种看法很普遍。该文章指出，在美国这个相对安全的社会，在实验室、法律以及媒体的渲染下，对风险的担忧如何困扰着美国人民。看报纸、听广播却感受不到丝毫危险，那是不可能的。

对这些威胁的描述都非常具体。例如一则标题，“家具翻倒砸死两岁幼童”。后面的文章接着描述了一名幼童如何被梳妆台砸中，被这件家具扎中了心脏。事故发生的原因是他想去够高处的一杯水。差不多每年都有12名儿童因家具或电视翻倒而死亡，有15 000名儿童因此受伤。（在五金商店购买一条固定带就可以避免类似事故的发生。）

对那些没有孩子的人来说，也有其他的事情要担心。《纽约时报》就刊登过一篇关于电梯事故的文章，这个诡异的悲剧引起了我的注意。纽约曼哈顿一家顶尖广告公司的一位高管走进电梯。而这部电梯就在此时突然上升，电梯门却还开着，挤死了这名被卡住的高管。

这篇文章提到，在纽约市有大约 60 000 部电梯，发生过 53 起电梯事故。这篇文章接着又说，其中只有 3 起事故致人死亡。

我在拜访一位客户的时候想起了这篇文章，当时我正踏进电梯。那幢写字楼很现代，电梯维护得很好。至少在我看来是保养得很好。不过“3 起事故致人死亡”这句话一直在我的脑海中浮现。这部电梯在 1~38 层中的某个位置突然停住了，上蹿下跳了大约 1 分钟，然后停在了半空。

电梯中的所有人都四下张望，极不自然地笑着。我一边站在那里审视情况，一边说两句笑话，强作镇定。在门终于打开的时候，我感到了一丝解脱。一些人走出去，决定换乘另一部电梯。其他人则选择继续乘坐这部电梯。我在前一组人里面，心想放弃一部刚刚出过问题的电梯应该没有什么坏处。

我知道，这幢建筑里的电梯要比挤死广告高管的那部要新。不过那些老电梯已经通过了安全检查，而且在运行中没有任何违反安全规则的情况出现。悲剧到底是怎么发生的呢？另外两起致死事故又是怎么回事？那两部和刚才突然停住的、把我困在里面的那部一样，也是新电梯吗？

我经历过很多危险情况，从自动武器、狙击手、无后坐力炮、土制炸弹的袭击下活了下来，还躲过了雷击，以及大西洋上的斑海豹、鲨鱼、梭鱼群、有毒的鸡心螺，还有悉尼至霍巴特帆船赛。不过当我读到《时代》杂志的一篇文章时，我不禁点头表示赞同。上面说：“如果每天不出现这么多威胁你生命的事情，享受生活就会容易得多。”外面的确有很多吓人的事情发生。

生活中充满了各式各样的威胁，事实就是如此。的确有些严重的风险会危及生命，也有一些不会危及生命，但后果可能非常严重：钱花得一文不剩，密码被窃，或是名誉受到损害。只要人们活着，参与到有目标的活动中——例如运营一家企业或参加一场比赛——就会有危险。挑战在于明白什么是要担心的，如何减少风险，以及需要承担哪些风险。

危机下团队合作的战术

知道自己会遇到什么事情

在1998年的悉尼至霍巴特帆船赛中，有6人丧生，让比赛总死亡人数上升到了8人。霍巴特帆船赛是世界上最具挑战性的航海赛事之一——帆船赛事中的“珠穆朗玛峰”。这是一项艰难、残酷的比赛。但在半个世纪中，还是有数千名水手参与了进来，绝大多数人安全地抵达了目的地。

而就攀登珠峰本身来说，自从1922年首次记载有人员死亡以来，总计有200多人在这项运动中丧生。在1996年有19人失去了生命，根据乔恩·克拉考尔《进入空气稀薄地带》一书，这是死亡人数最多的一年。平均每次成功登顶，就会有大约4人死亡，无法生还的概率大概是1/20。

所有运动本身都带有风险，但有些比其他更危险。在情况变坏，选择了不同的防范措施后，最终的结果也会各不相同。如果要参加悉尼至霍巴特帆船赛，那你会穿救生衣吗？会把自己系在船上吗？如果要攀登珠峰，你是否会带补充供氧装备？所有这些选择都会改变生存下来的概率。

始于2008年的金融危机是对不同行业不同风险的最好诠释。在次贷市场交易的团队可能遇到的内在风险，要远大于传统房地产贷款行业。对大肆交易信用违约互换产品（CDS，或叫作信贷违约掉期、贷款违约保险）的团队来说，他们承担的风险比攀登珠峰不带氧气的风险还要高。他们就是金融行业的滑翔翼飞行者——穿着蝙蝠侠式的衣服飞过悬崖。滑翔翼运动或许会非常令人激动，但也是最危险的极限运动之一。

在法律禁止范围之外，没有什么规则约定人们可以在商业世界或是在体育世界能做什么或不能做什么。不过重要的是要知道你自己会遇到什么事情，并在真的遇到事情的时候，决定采取什么办法来把风险最小化。

不要错误地估计团队的能力

对那些陷入 1998 年悉尼至霍巴特帆船赛风暴的船只来说，所有人都得做出选择。像“莎杨娜拉”号等一干大船，它们的速度很快，可以在风暴最强烈的时刻到来前抢先通过巴斯海峡。虽然他们也会遇到大浪，也有人受伤。但因为船的速度较快，开到霍巴特的风险被降低了——掉转船头的选择吸引力不大。

而像约翰 · 沃克的“完美”号，以及其他开在“AFR 午夜漫步者”号后面的船只，它们离澳大利亚大陆较近。这样一来，继续开进巴斯海峡对“完美”号的船员来说没什么诱惑，而且他们都同意应该掉转船头，寻找避风港。他们的决定也不难做出。

真正遇到问题的是那些像“猎户之剑”号、“AFR 午夜漫步者”号、“午夜特快”号以及“VC 离岸旁观”号一样的船。这些船的速度不快，队员们要做出一个艰难的决定，而且做这个决定并不容易。

很多因素让“漫步者”号团队有更多选择。他们此前曾艰苦训练，而且虽然这艘船是新的，但船员们已经在一起合作多年。队伍很团结。

他们针对各种情况做了充分的准备，包括最困难的夜间航行。他们有出色的舵手爱德 · 普萨提斯，加上另外还有两人可以掌舵，可以轮换操作。最后，他们的船也很结实，能抵抗住风浪的冲击。在此前的沿岸快速航行中，他们测试了这艘船的极限。

从不利的角度来看，他们有一名队员受伤了，克里斯 · 洛克尔。但克里斯的情况看起来比较稳定，而且为了让他得到救治，他们必须让“AFR 午夜漫步者”号正常航行。这意味着他们做出的决定，不仅符合那些没受伤船员的最佳利益，同样也符合克里斯。不管他们的决定是什么，所有人都必须以安全为先。

每支队伍的能力都有所不同，要做的选择也不同。愿意驶进风暴，这个策略的说法是要仔细考虑的。并不是每艘船都应该驶进每个风暴，但是那些有能力应对大浪的船只会乐意驶进风暴，只要时机恰当。

借用一个统计学上的说法，和那些准备没有这么充分、团队不是这么团结，或者船本身不具备这些能力的船只比起来，“漫步者”号拥有更多的自由度。团队需要充分理解自己的真实能力——长处以及局限——只有这样，在被风暴困住时，才能做出正确的选择。

在风暴袭来前测试你的极限

“漫步者”号团队知道作为一个团队，他们能做到什么。他们曾在一起航行数年，而且为比赛做了充分准备。但他们也需要知道，自己新船的表现如何。

在风暴袭来前，“漫步者”号团队仔细测试了自己的极限。在第一天启程的时候，他们就开得非常快。他们本可以用一面小帆慢慢开，但船员们选择的是将船推至极限，直到被大风吹得横甩过来。

他们遭遇了两次横甩，每次都完美地恢复过来了。船开到了最高速度，超过 20 节，但那时大海还比较平静。所以他们的沿岸航行就像是一次安全测试。而且因为一开始他们承担的风险较小，他们得以知道自己的船的能力，并为风暴来临的极端环境做好了准备。

令人吃惊的是，很多企业不愿承受哪怕很小的风险，虽然这些风险看上去可能会导致失败。我曾同一家制造军用与民用飞机引擎的公司合作。作为测试的一部分，工程师应该对引擎进行“失速测试”。虽然这只是整个测试过程中非常普通的一个环节，但奇怪的是，一个工程师就是不能让自己看引擎熄火，就好像这样就是失败了一样。

团队需要在能控制的情况下逐步自测——就相当于在平静的水面上或在实验室环境中。只有愿意承受小风险的团队才能评估自己接受大风险的能力——才能在必要的时候驶进风暴。

留意周围的情况

态势感知（situational awareness）是一个军事领域常用的术语，用来理解空战中成功的关键因素。 在空中缠斗时，飞行员需要了解周围发生的所有事情。他们得知道敌机的位置，预测他们的下一步行动。他们还要知道驾驶舱内发生的所有事情——例如，监控那些标识高度、空速的仪器，还要注意收听地面或其他飞机传送的信息。

这个术语的使用范围后来被扩展到军事领域之外，适用于其他有复杂任务的场合。例如在医疗领域，态势感知可以改善病患的安全以及急救的管理流程。

态势感知不是说简单的获取信息。它要求收集合适数量的信息（避免数据过载），分析数据、了解其含义，然后再根据分析结果行动。

初看上去，态势感知的要求似乎正好和关注获胜途径的“管状视野”相反。不过深入发掘，就会发现这两种战术是互补的，可以共同发挥作用。

在下定决心开展行动前，一个团队需要考虑其间可能发生的所有事情。另外，在做出选择后，团队同样需要验证态势感知。“管状视野”是有用的，不过与成功完成任务有关的所有事情都需要放入这个管道中来考虑。有分歧的想法，或者与目标没有直接关系的信息，可以被排除在管道之外。

“漫步者”号团队就进行了非常多的态势感知工作。他们敏感地感知着周遭发生的所有事情，包括浪头的高度和前进方向，风速，以及其他船只的遭遇。他们关注了那些掉转方向、失控漂在水上又有大浪从船后面打来的船的情况。他们从无线电中收集了所有能收集的信息，而且用上了所有能用的导航设备，并以此作为依据进行决策。

当“漫步者”号决定驶进风暴时，他们完全把精力集中在通过巴斯海峡这个目标上。他们运用了“管状视野”，但他们也进行了“态势感知”工作，即使船员们身心疲惫、体力不支、心怀恐惧。

在遭遇恶劣的条件时，个人需要能够识别、处理、理解所有和团队使命有关的事情。他们需要意识到所有和个人岗位有关的事情，以及其他团队成员的需要。让团队发展出色的“态势感知”能力并维持下去，是在危机中成功必须具备的重要条件。

区分心理风险和统计风险

在把“午夜漫步者”号的故事归结到一个团队层面时，我将“漫步者”号团队驶进风暴的决定描述为“巨大的冒险”。一位深思熟虑的人士问我，为何要将这一决定视作冒险。在他看来，掉头寻找避风港的风险要比这更大。

对于“漫步者”号团队的案例来说，他的观点绝对是正确的。在考虑到所有情况后，最安全的航线事实上就是驶进风暴。但对大多数驾驶长度为35英尺（10米）的船的人来说，面对高度是两倍船长的大浪和飓风级的狂风时，在风暴中航行数百海里看起来的确有巨大的风险。

“漫步者”号团队能够权衡利弊，而且尽管他们预见到了危险，但所做出选择的风险是最低的。这里涉及的问题是，心理风险（什么事情看起来具有最大的威胁性）与统计风险（基于可能性的概率计算）之间存在巨大的差别。

在“9 · 11”恐怖袭击事件发生之后，致死车祸的数量较前一年有巨大上升。这种现象的原因看似很明显，也完全可以理解。更多的人愿意在出行时选择高速公路——因为他们害怕恐怖分子。航班的乘客里程数下降，而陆上交通工具的乘客里程数上升。

对这种行为变化一个合理的解释是，这是人们在应对恐惧型风险（dread risk）：即可能性较低但后果严重的事件。虽然很难知道这种对恐惧型风险做出反应带来的确切影响，但估计有数百人因为害怕出现另一次恐怖袭击而死在了高速公路上。这种恐惧的因素带来了焦虑。而且在人们越焦虑的时候，就越不大可能正确评估风险概率。

无论是帆船运动还是投资活动，人们为了管控风险付出了巨大的努力，但我们仍然会受到情绪的影响，这种情绪是由本能产生，并自动发挥作用的。我们会害怕灾难性的、可能性较低的事件。和常见的威胁比起来，不常见的威胁更吓人。当感到事情在控制之中的时候，即便是错觉，人们也会感觉良好，而这会让我们陷入更危险的境地。

在畅销书《眨眼之间》（*Blink: The Power of Thinking without Thinking*）中，马尔科姆 · 格拉德威尔研究了快速认知的课题，指出快速做出的决定可以和谨慎思考后做出的决定一样好。他还研究了人们的第一直觉可能在什么情况下出错，并称这些失误可以由感知能力的失败引起。

格拉德威尔称，人体内部的思考工具可能会分神或失效。不过只有一些非常特殊的原因才会引发这种情况，而这些原因可以被识别，也能被理解。在他看来，快速判断和产生第一印象这些心理活动是可以被教育、被掌控的。

其他人则不那么相信快速认知的能力可以培养和改进，诺贝尔奖获得者丹尼尔·卡尼曼就是其中之一。他认为当人们在面临困难的问题时，出于直觉的解决方案不会有效。他研究了快速思考与慢速思考之间的差别，将其分别称为“系统 1”和“系统 2”——或者，有可能把这两者叫作“灵光一现”和“深思熟虑”。

系统 1 是自动的，可以很快地生成想法和感觉。系统 2 要经过比较、选择、论证一系列复杂的工作得出结论。在卡尼曼的理论框架中，系统 1 是许多选择和判断的“隐秘作者”。它的影响力要比人们认为的大得多。

我们大多数的决定和看法都依赖系统 1，一般情况下它都能正常工作。但系统 1 也会给我们提供许多不正确的信息，让我们犯错。虽然它不能总是给出正确答案，但它总是能快速反应——而且它绝不会卡住、没主意。

至于是否能消除系统 1 内部的偏颇和错误，卡尼曼可没有格拉德威尔那样的信心。卡尼曼称，直觉式的思考总是倾向于过度自信。不过他确实相信，可以识别出哪些情况下更容易出现错误。当我们进入这些认知误区后，思路就会慢下来，并求助于系统 2——这个理性的声音。

当团队需要在危急时刻做出决定时，没有必要在系统 1“灵光一现”和系统 2“深思熟虑”中做出选择。来自直觉的系统 1 总是会想出主意，做出推荐。更难进行的是激活系统 2——尤其是当人们面临重大抉择，而后果又可能很严重时。

在《从不确定中幸存并发展：打造风险智能型企业》(*Surviving and Thriving in Uncertainty Creating the Risk Intelligent Enterprise*) 一书中，弗雷德里克·芬斯顿 (Frederick Funston) 和史蒂芬·瓦格纳 (Stephen Wagner) 研究了“风险智能”①的概念。他们设计了一套靠打造风险智能型企业，超

① 作家戴维·阿普卡在 2006 年提出了这个术语，将其定义为从经验中认知风险的能力。——译者注

越传统风险管理办法的规划。他们令人信服地指出，一个风险智能型的组织可以获得发展，并能在混乱、不确定的情况下做出更好的决策。

在恶劣条件下，那些适用于大企业决策的理论，同样也适用于小企业。团队比个人出色的地方在于，前者能降低凭感情行事，做出匆忙、糟糕决定的可能。所有团队成员都能“灵光一现”想出好点子，但团队则可以权衡利弊“深思熟虑”，从团队风险智能中获得答案。

拉上所有人，让他们全力支持你的决定

决策的过程没必要拖延。在“AFR午夜漫步者”号的案例中，这些船员就必须快速做出决定——虽然不是个轻松的决定。爱德 · 普萨提斯关心克里斯的伤势，但他同时也担心整个团队面临的危险。

在回忆起决策的一刻时，克里斯 · 洛克尔记起：

> 我们没有时间围坐成一圈，举手表决，或者做类似的事情。不过爱德确实用很短的时间征求了每位船员的意见，说道：“嗯，你怎么想？我们该怎么做？我们是该回到伊登，还是继续前进？”

到做出最终决定时，驶进风暴的理由已经很明显了。亚瑟 · 普萨提斯回忆称，这个选择“经过了理性的讨论，而且整个思考过程有清晰的逻辑。每位船员都被明确告知了这个逻辑。团队达成了共识，因为这个决定是合理的，而且也被解释清楚了。”

“漫步者”号团队的决定让人联想起沙克尔顿与“坚忍”号探险队的决策过程。当这帮船员搁浅在象岛（Elephant Island）时，沙克尔顿意识到，他们唯一的希望就是叫一小队人，乘上一艘船航行800海里（1 481千米）寻求帮助，只有这样才能救出所有人。另外一个方案是所有人都待在岛上，结

果只能是大家慢慢饿死。但选择前者意味着要把探险队分隔开，把一大组人留下。

到沙克尔顿和另外5人出发求救的时候，这个方案已经被详细地讨论过，每个人都明白了这个决定。大家对此表示完全赞同，尽管两拨人都会承担风险。

“坚忍”号的船员花了一个多星期来思考各种方案，然后做出了选择。而“AFR午夜漫步者”号的船员只有几个小时的时间。但在两个案例中，团队的每个成员都完全支持最终决定，下定决心要让他们的选择获得成功。

浪头高的时候要以60°角航行

“以60°角航行”，是“漫步者”号在巴斯海峡中遭遇巨浪，当时的舵手爱德·普萨提斯不断重复的一句话。爱德让船和迎面袭来的巨浪保持60°的角度。以0°航行就是正对着波浪开，而以90°航行则是让船舷与袭来的海浪保持平行。

正对着海浪开的危险在于，船可能会上下颠簸，被海浪扔回去——在波浪底部竖着倾覆过来。以90°航行的话——或者叫作侧向航行（beam-on）——船就可能被从侧面推翻，翻转360°。“漫步者”号船员以前曾经历过这种事情，爱德就是想避免再次发生灾难性的侧翻。

当用这个60°的理论比喻团队时，我是想说，在面临那些非常困难的任务时，团队应该避免直接处理——但也要有明显的前进的动作。也就是说，要先从任务简单的部分开始，保证前进的动力。这可以是改变时间安排，避免给团队太大压力。

让团队接受一项有挑战的任务，和把船开向恶浪并不完全一样。但我发现，在思考面对艰巨任务该采取何种策略时，这个概念会有帮助。在团队讨论中介绍“以60°角航行”这个概念，也可以催生解决难题的新思路。

要点

1. 无论是商业活动还是体育活动，你了解所参与活动的内在挑战和风险吗？
2. 你对团队的能力做过真实性评估吗？你知道团队中的个体会如何应对挑战和风险吗？
3. 团队成员是否具备态势感知的能力？在内外环境发生重大事项时，你的团队能就此进行跟踪、理解、展开行动吗？
4. 如果一个决策存在潜在风险，你们有一套讨论它的系统流程吗？
5. 你的团队能分清对风险的情感认知和对危险的理性评估吗？团队能在“灵光一现”的同时“深思熟虑”吗？
6. 你的团队是否支持并愿意执行那些带有风险的决定？
7. 你的团队能在不把船搞沉的前提下应对大挑战吗？在团队遭遇真正的大浪时，你们能以60°角航行吗？

36
保持联络：策略 6——透过风浪中的噪声

很难想象还有什么沟通方面的挑战，会比“漫步者”号遭遇飓风时面对的挑战还大。那种情况下的噪声非常可怕。风的嘶吼、海浪撞击到船体上的声音，加上无线电中刺耳的空白音，这一切都使得语言交流变得几乎不可能。

风暴对良好的交流没有什么益处。但“漫步者”号团队找到了保持联络的方法，穿透了阻挠的噪声。普通环境下的团队可能不会遇到飓风，但组织上的危机会生成自己持有的噪声。这种虚拟的风暴可以轻易歪曲谈话的内容，屏蔽传达的精神，阻挠有效的交流。

团队成员间经常会存在地理空间上的分隔，而对时间和注意力的要求又越来越高，没给平常的交流留下机会。团队内的交流也会被政治因素和势力争夺干扰。除了这些障碍意外，团队还要想清楚如何才能穿透噪声，保持联络。

危机下团队合作的战术

了解你的队友，并以此调整你要传达的信息

来自社交媒体的信息正将人们淹没，近来更是有研究揭示了一些有趣的模式。研究人员以Facebook和Twitter为例①，发现了两个信息平台的重要区别。

在Twitter上，发帖的最佳时间是一周中前几天的下午3点左右。一个玩笑式的理论说："被墨西哥肉卷撑晕的人们更有欲望点击饭后发布的帖子。"对希望自己的内容获得更多流量的企业来说，在周五下午3点之后发信息明显是在浪费时间。不过对Facebook来说，理想的发帖时间会稍有不同。这家社交网站上的流量高峰会比Twitter晚一些到来，周三下午3点或许是在Facebook上发帖的最佳时间。

这些模式可能随时间而改变，不过当我们把社交媒体当作一种比喻来看的话，这项研究就更有趣了。正如该研究指出的，"很明显可以看出，就像你社区的餐馆一样，每个社交网站都有它自己的文化和行为模式。在对不同社交网站的特质进行简单了解后，你就可以在合适的时间发布你的内容，并将其传播给更多人"。

很少有人用社交媒体来和团队中的成员进行直接交流，不过这个观点的中心要点仍然成立。通过调整发送给受众的信息，我们就更有可能让自己的观点穿过噪声。同时，值得花时间了解什么适合个体，以及什么适合团队。

交流的方式会有一些个体的差异，不过有一件事还是经常被忽略：个性化交流产生的积极影响。在这个由电子邮件、博客、Twitter——或者你所在组织中等效的工具——组成的越来越无聊的世界里，信息似乎都混在一起。

---

① 中国大陆与之类似的服务分别是人人网和新浪微博。——译者注

收件箱里全是请求、需求和投诉——或者无用的转发和回复所有人。时间一长，这些信息就都模糊掉了。

虽然这种信息像雪片一样飞来，但是只要改变一些词语或一个句子，就能极大地提高一封邮件的受关注程度。本质相同的信息，采用稍微不同的方式撰写，获得的反应就可能产生很大差别。我们知道自己想要说些什么，我们也以为自己说的是自己想说的。但对方实际收到的信息和我们想要发送的信息却可以差之千里。信息在传递过程会丢失很多内容——有时还会带来意料之外的负面结果。

就拿重要的书面信息为例，我让一两个同事看一下我写的内容，并给出他们的感觉。在一个尴尬的情况下，把“我知道你生气了”改成“我感觉你在生气”，就会有很大区别。新说法的口气较柔和，而且事实证明我此前对形势的认识并不正确。我把我以为自己了解的东西说得太过了，而且第一种说法也显得有些自以为是。

对那些压力大、工作忙的人来说，再提这种额外的要求似乎过分了。但编辑修改要传达的信息，再加上一丝热情，有助于打造一种兄弟般的感觉。我的一个同事发送的信息（他总能在10分钟内回复我的邮件）总会让我会心一笑。

他是一家国际企业的一名高管，级别很高。不过他能找到个性化回复的方式。我们讨论的内容大多是严肃的，但他总会在温馨的提示末尾加上一句简单的“回头见”。虽然并不一定总能见到他，但我总是期待与其会面。

办公场所正在转向虚拟通信方式，这一趋势不可避免，但直接接触中还是存在个性化的联络方式。面对面会议和电子邮件、电话之间的对比总会让我感到惊讶——尤其是当出现冲突或需要传达一些坏消息的时候。

在这些让人尴尬的情景中，快速而方便的方式是发短信或语音留言。如果见面不是问题，那么也可以利用视频会议工具——如Skype和FaceTime[①]。不过，什么也不能替代与一名团队成员真正面对面的交谈。这种直接的对话可能不好安排，也不好掌控，但当关系紧张时，最直接的解决办法一般都是面对面的交流。

警告甲板下面的人大浪来了

在风暴中，甲板上的人们会暴露在风浪中——但他们知道会发生什么事情，他们能看到即将发生的事情。甲板下面的人面临的则是另一种挑战。正如克里斯·洛克尔所说：

> 风暴袭来时待在船舱中既是一种幸运，也是一种诅咒。你肯定会比甲板上的人暖和些，但你不知道将要发生什么。只有在甲板上的人警告舵手有大浪袭来时，你才能知道前方会有什么东西。我能听见这些叫喊，这也就是告诉我，是时候抓牢床铺以免被甩出去。

听过克里斯讲述自己被迫待在甲板下的经历，我不禁想到自己在组织中看到的类似情况。有一些团队成员知道要发生什么事情——不管是好还是坏。他们是首批获知将有变化发生，有问题要解决的人。这些人可能会想一下甲板下面的团队成员该怎么办，也可能根本记不起来他们。

在呼啸的风暴中，“漫步者”号船员必须大声叫喊：“大浪！”而且他们也会用敲打船舱壁的方式，提醒下面的船员准备应对下一波冲击。这个明显的警示带来了截然不同的后果。它维系了队员之间的联系，也确保他们的同伴有足够的时间来做好准备。

无论在什么样的组织中，警告他人有大浪袭来对团队成员来说是很重要

① 分别是微软与苹果公司旗下的视频通话软件。——译者注

的。那些在甲板上拥有更好视野的人应当不断想到船舱中的伙伴。

向那些掌舵的人提供帮助

虽然甲板上的人具备预见大浪袭来的优势，但他们一样也没法了解事态的全貌。甲板下的人有其他的信息源——这些信息对掌控船只的人来说非常重要。

迈克尔·贝恩思科回忆道：

> 甲板下面的人获知的信息非常关键——尤其是我们可以通过无线电了解周围发生的事情。下面的人需要把他们知道的事情告诉上面的人，让其了解前面的天气状况，以及像“猎户之剑”号这样的船遇到了什么事情。即便这些消息是负面的，但至少甲板上的人了解了事态的全貌。

船舱中的人获知的信息非常重要，关系到甲板上的人能否做好自己的工作。就像甲板上的人会用敲一下的方式发出大浪警告一样，下面的人也要行动起来，通知上面的人。他们会传递关于天气、其他船只，以及那些只有他们才能听到的重要信息。

在某些情况下，甲板上下这个比喻代表了组织中的不同层级。身处不显眼岗位上的人可能不愿意介入高层的事情。但实际情况是，团队的每个成员都只能看到整个事态的一部分。每个团队成员都有责任采取行动，和船上其他岗位的同伴保持联络。

情势所迫，可打破常规

在悉尼至霍巴特帆船赛中，有一套固定的规定通信程序。每艘船被批准报告自己的经度和纬度，而且必须按照船只名称的字母顺序发报。这样一来，负责协调事务的船只就能知道每一名参赛队员的位置和安全情况，向其他人发送可能有帮助的信息属违规行为。

在 1998 年的风暴中，罗伯 · 科特（“猎户之剑”号的船长）意识到他正在遭遇极端的天气情况。比赛第二天，到了下午 2 点规定通信的时候，科特做出了不寻常的举动，要求报告天气状况。无线电中继船上负责协调规定通信的卢 · 卡特允许了这种破坏规定的行为，说道：“‘猎户之剑’号，我代表我们船和整个船队向你表示感谢。”

这之后，科特发出了自己的警报信息：“猎户之剑”号正遭遇 78 节的阵风。这则警告帮助其他船只意识到了情况的严峻，而且它成了卡特向其他船只通告内容的基调，他要求“所有船长，在继续开向巴斯海峡前……务必要慎重考虑，并与船员充分探讨。”

为了其他人的安全，罗伯 · 科特决定违反通信协议，透过风暴的噪声将信息传达出去。他不是唯一一个做出此种决定的船长。当天早些时候，“Doctel 盛大聚会”号报告前方出现恶劣天气，有超过 70 节的阵风。这之后不久，另外 3 艘船——“神秘人的勾当”号、“野小子”号以及“这是苹果II型”号——也发送了警报。

总会有这样的时候，普通的沟通流程与渠道不足以传达重要的信息。如果这些信息真的非常重要，而风暴的噪声又太大，团队成员就不能循规蹈矩——要进行创造性的思考，甚至打破常规，让其他人获知重要的信息。

要点

1. 你是否花时间想过和团队其他成员联络的最有效方式？你是否考虑过他们喜欢的交流形式和模式？
2. 对整个团队来说，你们的交流方式是否有效？发送信息的方式是否能让人们保持联络、鼓励合作？
3. 你的团队能利用一套组合工具确保清晰无误的沟通吗？
4. 在处理重要议题或遇到掺杂情绪的场合时，可以运用面对面会谈和交流的方式吗？
5. 甲板上的人们（那些预见性更好的人们）是否把即将发生的问题或事务告知了那些甲板下的人？
6. 甲板下的人是否会主动和上面的人进行沟通？
7. 团队成员是否能打破常规、进行创造性的思考、使用不同寻常的办法，确保他们的信息被传达出去？

37 填补空缺：策略7——找到共同掌舵的办法

在肆虐的风暴中驾船是一件很累人的工作。在面对呼啸的大风、高耸的海浪以及倾盆大雨时，操控船只需要相当的注意力和毅力，这会使人精疲力竭。

引导团队度过其他恶劣情况——面临经济衰退或紧张的最后时限——也同样耗费精力。如果没有一些支持或放松，个人是无法扛起这么重的负担的。不是依赖某个人的个人英雄式的努力，危机中的团队需要利用每个成员的力量，共同分担重任。

分担重任关乎两个概念，这两个概念虽有不同但彼此关联。由于莎士比亚的历史剧《亨利五世》，冲向缺口这个说法为人们所熟知。在与法国的战斗中，英格兰国王亨利五世鼓励他的国民，“向缺口冲去吧”，朝城墙上的一处缺口发起进攻。在战斗中，冲向缺口意为楔进防线上的开口。而对企业团队来说，冲向缺口意味着找到团队中的空缺，主动补位。

帆船上的团队成员可以用轮班的方式共同掌舵。在其他团队中，个人可以通过提供指导或用其他协助的办法共同掌舵。这种分布式领导力的策略非常有效，可以让正式的领导者卸下重担，让团队来共担。

危机下团队合作的战术

寻找团队中的空缺并填补上去

在自己检查了“是软还是硬”的伤势之后，克里斯和其他团队成员很高兴这处伤口不会危及克里斯的性命。但克里斯还是被禁止回到甲板继续自己的工作——那么就涉及一个关键岗位的补位问题。

戈登·利文斯顿毫无怨言地待在船栏上，接替他那受伤的同伴。爱德·普萨提斯这样描述这一幕：

> 当克里斯受伤时，戈登就坐在船舷上。我当时正忙着驾驶没注意到他。戈登在船栏上坐了好几个小时，没有半句怨言。在这种情况下，即使是在上面待一个小时也非常消耗体力，但他从未埋怨过。

为什么戈登要这样做？因为他是团队的一分子，而且他拿定主意要待在那里，除非别人让他下来。他不会说：“快，伙计，让我歇一会。”他就是这样决定的，除非别人叫他，不然就不走。他不要拖团队的后腿。

戈登最后委婉地问道：“嘿，爱德，你觉得我现在能下船舱了吗？”不过当他看见克里斯受伤时，他更愿意自己什么也不说而留在岗位上。

注意观察自己和同伴的承受力

戈登是顶替了克里斯的位置，但还有另一个空缺需要补位：现在缺少一个在极端条件下管理团队的系统。爱德的注意力全都放在如何对付山一样的波浪上，没有其他人想到团队管理的问题。当亚瑟想起了戈登的情况后，他开始思考：

> 我们得抓住关键问题，不能再这样下去了。爱德掌舵的时间太长了，最让我感到紧张的是，风暴越来越大，而且这还是白天。晚上会怎么样呢？到那时需要我们最好的船员。在这种情况下，爱德是我们最好的舵手。我们必须让他在白天得到休息，我们最不希望发生的事情就是他在晚上累倒了。

亚瑟意识到现在的管理方式不对，而戈登正在深受其害。这个想法促使他想出了一套可以更平均分担压力的新系统。亚瑟认为船上有3个人可以掌舵，还有3个人可以阻浪。这两个岗位对技能的要求各不相同，人们需要休息才能把这两项工作做好。

通过观察每个人的极限，"漫步者"号团队发现了空位，并采取行动弥补了团队管理上的不足。这套新系统对他们的幸存来说至关重要。得知自己在风暴中只需待上一个小时，这对船员的心理来说是一种极大的鼓舞。这套新的管理系统则意味着，他们可以通过休息让身体准备好应对艰苦的工作，从而从容应对风暴。

在风暴袭来前弄清楚成员的能力

"AFR午夜漫步者"号上的所有人都清楚队友的能力。他们中的许多人在一起航行了数年，而新人在赛前准备中接受了严格的检查。爱德·普萨提斯是主舵手，亚瑟·普萨提斯和鲍勃·托马斯同样能在掌舵上露一手。当在风暴中做出关键决定时，爱德已经有充分的信心相信，其他人可以掌舵，让自己得到片刻休息。

即便是与那些合作不长时间的队员共处一船，也可以让人们尝试不同的工作，以便观察他们的表现。有的船长会系统地让每名船员都来掌舵，以评估他们的驾船水平。在相对平稳的环境中进行这些实验，船长和船员就能全面地了解他们的能力。

在我待过的船中，有的船就允许每个人都露一手，也有的会把重要的任务交给少数几个人来完成——这些人与船长的关系更亲密。他们的能力、他们的极限，都被了解得一清二楚。

这种办法产生的一个问题在于，新人可能拥有天赋，但却可能被忽视或得不到赏识。我见过一些情况，水平有限的团队成员得到了更多的偏爱，而其他更有天赋的人却因为没机会发挥而被埋没。这种有限的选拔流程就导致团队差劲的比赛表现——那些被忽视的船员也会感到沮丧。

把任务分配给内部圈子里的人，这或许会让领导者更心安。但这种狭隘的办法没法让团队充分发挥自己的潜力。在正常情况下，这种厚此薄彼会导致团队表现不及预期。而在危险的情况下，不能发挥团队全部潜力的后果可是灾难性的。

“危机下团队合作”的含义很明确。团队需要给新人机会，让他们在安全的水域中展示一下自己的技术。例如，让初级成员做演示，使其能力得到体现，并从其他更有经验的团队成员处获得指导。时间一长，这些广泛参与的机会就会鼓励创新、增加主动性，并最终强化整个团队的表现。

愿意放手

困在风暴中时，爱德 · 普萨提斯曾思忖道：“我在系缆的一端。”但他从未寻求帮助。他当时只关注一件事情：

> 我要开这艘船，因为这是生死攸关的事情。如果搞砸了，就会有人丧生。不是我不关心其他的事情，只是我实在没有时间考虑它们。

爱德没打算告诉别人，即使他知道自己没法继续坚持下去了。在他看来，别人是不能驾驶这艘船的。

当亚瑟上来和他的哥哥对峙时，他改变了爱德对开船的固定看法。亚瑟相信他和鲍勃可以掌舵。这种自信加上他的坚持，最终说服了爱德放开舵柄。不管怎样，在风暴之中，爱德需要放手。

放手的过程会很艰难。对一名团队领导者来说，让其他人接管领导角色，指引前进的方向，是一件很难接受的事情。对那些在特殊岗位上表现出色的人，一样很难做到“放手”。但是，为了全面培养团队的能力——调动其他资源来解决问题——人们就需要走出自己熟悉的领域。他们得放开舵柄——放弃那些自己擅长的东西。防守或许并不轻松，但对那些想要取得最好成绩的团队来说，这是一种必须掌握的技巧。

做出贡献有很多方式——小事也可以表现不凡

“漫步者”号团队分担掌舵压力的最明显方式，就是用防浪员保护舵手。不过担任防浪员并非为团队做贡献的唯一方式，其他一些没有这么高调的工作同样很重要。

船舱里的人可以躺回自己的铺位，不过为了甲板上队员的需要，他们也会走下床铺，站在舱口，给上面的人送水。他们会问甲板上的人是否需要食物或别的东西——任何东西——来缓解压力。知道自己下面的伙伴随时准备搭把手，对那些暴露在风雨中的人来说是令人鼓舞的。

晕船最严重的人往往非常绝望。一面要忍受寒冷，一面还得面对死亡的恐惧，他们会觉得自己还是死掉好了。这时那些晕船不严重的人就可以向他们提供帮助。情况没那么糟糕的人可以向无法行动的人提供淡水。而且，虽然一样心存恐惧，他们也可以打起精神，给那些已经达到极限的人一些鼓励。

每个人都可以有所贡献。即使幸存的希望渺茫，人们还是可以注意到身边发生的小事情。最小的行动也可以让人们相信，团队在齐心协力共渡难关。克里斯虽然受伤了，但他把自己当成压舱物待在合适的地方。他竭尽所能地来帮助团队。

在团队中，的确有些岗位比其他岗位更高调，有些付出看起来会更显眼。不过，小贡献带来的影响也不可忽视。一句简单的鼓励就能帮助队员重拾信心，而且这种最小的贡献也有强大的寓意。就像爱德说的："如果只是单独的 7 个人，我们是没法挺过风暴的。但团队合作让我们更加强大。我们不仅是 7 个人。我们是一个团队。"

要点

1. 团队成员能发现空缺吗？他们会主动冲向缺口，为其他人补位吗？
2. 团队成员清楚自己的忍耐力吗？——身体上的和心理上的。他们能否注意到其他人是否能坚持下去？
3. 人们有机会在不同岗位测试自己的实力吗？团队是否知道每个成员的能力？
4. 团队成员愿意在必要的时候退下来，让其他人接手吗？
5. 团队成员是否珍视各种程度的贡献，无论大小？

38

消除阻力：策略8——正视问题：应对前进中的障碍

当我在读研究生时，曾听教授讲了个有趣的故事，有关一个可能的研究陷阱。在第二次世界大战中，美军想知道装甲最好安放在飞机的什么部位。他们研究了那些在欧洲战场上执行轰炸任务后成功返航的飞机，记录了弹片损伤和弹孔的位置。看上去应该在那些损伤最严重的地方增加额外的装甲。

一批操作研究人员被召集起来，验证军方的这一发现。在研究之后，研究人员得出了一个令人惊讶的结论：轰炸机上那些没有损伤的部位才应该优先安置装甲。

研究人员认为，这些返航的轰炸机其实是一个存在选择偏差的样本。返航的飞机或许身上布满弹孔，但这些损伤都不是最严重的。真正需要帮助的是那些没能返航的飞机。这部分飞机被击中了最重要的部位——里面就有维持轰炸机飞行的关键零部件。

如果我只关注“AFR午夜漫步者”号这样成功的航海比赛队伍，就有可能出现类似的采样问题，从而得出其他错误的结论。例如，对最好的船来说，未解决的冲突和其他具有破坏性的人际关系问题相对较少。不过在把样本扩大至整个船队时，就是另一种情况了。

1998 年的比赛记录说明在团队成员没有齐心协力而且未妥善解决冲突时，会发生什么事情。我不会想当然认定，未能成功化解冲突就一定会导致某种特定的后果。风暴中有很多因素会产生影响，团结的团队也会遇到问题。

但我相信一点：那些能够持续获胜的船只，绝不会存在长期的冲突和合作问题。他们之所以获胜就是因为消除了所有阻碍以及使船慢下来的原因。无论这种阻碍是来自人际关系问题，还是机制问题，获胜的船总能找到根本原因，并解决潜在的问题。

危机下团队合作的战术

解决问题，不要埋怨

我曾问过“妙龄少女”号的马尔科姆 · 帕克，是否能想起一个例子，可以说明在一场印象深刻的比赛中，无间的团队合作可以带来不同的结果。帕克说，他可以想起很多例子，但是由于团队合作已经达到了无间的地步，所以合作本身并不起眼。从比赛开始到结束，每一个决定，每一班岗，人们在一起共事时都做得很好，所以团队合作取得了较好的成果。但没人会特别提起团队合作，因为合作本身非常顺畅，所以实际上是看不见的。

能够证明无间的团队合作带来胜利的例子非常少见，不过因为团队合作不佳而失败的例子却不胜枚举。由于一名船员无法和其他人共事，队伍最终输掉了比赛，这样的例子有很多。当我进一步深入让帕克举例时，他没费什么力气就想到了一些他碰到的失败的例子。

帕克想到的一个例子是关于两艘同型号的船。这两艘船在悉尼至霍巴特帆船赛即将结束之际争夺排位。由于天气的缘故，它们没法笔直地冲线，只能沿“Z字形”航线航行，前往终点。帕克从他的旅馆中看到了这一幕，虽然两艘船都离得较远，但从他的角度可以清楚地看到事态的发展：

> 我看着两艘船即将撞线。它们在“顺风换舷”前进（利用从后面吹来的风沿“Z字形”航线航行），互相超越。一次换舷后，一艘船领先了。下一次换舷就轮到另一艘领先。我当时距离他们大概有1海里远，我说道：“我敢打赌我能猜出哪条船会赢。”
>
> 我看到其中一艘船每次换舷都会出错。船员当然会出错，只要随后有好的策略纠正就行，但这艘船上的团队合作乱成一团。我能看到上面的人在向彼此叫喊、大声争吵、互相指责。可以肯定他们没法获胜。这艘船最终失败了，早在距离终点线1.5海里的地方就可以看出他们出了问题。

我知道什么情况代表船员们是在执拗于平息纷争，而不是专心解决问题。事情是会出错，船长自然会感到沮丧。但如果不花时间去搞清楚事情是怎么出错的，以及为什么出错，我们就会在很多场合犯同样的错误。每一次，都会有人大喊、叫骂、责备，但问题仍然存在。

获胜的队伍会直接把精力用在分析问题上，想出避免错误再次发生的办法。平庸的队伍和失败的队伍都是把时间花在叫喊和对某个人的责怪上。

正视能力上的差别

前面几章强调了选择成员的重要性。理想的人选应该具备合适的技能，并愿意接受挑战。当组建好团队之后，就要给成员机会表现自己的能力，而且要让成员有机会涉及足够多的岗位，从而发现这些人是否是岗位的合适人选。这个系统的过程有助于保证团队由拥有主动性的成员组成，而且他们完全能够完成自己的工作。

然而，在之后的比赛中不足之处总会显现出来。即便选人时的工作很完善，也给了成员机会去实践自己的技能，但在不合适的岗位上，人们还是会出错。当出现这种情况时，团队就会受影响。

这类情况会很尴尬，尤其是当个人能力明显到了自己的极限时。另外，如果船上的人在自己的岗位上都固定待了一段时间，对自己的工作感到很顺手，那么这种困境就更难解决。但对一个想要发挥出潜力的团队来说，基本表现的问题必须得到解决。

这不是说要就某个特定问题责怪某个人。这是一个关乎团队长远效力的根本问题。解决能力问题不代表一定要把一个人从岗位上赶走，而是说性能问题应当被清楚地认识和确定。

改善的措施应当从诚恳的对话开始，内容就是关于成员的表现。接下来则涉及训练、教导或培养，目的是发展出团队需要的技能。对那些想要在某个岗位上发挥作用的团队成员来说，要尽可能多地给他们机会成长。而对那些培养不出该岗位所需技能的人来说，就要换一个岗位——或者换一条船。身处危机中的团队要靠每个人都把自己的能力发挥到最高水平。存在不足之处就要解决并改正。

数好螺栓减轻船的重量

在为悉尼至霍巴特帆船赛做准备时，我收集了一大堆装备和特殊用途的衣服。在离开美国前往澳大利亚时，我带了一个大行李箱和一个大水手包，还以为到了真正航行时，这个包会派上用场。

在比赛开始前几天，船长高迪给每位船员发了个小防水包。他明确地告知我们，所有经允许带上船的东西必须都能放在这个标配的包里。

我们获准使用的这种包，大小仅相当于我那个水手包的1/10。不过回想起来，自己当时的想法也很搞笑。在这种比赛中，15个人怎么能都带上全尺寸的水手包呢？就算这是一条60英尺（18米）长的船，甲板下的船舱仍然很窄小，没有太多空间。

空间都是为那些用来开船的东西准备的，一些设备负载很重。我甚至不愿去猜那面水蟒一样的帆到底有多重。不过，船上所有的东西都是有用的，船员是否舒适并不是需要优先考虑的。在比赛当天，我和其他船员一起排队，准备为我的行李箱和水手包办理登记手续。我不知道它们怎样到霍巴特，但我明白它们肯定不能和我乘同一条船。

在和“AFR午夜漫步者”号的船员度过了一段时间后，我应该早就意识到速度是重要的——超重是不好的。鲍勃·托马斯说：

> 我们尽可能地给船减重……重量非常关键，我们数了船上螺母和螺栓的个数，检查了工具箱中的每件物品，把整条船清扫了一遍，到处都看过了。这条船已经跟随我们好几年了，奇怪的是每年都能减下一些重量。

“漫步者”号对减重的狂热追求对各种团队都有启示意义。就像擦煤油炉象征了他们认真准备的决心一样，数螺栓代表了他们愿意尽一切力量排除影响速度的因素。

去掉多余的重量，这是队伍里每个人的责任。团队如果想要拿出最佳表现，就要警惕任何可能产生阻碍的事情。即使是一颗多余的螺栓也会产生影响。

运用幽默消除紧张

比赛的压力可能让人表现得过分情绪化，爱德·普萨提斯是第一个承认自己有这个毛病的船员。而且当进展不够快时，他还会变得沮丧起来。虽然紧跟着而来的就是大喊大叫，但每个人都理解发生了什么事情。爱德期待获胜的热情激励着团队，但有时也会过头。时间一长，船员们都学会了用一种幽默的办法对付爱德的情绪爆发。

爱德一些激动的表达已经成为笑谈。“给我降60英尺！”这是大家特别喜欢的一句。戈登讲了这么一个故事：

> 爱德有时会要求飞速降下一面帆，这时他就会尖叫：“米克斯，给我降60英尺！”米克斯会竭尽所能完成这项工作。我们就跑到标记处，把帆收起来。然后大家就坐在船栏上，米克斯、亚瑟和我就会模仿爱德几分钟前的样子。这是个让队员平静下来的好方法，让所有人都回到同一精神层面上。

“给我降60英尺”最终变成了一句万用语，在爱德的词典里，这句话翻译过来就是：“赶紧办！”

在很多情况下，幽默都可以化解紧张的气氛，而且在紧要关头也非常重要。当“漫步者”号在德文特河里面对不断改变的风向时，队员的压力也非常大。与巴斯海峡中的大风大浪搏斗已经使他们精疲力竭，现在又要不停地换帆。压力越来越大，而沮丧的心情渐渐攫住了他们。

他们在比赛开始时有4支绞盘把手——这是帆船设备上的一个重要部件。米克斯已经把其中3支掉进了海里——至少别人说是他弄丢的。他们只剩下唯一的一支绞盘把手，来坚持进行接下来的比赛。

米克斯在某一刻回忆道：

> 戈登，这个“宫廷弄臣”，盯着我的眼睛说：“把这个也丢下海，好不

好，米克斯？”这让所有人都大笑起来，因为这肯定会成为我做过的最差劲的事情了。如果我真把这最后一支把手也扔下海，我们就得用手指来绞动绞盘了——那肯定会是一场灾难。

戈登的回忆则有些不同：

> 那个玩笑真是恰到好处，因为它真的体现出了这支把手的重要性，不过我们还是拿它开了个玩笑。我得郑重其事地说，我相信在比赛中不是米克斯让把手掉下海去的。它们就是自己滑下去了。

不管谁的回忆更贴近事实，重要的是：幽默有助于缓解焦虑并化解冲突，对想要获胜的团队来说，这两点非常重要。正如亚瑟总结的：“船上需要有人能认识到情况的严重性，同时还能维持轻松的气氛。这可以让人重新专注起来！”

要点

1. 当事情变糟时，你的团队是专注于解决问题，还是更在意寻找替罪羊？
2. 你的团队是否把合适的人放在了合适的位置上？如果某人表现不好，你们能正视并解决这些问题吗？
3. 团队中的所有人是否都在寻找那些拖累你们或干扰团队表现的事情？你们会数螺栓，并减轻船的重量吗？
4. 你的团队能放轻松，用幽默来缓解紧张气氛吗？

39
保持适应力：策略 9——掌握快速恢复的艺术

一直以来，心理学家都想弄明白为何有些人能将压力转化为动力，而有些人则因压力而崩溃。那些能在巨大压力下发展的人被认为是适应力强或者抗压力强。他们能享受变化，并期望解决问题。对那些适应力强的人来说，生活越艰苦，他们就越享受其中。

抗压力或许受遗传因素影响，不过也有说法称童年早期经历和家庭结构也会对其产生影响。但不管个体成长于什么样的环境，有理由相信人们可以学会增强自己处理困难情况的能力。

就像人们在面对压力时表现出来的反应一样，团队对压力的反应也是千差万别。和个体一样，团队也可以发展自己在承受压力和挫折后的恢复能力。人们可以增强自己的团队适应力。

通过有意识地合作，团队可以积累个体的资源，成员能增强他们共同的、应对压力的能力。团队适应力的增强可以让他们战胜挫折，也可以增强他们快速恢复的能力，从而让团队为下一次挑战做好准备。

危机下团队合作的战术

把问题看成是正常事件

当1998年获得冠军时，“漫步者”号的船员作为一个团队，已经克服了许多障碍。他们曾倾覆过、扯烂过帆，也处理过许多航海比赛中会出现的问题。有些困难是完全没预料到的，有些则是因为他们追求极限而发生的。纵观他们的比赛历史，有一件事可以确定：总会有问题出现。

即使是把本书中所有危机下的团队合作策略付诸实践，也会出现问题。团队可以明确获胜意味着什么；可以选择最能干、最有天分的成员；把合适的人放在合适的岗位上；用检查清单一丝不苟地进行筹备；用兄弟情谊互相鼓励；只承担那些可以衡量的、经过估算的风险。他们可以做到所有这些事情——但还是有事情会出错。

在风险中赢得比赛的团队知道，他们会常常碰到问题。他们能预见挫折，并有信心面对它们。他们知道当事情出岔子时，他们可以让问题迎刃而解。

冷静地从挫折中恢复过来

当船发生横摆或被波浪推回来时，任何事情都有可能发生。甲板上的人要低着头，因为帆桁会猛烈摇晃。绳索会到处拍打，桅杆也会淹没在水中。挑战在于让船恢复控制，赶紧进入比赛模式。

这时候，有些船员会比其他人做得好，“漫步者”号则是最出色的团队之一。“漫步者”号团队中一名后加入的成员萨曼莎·拜伦，她擅长用新的眼光来观察团队合作。她对“漫步者”号船员天衣无缝的恢复能力感到很震惊：

第一次随“漫步者”号进行的离岸比赛，成为讨论我为何要参加这个团队的引子。在完成伯德岛帆船赛后返回悉尼的途中，我们遭遇了非常糟糕的天气和大风。我们挂错了帆，船被打翻了。

爱德和船员迅速地做出了反应，行动非常迅速。设备都失灵了，船员们摔得到处都是，但我们成功地振作起来。几分钟内就恢复了控制。旧帆换成了新帆，我们又出发了。很快，我们又把船开了起来，完成了比赛。

萨曼莎也开过其他的船，但她被“漫步者”号船员们的恢复速度惊呆了。还在水里的时候，危机下的团队就应当开始恢复了，然后快速行动完成比赛。

以恢复用时来衡量成败

一旦确定会出现问题，那么接踵而来的挫折并不等于失败。为了表现出最佳状态，团队需要承担风险——包括一些可能会弄翻船的风险。

团队的注意力应当集中在从失误中恢复的能力，因此恢复正常所需的时间就是判断表现好坏的关键指标。虽然不可能做到瞬间恢复，团队还是应该追求用最短的时间，从挫折中恢复过来。

别把船开坏

当“午夜漫步者”号穿过风暴后，船员们再次把船开到极限速度。当时的风力等级仍是大风，海上依然波涛汹涌。但这些和“漫步者”号此前经历的相比，在爱德看来就像“在公园中散步”一样。他决定要发挥极限，弥补失去的时间。

鲍勃 · 托马斯走进船舱，在海图上尽可能地标注出每一条船的位置。他发现“AFR午夜漫步者”号赢得比赛的可能性很大。这个消息非常振奋人心，鲍勃回忆道：

> 我来到甲板上。主帆完全张开了，我们开得有点过头了。接着我对爱德说：“我们现在有点过火了。只要船不散架，我们就能赢得比赛。”之后我又说，“我认为我们现在可能要缩一下主帆。”在我看来，只要船能坚持到终点，我们就很难被超越。

爱德 · 普萨提斯的回忆稍有些不同。他知道他们开得很厉害。在知道他们超越了大船，而且开得比同级别的船只快时，大家都很激动。爱德回忆道：

> 我当时在想，使劲、使劲、使劲——用尽全力。鲍勃走到甲板上来说：“听着，别这样。别开得太狠，只要维持现状就好。别输了。别把船开坏了，我们现在的排位已经非常好了！”

不管鲍勃是否说过“别把船开坏了”，或者爱德具体听到了些什么，这些都不要紧。重要的是爱德接受了鲍勃的建议。在接下来的12个小时里，他们仍然开得很猛——但同时也保证了船的完整，完成了比赛。虽然心里充满了要获胜的激情，但爱德还是明白“不要忘掉终极目标”的重要性。他补充道：“我必须避免过于激动、过于努力，不然就要把船开坏了！”

从挫折中恢复过来，重新进入比赛模式的确很重要，不过避免矫枉过正也很重要。恢复需要速度，但也需要仔细把控。危机下的团队必须具备恢复正常的能力，同时也要能继续努力前进，还不能把船弄坏。

要点

1. 你的团队会把问题和挑战看作工作中的一部分吗？——这些困难需要被预见和克服。还是说他们在挫折后只会紧张慌乱？
2. 当事情出错时，你的团队能评估状况，冷静地采取补救行动吗？
3. 你的团队会把恢复时间作为衡量成功的指标吗？
4. 如果发生问题，在尝试弥补失去的时间时，你的团队能否合理应对，避免矫枉过正？他们能在不弄坏船的前提下努力前进吗？

40
坚持创新：策略10——永不放弃：总有别的出路

面对极端恶劣的条件仍能成功的团队具有两个互补的共性：他们在面临巨大的困难时依然能坚持住，而且能想出具有想象力的解决方案。这两个元素——压力之下的决心与创造力——可以让团队变得不可抵挡。

所有“漫步者”船员都将自己的决心融进团队中。对爱德·普萨提斯来说，他的决心来源于各种体育运动：

> 我会玩橄榄球，而且水平相当不错。虽然天分可能不及我的校友，但我能坚持下去，从不放弃。如果输掉一场比赛，下次我就会加倍努力。在我一生中，不管做什么事情，都少不了“坚韧”这个词——无论是做生意还是体育运动。我不会放弃。我会坚持到底，直到胜利。

个体能做到不屈不挠非常重要，而团队的共同努力则可以让成员们不单是坚持下去，更可以在压力最大甚至危及生命的情况下进行创新。

在 1994 年的霍巴特帆船赛上，当“纳祖拉”号翻船，丢掉主帆时，事情看似完全失去了希望。“漫步者”号团队很失望，也很沮丧。他们曾差点淹死，而且没有获胜的希望。选择退出比赛应该是顺理成章的事情。

然而他们团结成一个整体，并找到了坚持下去的决心。米克斯 · 贝恩思科用他果断的声明打造了一个振奋人心的场面：“根本不要想退出比赛。我们已经走了这么远，必须完成它。如果完成了比赛，这就是我们记忆中最自豪的一刻。”

这次比赛成为“漫步者”号的一个里程碑——但前提是他们有能力将坚韧和创造力结合起来。亚瑟 · 普萨提斯回忆道：

> 我们试了多种临时措施，但都不管用。不过真正的解决方案就在面前：我们可以打一些绳结，把它们放进桅杆里，再把一些结系在帆上。做完之后我们知道这肯定能起作用，但在之前我们却花了数个小时思考，才想出这样一个方案，这之后我们一直开得歪歪斜斜。看起来没有什么希望，但我们真的想完成比赛。在持续思考需要做些什么之后，答案终于出现了。

解决方案的确出现了，但它不是来自硅谷的智囊团。它来自一帮刚刚从船只倾覆事故中恢复过来的家伙。它出自他们要想出办法完成比赛的决心，而这场比赛他们已经无望获胜。这是他们最值得骄傲的时刻之一。

“漫步者”号团队在 1994 年体现出来的不屈不挠精神，帮助他们渡过了接下来的难关。1998 年，他们遭遇了大风，风力达到飓风等级，海上的大浪是他们船的两倍大小。他们需要设计一套船员管理系统，才能从风暴中幸存。在临近比赛结束时，他们丢掉了导航仪器，德文特河上风力渐弱，他们依然坚持了下来。正是这种不屈不挠的精神，才让他们战胜了这些困难。

也正是在“纳祖拉”号上的灵光一现——造出了临时船帆——在德文特河上帮了他们大忙。通过再次改进，“漫步者”号团队砸碎卡带，把磁条插在桅杆上，造出了临时的风速计，从而可以判断风向。虽然不是很讲究——但的确有用。

“漫步者”号坚持不懈的精神在许多场合都有所体现，其中最令人印象深刻的例子发生在2007年的一次比赛中。在一个漆黑的夜晚，海面上刮起了强南风，浪头很大，船的主帆被刮破了。他们本可以掉转船头——许多船只选择了这样做。但这支队伍的字典里没有屈服这个词。“漫步者”号航行了整整一夜来到了弗林德斯岛，在绕岛一周后踏上了返航的行程，完成了这项“失而复得”的比赛。这最终成就了他们在远洋积分赛中的辉煌。

由于天气状况实在太差，又有不少船只退出，“漫步者”号最后就凭着一面小风暴帆获得了该场比赛的第三名。当赛季结束后，“AFR午夜漫步者”号仅以两分的优势赢得了梦寐已久的远洋积分赛冠军。如果在当时选择退出，胜利就不属于他们了。

汤姆·巴克（另一名新队员）分享了他对2007年比赛的看法：

> 那次比赛是船员们比赛手法的绝佳体现。即便当时环境恶劣，所有事情都对我们不利，我们还是找到了一个继续航行的办法。完成比赛很重要，对团队来说，这是一个证明。当其他船掉头退出的时候，我们仍然在坚持。

当时的策略，现在成为一种思想境界——一种看待世界的角度。它建立在团队必胜的信念之上，但远不止是顽固的坚持。它基于现实。如果一种方案不奏效，那就应该试试别的策略。

“漫步者”号团队——以及其他在危机中胜出的团队——有着不可动摇的信念，即无论何时何地，一定有办法到达终点。正如爱德·普萨提斯所述：“即便形势已经非常严峻，我们的心态仍是永不言弃。总有另一种办法，总有另一种方案。”

要点

1. 在面临恶劣环境时，你的团队能坚持下去吗?
2. 当面对挫折时，你的队伍能进行富有创造力的思考，并想出新颖的解决方案吗?
3. 在你团队的历史上，有成员团结在一起，表现出持续的创造力的时刻吗? 即那些“值得骄傲的时刻”?
4. 在听到其他队伍合作克服困难的故事后，你能从中获得启示吗? 你的团队会把故事看作灵感的来源在一起分享吗?

船长须知

本书的中心思想有两个。第一是杰出的团队合作在面临风险、征服挑战中的重要性。第二是分布式领导力的价值——分布式领导力是一种团队文化：但凡在某个领域有所擅长，任何人都可以为团队提供指导，帮助团队获得成功。

“AFR午夜漫步者”号的故事证实了杰出的团队合作与分布式领导力的威力。但是这里有一个问题，就是采取了这种策略后，传统的团队领导者——一艘船的船长、一家企业的首席执行官、一支部队的指挥官，甚至美国的总统，会处于何种境地？他们这种独一无二的角色，还有存在的必要吗？

在我看来，对传统的团队领导者来说，还是有些独一无二的责任需要承担。这不是指领导者需要扮演一个具有超凡人格魅力、令人难忘的形象。正如拉克什·库拉纳（Rakesh Khurana）在《寻找企业救星》一书中所强调的，寻找魅力型的领导者是一种不理智的行为，这种行为更多在意的是名望与个性，而非经验与能力。他还指出，这种错位的追求会导致企业业绩下滑，影响企业的长远发展。

我同意这一说法。个人崇拜与个性力量绝不是航海比赛中一名船长最需要具备的素质——对商务团队的领导者来说也是一样。除了个性，还有一些重要的东西——一些特别的职责——要落在船长的肩上。

领导者需要让团队齐心协力

在悉尼至霍巴特帆船赛中，参赛船只表现不一——尤其是在 1998 年——强调了确保团队团结一心的重要性。像“午夜漫步者”号一样，即便是处在最可怕的、危及生命的条件下，还是有船队表现出了超凡的凝聚力。相反，有的队伍趋于分裂，核心成员相互指责，造成了领导真空。

像“莎杨娜拉”号这样的船，它们的情况则处在中间。拉里 · 埃里森作为船主，可以把自己的意愿强加在队员身上，而所有人都默许了他的决定。不过，这种一致与我们在“漫步者”号团队成员身上看到的不同。顺从的默许与一致的认同不是一回事，催生这种认同就依靠领导力。

艾德莉安 · 柯海蓝，这位大众眼中全球数一数二的领航员，有机会作为一名专业竞赛船员，在超过 25 年的比赛生涯中观察领导者的角色。她曾两次获得“澳大利亚帆船年度女性”称号，而且 4 次获得“世界帆船年度女性”提名。

艾德莉安这样描述领导者的角色：

> 船长需要让团队全神贯注，并团结所有人。他们需要留意是否有人动摇，或是在酝酿内讧。他们要能管理所有人的个性，把他们团结起来，关注一个共同的目标。没有十全十美的人，所以一位好的领导者就要能处理这种不完美，而且他们还得能顶住各种压力。

在任何情况下，个性管理与团结成员都是具有挑战性的任务。但是应对比赛的压力——更糟的话，面对一场风暴——就必须要有出色的领导力。

领导者要展示激情

领导者的激情就像磁铁，可以把其他人聚拢过来。爱德·普萨提斯的激情就非常强烈，尤其是对队伍中的新人来说。

在描述爱德获胜意志的影响时，萨曼莎·拜伦说道：

> 从来没有一艘船能在同一年赢得远洋积分赛和短程积分赛。这个目标非常大胆，此前从没有人能实现。但这就是爱德的愿望，也变成了团队的愿望，之后也就成了我的愿望。
>
> 在我看来，让爱德成为一名优秀的领导者的是他对胜利的不懈追求。他努力把船开到极限速度。他能承担这些风险是因为他信任这个团队。

和爱德·普萨提斯一起航行过的人，都不会质疑他追求胜利时的全力以赴。他非常有激情，以至于有时不得不抑制一下自己的激动——靠幽默或是靠其他人的沉着。不过就一个期待胜利的领导者来说，没人会误解他的真情流露。这种对胜利的狂热是可以传播的，也正是这种情绪的感染才会带领团队走向胜利。

领导者需要向团队灌输必胜的乐观情绪与信心

爱德·普萨提斯和鲍勃·托马斯的关系很亲密——就像欧内斯特·沙克尔顿和“坚忍”号探险队的副指挥弗兰克·怀尔德一样。他们的个性互补，鲍勃冷静的举止正好平衡爱德的激情。

爱德·普萨提斯与鲍勃·托马斯一同抗击袭来的风暴，他们结合在一起的领导力让队伍吃了一颗定心丸。米克斯·贝恩思科回忆道：

> 爱德和鲍勃树立了领导力的典型。他们的领导力在调动成员积极性上发挥了重要作用，而且确保没人放弃。

从职业角度看，鲍勃是个出色的海员。他了解风暴，而且有过多次在大海中航行的经历。我们对他的能力很有信心。

爱德和鲍勃不断地向团队灌输乐观的情绪和信心，即事情在我们的掌控之中，这支队伍有能力获胜。

毫无疑问，爱德·普萨提斯是正式的船长，但和鲍勃在一起，两人强化了一种联合统一的领导力。而且由于两人私交甚好，他们在一起就传达了一种放心和乐观的信息。

领导者要做出榜样

要是爱德·普萨提斯——这个技术全球数一数二的航海爱好者——晕船了，事情看起来就会有点讽刺意味。不过，成为一名杰出的海员并不能让他或是其他人，对运动的生理反应产生免疫。爱德这样看待这件事：

晕船不是问题。如果你晕船了，没人会因此生气。我们只会因为你没法完成自己的任务而生气——如果你不能值班，让团队失望，这时候晕船才会成为一个问题。

在我呕吐的时候，我总会努力让自己在非常短的时间内起身，因为这一切其他人都看在眼里。然后我会笑着开个玩笑，人们就没事了："好的，毕竟他还不是太糟。"

爱德意识到，自己作为船长是时刻被人关注的。重要的是他在呕吐后的表现，而不是晕船这件事本身。

对爱德所做的很多其他事情而言，这一点是非常正确的。他是在有意识地努力做出榜样。当从舵手位置下来时，爱德会在船栏上选一个靠前的位置坐下。在这个暴露的位置上，他会首当其冲地受到海浪的撞击。这种感觉既寒冷又不舒服，但很明显爱德不在乎出自己的一份力。

当轮到他休息时，爱德也会下舱在“那个不好的铺位上”休息。似乎每一艘船都会有各种理由配备一个没人想要的铺位。没人希望得到这个不好的铺位，但爱德就是要确保自己能躺到这个铺位上。他是在传递一种信号。

在《力挽狂澜》（*In Extremis Leadership*）一书中，托马斯·科蒂茨上校（Colonel Thomas Kolditz）指出，领导者要避免精英心态，而且要和团队中的其他人享受同样的待遇：

> 我们相信，在极端情况下，领导者会接受，甚至乐于接受与追随者相同的生活方式，通过这样的方式体现出自己作为领导者的身份与品格。有一句发人深省的贵格教格言强调了这种坦诚做法的蕴意：“用行动说话。”意思是，通过观察领导者，追随的人自然会理解其价值标准。

领导者需要通过其生活方式以及正常完成工作的过程来树立典范。不过也有例外的时候。有时候领导者需要通过坚毅、勇气和技术来激励他人。在1998年的悉尼至霍巴特帆船赛上，爱德·普萨提斯就曾遇到这样的情况：

在同迈克尔·贝恩思科谈到他对1998年比赛的印象时，迈克尔对我讲述了这样一个生动的故事：

> 我和爱德共同经历了很多风暴。坐在船边——他掌舵我阻浪——是让我感到非常自豪的事情。我会想，我的性命完全掌握在这个人的手上。他表现出了杰出的勇气和非凡的技术，在这样的条件下还能保证这条35英尺长的船行驶在正确的航线上。
>
> 爱德一直在做110%的付出。整艘船和全体队员的命运就握在他的手

上，但他从没动摇过。这是航海技术出众的体现。即使在现在，每每谈起这些事还是令人心潮澎湃。那是他最美好的时刻。

并不是所有领导者都能像爱德 · 普萨提斯那样，操纵一艘船穿过风暴。不过的确会有一些场合，需要每个领导者挺身而出，“付出 110% 的努力”。对每个领导者来说，那都将成为他们最美好的时刻。

附录2

帆船各部位示意图

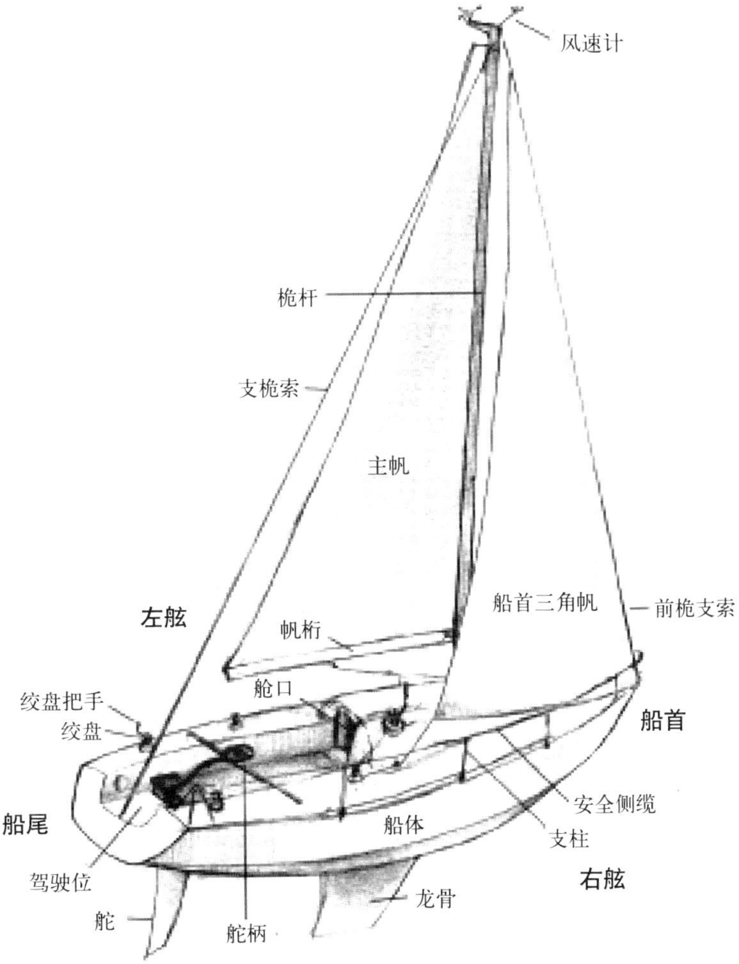

风速计
桅杆
支桅索
主帆
左舷
船首三角帆
前桅支索
帆桁
舱口
绞盘把手
绞盘
船首
安全侧缆
船尾
船体
支柱
驾驶位
右舷
龙骨
舵
舵柄

致谢

我一直认为，任何一本书中的致谢都是最重要的部分之一——尤其是在这样一本有关团队合作的书里。从头到尾这都是一种不一般的团队体验，我非常高兴能感谢那些帮助我“抵达霍巴特岛”的人。

如果把此书的完稿过程比作一场帆船赛，那么同劳拉·加德纳（Laura Gardner）和吉莉恩·墨菲一起共事，就让这样一场比赛的难度由不可能转变为具有挑战性。和劳拉一起做“钳工”的时候——即对缆绳、索具、账单和许可的整理工作——我毫不怀疑，每项任务都能顺利、完美地完成。和头桨手吉莉恩一起，我相信她会毫无畏惧地挺住冰冷海浪对我们文学之船的持续冲击。没有吉莉恩和劳拉，我们可能还在巴斯海峡里！

我还要感谢凯瑟琳·法伦（Kathryn Fallon），这位编辑领域的精英，她进行了详尽的研究与仔细的编纂，该项工作的价值是无可估量的。和我们的明星图书团队一起——这是我遇到过的最好的团队之一——我感到自己就像是一艘获胜帆船上的船长。

很幸运，我能结识“漫步者”号团队，并从他们身上学习。他们乐于分享“AFR午夜漫步者”号的故事，以及他们在危机下团队合作中恪守的准则，这才让本书的面世成为可能。我要感谢1998年团队的成员——米克斯·贝恩思科、戈登·利文斯顿、普萨提斯兄弟、鲍勃·托马斯、克里斯·洛克尔，以及约翰·维特菲尔德——以及新成员汤姆·巴克和萨米·拜伦，他们也分享了有价值的洞见。当然，如果没有比尔·普萨提斯和爱德的妻子苏提供的观点，这个故事也是不完整的。

其他水手也给了我很多启示——虽然他们是“AFR午夜漫步者”号在霍巴特帆船赛上的对手——他们慷慨地分享了自己对团队合作的看法。在一个标记为“航海英雄”的文件夹中，有数页我对艾德莉安·柯海蓝、内维尔·克莱顿、罗杰·希克曼、马尔科姆·帕克以及吉姆·斯拉特的采访内容，所有这些都引导着我的思路。克里斯蒂·麦克阿利斯特同样给我带来了灵感，她的故事无疑是团队合作与勇气的典型。

我非常感谢那些帮助我在2006年比赛到达霍巴特岛的人：彼得·匹克曼、詹姆斯（“姜戈”）·克拉多克、本·菲尼、乔诺·富勒顿、布莱恩·格里芬、斯科特·扎格、史蒂夫·凯勒威、彼特·勒梅苏尔、罗宾·林德利、萨姆·普莱斯、安迪·普约尔、彼得·塔里莫、马特·维特迈尔，以及我们的船长彼得·高兹沃斯。我要特别感谢布莱特·麦金泰尔以及他的家人对我的照料，他们让我在澳大利亚的日子里体会到了宾至如归的感觉。

特别要谢谢埃德加（“埃多”）·史密斯——在本书的写作过程中，他一直是为全方位的重要合作伙伴。埃德加作为摄影师陪伴我参加了比赛，而且他熟练地编辑整理了大量影像资料——包括本书的推荐视频，以及有关“AFR午夜漫步者”号的纪录片《我们不是明星》。在悉尼至霍巴特帆船赛中，当我意外重现了克里斯·洛克尔飞到空中的画面时，埃多那善于捕捉的眼睛尤其值得称赞。船舷撞破了我的脑袋，在恢复的过程中，埃多一直在旁边耐心等待——确认了我的头骨还是坚硬的，没变得“软乎乎的”。

圣迭戈“帆船运动设备专业店”的亚特·瓦森聂斯，以及罗德岛上“纽波特第一队”的玛莎·帕克帮我准备了参加悉尼至霍巴特帆船赛的合适装备。扎克·里奥纳多向我分享了有关航海比赛安全和忍耐力的宝贵见解。帮助我完成这本书的还有澳大利亚游艇俱乐部的首席执行官马克·乌尔夫；拥有卓越拍摄技巧的理查德·班奈特，以及莉莎·拉特克利夫，她提供了有关爱德·普萨提斯和鲍勃·托马斯的珍贵照片。

我要感谢海军陆战队朋友分享的团队合作经验。约翰·艾瑞克将军在越南战场上那高明的营救策略一直让我感到骄傲，尤其是在这个老兵不被理解、不被赏识的年代。正如理查·纳通斯基将军对现代战争的叙述，我意识到——虽然科技与战术与日俱进——但各级的海军陆战队员与每一代海军陆战队员有更多的相同之处。约翰·艾瑞克、詹姆斯“克拉斯·奇摩”·安德鲁斯、理查·纳通斯基、亚伦·延森和布罗迪·萨瓦都响应了“在任何地方”捍卫自由的号召，海军陆战队将一如既往地把这一骄傲的传统延续下去。

书中概念的成形花费了多年实践时间，期间我一直受到许多有见地的人的影响。马克·纳德勒撰写了第一篇关于“漫步者”号团队的文章。查克·雷本协助我对船长的角色进行思考。迈克尔·西蒙和彼得·伊克诺米分享了他们有关团队合作的观点。吉莉恩（卡拉乔洛）·萨瓦和布莱恩·吉蒂帮助我开始了这本书的写作。戴安娜·韦恩则为计划书提出了大量有帮助的建议。

我曾怀疑，自己能否完成此书。正是朋友和同事的帮助，让我坚定了信心。玛莎·米勒读过这本书的初稿，并打消了我的疑虑。梅兰妮·柯克帕特里克、莫里·鲍威尔以及迈卡·莫里森都提供了及时且有益的建议。

我还想对我们探险队的领导者，尤其是罗恩·詹盖尔瓦拉和麦克·波伊尔——他们多年来一直在澳大利亚宣讲“午夜漫步者”号的事迹。罗恩认真地阅读了手稿，甚至来到康涅狄格州与我会面——那可是从澳大利亚的墨尔本到美国的康涅狄格！许多其他探险队的领袖也在我的旅程中扮演了重要的角色，戴维·艾利斯、黑兹尔·罗贞、皮奥特·威索基，以及韩国综合领导力中心的全体同事。

黛博·艾比德索，戴维·布里斯、森·裘博、安迪·克瑞尔、彼特·戴曼、安迪·埃洛托、保罗·费多格、约翰·迈克拉克、麦克、肯尼迪、瑞克·吉特拉、尼克·罗珀盖洛、赛斯·麦斯金、卡米尔·莫非、罗伯特·奥斯托夫、麦克·鲁本斯坦、卡尔·斯沃普和戴夫·怀根特，我也要向你们道谢。一并致敬的还有“傍晚礼车”的朋友，几乎每次出发前你们都会把我载到机场。还有TNS的专家，在他们的技术保证下，我才能写出我的体验。

德威特·基斯也在我的旅行中提供了协助，并帮助我在各种地方召开会议。这些旅程通常伴随着各种会议，参加会议的人们都是不知疲倦地捍卫着我们国家安全的人们。非常荣幸，我能在他们重要的任务中发挥作用。

我要谢谢美国管理协会出版团队的辛勤工作。克里斯蒂娜·帕丽斯一直是我的作品的支持者，为《沙克尔顿的领导艺术》和本书撰写了推荐语。她的编辑建议极大地完善了书稿，我知道正是因为她的洞见，我才有了一本更好的书。艾琳·麦基克为他推广两版《沙克尔顿的领导艺术》做出了很大贡献。而且她那只精神的小狗“斯派克”的照片——那张18岁生日带着派对帽子的照片——总会让我开心一笑。它会一直是这次探险中的一员。

美国管理协会出版社的其他同人也在本书的出版工作中付出了大量的劳动。艾瑞卡·斯佩尔曼那细致、耐心与踏实的做事风格非常重要。同样需要感谢的还有珍妮·韦斯尔曼·施瓦茨、凯瑟琳·奥德科克、詹姆斯·贝森特、珍妮特·帕佳诺和卡玛·廷布雷尔，感谢他们提供的支持和帮助。

“北方市场街图片”公司（North Market Street Graphics）的一干人等让本书

按时出版。我对这个团队的工作非常感激，这里有吉尼·卡罗尔、丹尼斯·比克斯勒、麦克·邓尼克、吉尼·兰迪斯、苏·米勒、朗达·斯图以及斯图亚特·史密斯。吉尼·卡罗尔作为文稿编辑，是这项任务的“排头兵”。在我们陷入“德文特河”式的困境时，她那与生俱来的激情激励着我们继续前进。

和以往一样，我要感谢家人给予我的支持。我的女儿赫莉，毫无畏惧地和我在寒冷的冬天出航，孙女朱莉安和莉亚的照片为我提供了源源不断的灵感。我要感谢我的儿子乔纳森和他的妻子卡拉，以及他们的孩子的支持。听着艾丽西亚、乔西和塞缪尔谈论他们的丹尼斯爷爷，总是令人难舍的天伦之乐。俄勒冈的亲戚——我的兄弟鲍勃，他的儿子罗伯和妻子梅丽莎，以及孙子瑞恩——他们提供的帮助都值得感谢。

我要再一次对我的妻子苏珊，我们的儿子瑞恩提供的支持、关爱与鼓励表示最深的感激之情。虽然写一本书需要作者本人相当的决心和毅力，但其他家庭成员也会做出牺牲。我完全理解作为一名作家的配偶“也非常不易”！[①]我要感谢苏珊的鼓励，她对我能力的信心，她那纽约式的智慧，还有她的微笑。能找到她一直让我感到非常幸运。

在本书的写作工作结束前，曾有艰难的几天让我认为这项任务永远不会结束。但是电脑上的两张照片赋予了我勇气。第一张是我的朋友雷吉·希金斯，他在照片中摆出了一个可怕的姿势。雷吉是一名综合搏击运动员，一位重量级选手——他的可怕是真材实料的。我见识过他的行动。第二章照片上是我的孙子乔西。照片中，他在一次派对上挥舞着门球杆，砸向一个纸做的绿色恐龙大彩蛋。

这个彩蛋是为乔西4岁生日准备的，里面装满了糖果。虽然乔西的身形要比雷吉小很多，但他砸这个彩蛋时的猛劲毫不逊色于那位搏击运动员。在尝试了一

① 出自《纽约时报》2009年3月13日版，“我也不容易”一文。美国总统巴拉克·奥巴马小时候经常在早上4点30分被母亲叫醒，先补习几小时再去上课。当他抱怨时，母亲说道：“小鬼，我这么早起来也不容易。”——译者注

遍又一遍之后，乔西还是没有砸碎这个彩蛋。这只恐龙看起来就像是用钢铁做的一般，也可能是混凝土做的。

这段趣事非常精彩。乔西就像一个综合搏击运动员那样，狠狠地击打这个彩蛋。我一度以为自己是在快活大赌场（Foxwoods Casino）观看雷吉的比赛。有几下乔西失去了准头，在空中轮了个圆圈，和球杆一起摔在地上。我以为他要向这只恐龙投降了，但他没有停止。不知疲倦。

最终，这个彩蛋掉在了地上，但还是完好无缺。乔西上去一顿猛抓，终于扯碎了这只恐龙。历尽千辛万苦，乔西拿到了糖。他的果决非常鼓舞人心。

在乔西和雷吉的帮助下，还有上面所有这些人的支持下，我写完了这本书，到达了霍巴特，打碎了大彩蛋。我知道，没有你们的帮助，我永远不可能成功。